思想觀念的帶動者

文化現象的觀察者

本土經驗的整理者

生命故事的關懷者

Psychotherapy

探訪幽微的心靈，如同潛越曲折逶迤的河流
面對無法預期的彎道或風景，時而煙波浩渺，時而萬壑爭流
留下無數廓清、洗滌或抉擇的痕跡
只為尋獲真實自我的洞天福地

人我之間

客體關係理論與實務

SELF AND OTHERS

Object Relations Theory
in Practice

N. Gregory Hamilton, M.D.

格雷戈里・漢默頓 | 著

楊添圍・周仁宇 | 譯

目次

再版序

　　這次再版，是在許多朋友的催促下才得以完成。原著作，並沒有更新的版本，而兩位譯者，對於原本的翻譯，除了明顯的文字與語句錯誤之外，也盡量保持未更動為原則。部分是由於更動未必比原譯文更容易閱讀與理解，另一方面，我們也期待，對當初翻譯之時的人事物，保留一些不變的記憶，讓這本書，成為兩位譯者依戀的過渡性客體。然而，初次翻譯時的訛誤與疏漏，於再版時，也經過編輯裘佳慧小姐盡力地補正，並且採用目前較為廣泛使用的專有名詞，加上心靈工坊王桂花總編輯以及出版社裡各專業人員的協助，都使得這份翻譯作品再次出現時，比譯者想像得更加亮麗而完美。現在回首，當初翻譯的初衷，這本客體關係的入門書籍，依舊十分適合初學者或其指導者。

　　事隔多年，兩位譯者雖然仍是精神科醫師，但是環境、事業與家庭，都有多樣的變動。不變的是，我們的另一半，張如杏與楊彬彬，仍然是最大的支持與鼓勵所在。也很感恩，經過這麼多年，朋友、同事、家人，不只是我們的一部分，而且總是在關鍵時刻，扮演著好的客體。

楊添圍
周仁宇
2013年，於臺北市

原譯序

中文翻譯的確有文字意義上的困難。由於原作者是使用相當精簡、白話的語言，而傳達出準確而扼要的意義，我們在翻譯中，會捨其精確而著重淺顯易懂。對於首次出現的專有名詞或技術用語，我們會附上原文；對於會造成誤解或歧義的字，也是如此。希望我們沒有把一本適合入門導讀的創作，翻譯成艱澀不忍卒睹的作品。由於我們本身能力有限，尚乞各位先進能不吝指導。

先感謝我們的另一半，如杏與彬彬的容忍與配合。我們十分感謝王浩威醫師對本書中所附詩句的潤飾。感謝蔡榮裕醫師的引介與指導、督促。也感謝許多市立療養院同仁的協助。

最後，總而言之，要感謝許多鼓勵和協助我們的人、朋友與同事，也要感謝我們所遇到過的病患；而且這些人，都成為了我們的一部分。

楊添圍
周仁宇
1999年，於臺北市立療養院

前言及致謝

　　醞釀本書之初，原本是想要把客體關係的理論轉譯成容易被理解的英文，既不會稀釋掉概念的探討也不至於犧牲理論的豐富內涵。所有學習自體他體關係的學生、完成訓練的分析師以及正要開始心理衛生工作生涯的人，都在非難客體關係文獻的艱澀。該是有個新讀本的時候了。

　　像大多數的知識運動一樣，客體關係理論始於對特定的同儕所持有的一些觀點提出論辯，或許，這是一種以迂迴側進手段試圖對於當時既有的主導團體投入新觀念的方法。這些討論不得不使用既有的專門術語，有時候是給予新的定義，甚至於定義會變來變去。因此，原先的語言累贅而混淆，雖然以其目的而言以及對聽眾來說還算恰當。

　　近來，客體關係的概念被人接受與注意的程度逐漸擴大，因此，把客體關係的概念清楚闡明是可能而且也是必需的。防衛式地使用拗口的措辭不再有必要。使用一度在爭論中引領風騷但需學識根柢的行話術語變得阻礙大過於幫助。但是，我對於要全盤地拋棄原有的名詞感到猶豫。我並不希望這本書成為通俗化讀物；我並希望，這本書可以做為當代理論家的通譯以及進入與瞭解現存文獻資料的鑰匙。這種取向必須整合許多作者的觀念、比較許多不同的觀點並且引進我自己對於客體關係的想法。為了讓人們瞭解，同時又和早先的著作內容並行不悖，我從抽象的概念轉向日常生活中所見的臨床案例，然後再回到抽象的概念　　也

就是說，轉回原本的理論名詞術語。這本書於是成為一種概念與觀察的合成物與變體，而不僅只於譯介。

初學的讀者和課堂上的指導者十分贊許這種取向。他們認為如此做法容易理解而且複雜性也已足夠。於是，許多人希望這個版本不要修改，因為已經滿足了他們的需求。

不過，客體關係理論是個成果豐碩而且不斷成長的領域。我在某一點上已經改變立場。晚近對於嬰兒的研究發現馬勒（Mahler）對於自閉狀態的劃分已經站不住腳。小孩一出生就可以分辨人與非人的刺激，他們甚至於可以對照顧他們的某些特定人士顯露出偏好。從一開始，至少在大多數的時間裡，他們就展現出客體聯結。這也是早期理論家克萊恩（Klein）與費爾貝恩（Fairbairn）一直在懷疑的。直到現在，對於嬰兒發展的時間表也還在修正中。至於本書其他部分的觀念，我認為還是跟得上時代而且有用。

我要感謝卡爾·梅寧哲（Karl Menninger）醫師。他鼓勵學生密切觀察病患並且將觀察到的盡可能清楚地寫下來。我要感謝唐諾·林斯利（Donald Rinsley）醫師，他堅持學生應該像觀察病患一樣密切地觀察自己。這兩位好人前幾年都過世了。對於他們的指導，許多學生都還持續地力行不輟，並且不斷獲益。我們仍然保留著他們留下的回憶與影響。

我要感謝幫助我的老師，在這裡我只能提到一部分：赫伯·伍考克（Herbert Woodcock）、威廉·薩克（William Sack）、黛安·謝特基（Diane Schetky）、安·艾波堡（Ann Applebaum）、山繆·布萊德蕭（Samual Bradshaw）、諾門·王（Normund Wong，譯音）、狄哥·羅德烈奎茲（Diego

Rodriguez）、傑克‧羅斯（Jack Ross）、梅樂迪絲‧提塔斯（Meredith Titus）、羅伯‧歐本（Robert Obourn）、史都華‧艾微利（Stuart Averill）、高橋哲郎（Tetsuro Takahashi）、理查‧羅斯科斯（Richard Roskos）、彼得‧諾佛提尼（Peter Novotny）與傑洛米‧卡茲（Jerome Katz）等醫師。珍‧拉森（Jan Larson）小姐與瑪麗‧瑟內（Mary Cerney）醫師幫助我瞭解精神病患者。感謝托沛卡精神分析研究中心（Topeka Institute for Psychoanalysis）的訓練委員會委員，特別是彼得‧哈托克利斯（Peter Hartocollis）與拉蒙‧岡薩蘭（Ramon Ganzarain）醫師，提供我一個相當有價值的機會學習與成長。感謝華特‧梅寧哲（Walter Menninger）、羅伊‧梅寧哲（Roy Menninger）、羅蘭‧艾金森（Roland Atkinson）、詹姆士‧蕭爾（James Shore）與約瑟夫‧布魯姆（Joseph Bloom），在我執行這個計畫的時候提供的行政支援。

凱薩琳‧彭佐哈（Catherine Ponzoha）小姐以一貫的親切友善，利用她自己的時間閱讀手稿。她總是以鼓勵與支持的態度，敏銳又技巧地提出許多建議，我無限感激。我父親諾曼‧漢默頓（Norman K. Hamilton）醫師，以及羅伯‧弗利克（Robert Frick）醫師，共同協助我完成了前四章的作業。瓊安‧蘭斯（Joan Langs）小姐編輯了整部手稿，提出合理的建議以及必要的質疑。

我的學生提供了個案案例、有用的批評以及疑問。他們十分有耐心地讓我從他們身上掘取這些想法。

我的病人早就注意到我從與他們的合作中學習並且獲益。有些人或許會對他們是否可以在個案材料中辨識出片段的自己感到

好奇。我很遺憾我不能以他們獨特的方式來呈現他們每一個人，因為，在特定的情境脈絡下，他們每個人都是如此重要而完整的個體，我不可以侵犯他們的隱私權。我必須隱藏特殊的訊息，將個案資料重組，以免家人或朋友認出他們，也使得個案無法確定那是否就是自己。我深深地感謝我的病人讓我有這份榮幸認識他們，和他們一起進行治療，並且從他們身上學習。

第一部
自體、客體和自我
SELF, OBJECT, AND EGO

哦 栗樹,深根植花者,
你是葉片,是花朵,還是樹幹?
哦 隨著音樂搖曳的身軀,
哦 耀眼的一瞥,
我們要如何從這舞姿來認識這舞者啊?

——威廉‧巴特勒‧葉慈,〈學童之間〉
（William Butler Yeats, "Among School Children"）

引言

3   愛人、朋友、敵人之外，我們還有一些更複雜的關係。這些關係不只是一些靜止的形像（static images）而已，不論是對與別人的關係或是對自身的感受而言，它們都有很強大的影響力。圍繞在我們身邊的人也影響了我們的內在。有關這些內、外在關係的探討逐漸地茁壯，形成了這個被稱做客體關係理論（object relations theory）的知識體系。

      在心智發展上，我們來自一個未分化的狀態（undifferentiated state）。一開始，我們並沒有能力把自己和環境區分開來。到後來，我們才在與照顧者，也就是父母的關係裡逐漸認識自己。那個時候，我們沒辦法想像自己真實的存在（very existence）其實和那些我們依賴著的人是分開的。我們必須得從照顧者的愛和養育裡去取得勇氣，因為孤單和渺小是那麼地令人感到害怕。為了要去保護這個自體—父母關係（self-parent relationship），我們也開始把遇到的困難都怪罪到這個自體—父母關係之外。一直要等到後來擁有了足夠的關懷以後，我們才變得夠強、夠有自信來接受屬於我們自己的軟弱和渴望，並且能夠去照顧別人。

      從生命早期到整個成人期，這個過程都一直持續著。我們接受各種關係的各個面向（aspects），內化成自己的一部分。也會把自己的各個面向和過去累積的內在關係歸因（attribute）到外在的人事物。我們精神健康時，這個過程都會一直持續下去。

      人們罹患精神疾病的時候，這個內化（internalizing）和外

化（externalizing）的機制便會陷在一個重複或極端的形式裡。有些人會對遇到的每一個人，重演（reenact）過去習得的內在關係，而不管別人的意向如何。另外有一些人則是將自己完全封閉（isolate）起來，無法和別人發生任何關係也無法照顧別人；他們就這樣被關在自己的內在經驗裡。也有許多人是那麼容易受影響，不論遇到誰，都習染到人家的個人特質，就像是變色龍一樣。他們從來沒有辦法能建立一個穩定的認同（stable identity）或穩定的自體（stable self）。

客體關係理論研究的是健康兒童、健康成人以及病人的這些內在和外在關係。過去的三十年間，客體關係理論的研究者將一股新的生命力注入了精神分析領域之中。這個理論的概念因為它的即時性（immediacy）和可用性（usefulness）而廣受注目，不只是精神分析，連心理治療、團體治療、家族治療和醫院管理也普遍受到影響。

如同其他的領域一般，精神醫療的臨床工作者之間也有一些競爭。這些競爭者將客體關係理論稱做一門新學派或是某個異端學說，而這說法助長了它的分裂。同樣地，自我心理學（ego psychology）也曾經一度被視為異端，現在的自體心理學（self psychology）還常常會被說成是偏離主流。有些臨床工作者甚至宣稱客體關係理論根本不是新創，只不過是一部分舊理論的重組和精心推敲罷了。

知識是不能被擁有、被控制、被貶抑為旁支末流的，當然也不可能在任何學科或派別的範圍內被乾乾淨淨地保存起來。和別的知識體系一樣，客體關係理論只是一組值得我們來一起思考的想法（a set of ideas to be considered）。目前這一股探討人際和精

神內在（intrapsychic）功能的風潮，主要集中在自體（self）和客體（object）的概念上。客體關係理論也就從自體和客體這些基本概念中逐漸開展。在第一部中，我也討論到自我（ego），它整合（integrate）並且分化（differentiate）了我們內在與外在的自體和客體經驗（self- and object-experiences）。

【第一章】客體

　　客體（object），指的是一個被愛著或被恨著的人物、地方、　5
東西或者幻想（fantasy）。有些人認為，用客體這個字實在沒有
味道也不夠精確，用來指稱人更是抹殺人性。不過，這個字還是
持續被廣泛使用著。

　　這個術語是佛洛伊德（1905a）引介的。在《性學三
論》（*Three essays on the Theory of Sexuality*）中，他對性倒錯
（perversions）有一番研究。他發現人們可以和一個客體
（object），比如說像是鞋子或絲襪之類的東西發生關係，就如
同和他們的性伴侶或他們所愛的人一般。後來這樣的用法變得方
便而準確，用客體這個字來指稱一些被賦予情感的對象，比如說
是另外一個人、一件沒有生命的東西、一個念頭或是一個幻想
（fantasy）。

　　當人們說他愛自己的國家而且對國家忠誠時，他們其實正
在對一件事物，也就是對他們的國家，發生感情。只是，那事物
無論如何都是未定而變動的。國家可以是指地理上的疆界，也可
以是一堆文獻摘要出的抽象概念，可以是所有公民的集合，也可
以是有關一系列和忠誠、認同等複雜課題有關的幻想。所有這些
和國家有關的觀念都可以成為一個客體，因為國家足夠重要到讓
人們去愛或是去恨。人們為國家工作、打仗、甚至有時為它犧牲
生命；當然也有可能會去貶低、逃離、甚至背叛自己的國家。顯
然，人們對他們的國家有強烈的感覺，雖然國家並不是一個人，　6

17

不是母親、父親、兒女、丈夫也不是太太、情人或朋友。但無論
如何，國家足以在客體關係的術語中成為一個客體。

　　人們也可以愛房子、車子、貓、狗、高山、谷地、樹木和河
流。他們可以愛一幅畫、一本書、一首詩、愛他們的神或是愛一
個心裡的形像（image）。同樣地，他們也可以恨這些或相關的東
西，甚至是恨這些東西的某一個部分，或是其他的任何東西。雖
然第一個所愛的客體是母親，但我們還是使用「客體」這樣一個
比較和人無關的術語，來指稱這個被灌注了許多情感能量、愛意
恨意的對象。他體（other）這個詞有時可以和客體（object）互相
取代使用。

　　克萊恩（Segal 1964）是最早也最受爭議的客體關係理論者
之一。她指出，研究內在自體幻想和內在客體幻想之間的關係，
有助於我們了解許多先前不清楚的、包括正常人和病人的精神狀
態。這些幻想可以是意識層面的，也可以是無意識層面的。

　　客體包括內在客體和外在客體。內在客體指的是一個心
理表徵（mental representation）——一個和他人有關的形像
（image）、想法（idea）、幻想（fantasy）、感覺（feeling）或
記憶（memory）。外在客體則不同，它指的是一個真正的人或真
正的東西。客體關係文獻最令人感到困惑的一件事，便是許多的
作者並沒有把他們當時究竟是在指內在客體或是在指外在客體說
清楚，甚至在同一個句子當中，客體這個字的意思可能就變了。

　　至於「內在／外在差異」這個課題比乍看之下還要更複雜一
些。它把我們帶進了認識論（epistemology）和現實本質（nature
of reality）的問題裡，這課題已經被爭論幾千年了。我們是怎麼
知道我們所知道的？外在真的有一個世界嗎？世界和我們的感受

之間又存在著什麼關係呢？在此我無意對這些抽象的問題做進一步的探索，只是想單純地承認，因為分不清楚內在客體和外在客體，使得許多客體關係文獻顯得曖昧難解。在後面的章節裡，我會再討論到這個內在與外在世界的課題。

　　「object」這個術語在心理學和在文法上有一樣的意義，這並不是巧合。標準的句型結構裡要有主詞（subject）、動詞（verb）和受詞（object）。客體關係理論也有一個相同的結構。在這個結構裡有一個主詞（自體）；一個動詞（愛或恨）；一個受詞（愛或恨的對象）。這個簡化的文法結構，特別有助於我們研究那些主詞和受詞的區分不是那麼清楚的心理狀態。這種在小孩的語言和文法次序發展之前的心理狀態，我們稱之為「前語言期」（preverbal）。有關自體客體混淆（self-object confusions），本書會有更多的討論。

　　所謂客體，是指一個被投注了情感能量的人物、地方、東西、想法、幻想或記憶，被投注的情感能量可以是愛、恨、或是愛恨交織的組合。所謂外在客體，是指一個被投注了情感能量的人物、地方或東西。而內在客體則是指屬於這些人物、地方、東西的想法、幻想或記憶。

【第二章】自體

9　　精神分析的文獻裡充滿了有關自體（self）的討論。有些期刊還完全致力於這個題目的探討。甚至有一個客體關係理論的分支就叫做自體心理學（self psychology, Kohut 1971, 1977）。

　　「self」這個字在歷史上有許多不同的意義，它代表的意思曾經是氣息（wind）、呼吸（breath）、蔭暗（shade）、影子（shadow）、魂魄（soul）、心靈（mind）、宇宙本我（universal self）、超驗合一（transcendental oneness）、一（one）、恆定的推動者（the unmoved mover）、靈魂物質（spiritual substance）、良善和邪惡的根源（seat of good and evil）、不凡的執行者（supraordinate agency）以及其他的許許多多用法。比較世俗的用法是代表身體、代表一束恆常流動的知覺，或是一個人和這個人所有的一切。有這樣複雜歷史淵源的一個字，必然地要背負有關唯物論、唯心論以及身心二元論（mind-body duality）、身心統一論之間的爭執。

　　一個人真正的自體（one's very self）——在這世上和這人最接近的東西——實在難以定義。不論在理論上或在發展上，自體的概念都要遠比客體的概念來得晚。小孩子先能分辨出陌生人和母親的不同，然後才有辦法分清楚自己與母親的不同。母親—他人（mother-other）的區分比自體—母親（self-mother）的區分早出現。換句話說，發現客體間個別差異的能力要比察知自體是一個獨立個體的能力早出現。

　　儘管如此，現在我們還是對自體的概念有了進一步的了解。　　10
許多作者把自體看做是一種心理表徵——像是想法、感覺或幻想。和客體一樣，這個表徵也代表著一個被愛著或被恨著的人或東西。和客體不一樣的是，這個想法、感覺或幻想，屬於那個根本的、生物上的自己。如佛洛伊德（1923, p. 26）所說：「首先也最主要地，自體是一個身體自體（bodily self）」。[1]

　　雖然自體表徵是私密的，但就像其他像是感情這樣的私密經驗一樣，還是可以被描述的。

　　　　夏日傍晚，一個二歲大的男孩和爸爸一起從公園走回家。他們談論著眼前人行道上拉得長長的影子。

　　　　「那是我的影子，」小男孩說，「然後，那是我爸爸的影子。」

　　　　「是啊，」他爸爸說，「它們在那。」

　　　　不久，他把兒子舉了起來，放在肩膀上。小男孩對著影子的變化發笑。

　　　　「那是什麼東西在我的影子上啊？」爸爸問。

　　　　「那是我。」男孩吃吃地笑著說。

　　　　他一遍又一遍地說：「那是我。」他在先前說的是，那是他的影子。而他現在只說，「那是我。」他的影子已經變成了一個自體形像（self-image）。

1　　這一段話經常被譯成「首先也最主要地，自我是一個身體自我」（"The ego is first and foremost a bodily ego", [Freud 1923, p. 26]）。然而，佛洛伊德用了「Ich」這個字，意思是「I」（我）。在《佛洛伊德全集標準版》（*Standard Edition*, Strachey [Freud 1923, p. 7]）中「Ich」常常被譯成「ego」（自我），但在這裡它顯然是指self（自體）。Ego（自我）現在有另一個更特定的意義，對此，我們會在第四章中討論。

「那是我。」這就是客體關係理論裡自體的意義。由於這種「那是我」的經驗可能會有許多變化，我想再多舉些例子。

　　BG，一個三十歲的男人，因快速變動的想法、計畫和信仰，使得生活變得迷惑而艱難，為此而開始接受心理治療。他不斷地換職業，好像做這工作只是為了要結束它似的。他加入了一個狂熱的宗教團體，開始認為自己是聖徒，但沒多久又相信自己是一個惡魔。然後，他覺得自己是一個客觀的科學家，站得遠遠地看一切生物力量的演變。

　　經過了幾個月的心理治療之後，他嚴重的自體困惑（self-confusion）減輕了。一年後的某天，他輕鬆而興味盎然地走進治療室。「昨晚，我做了一個奇怪的夢。」他說。「我夢見我和其他人一起在一個劇院的隊伍中。隊伍中有來自各種職業、各種年紀的人，男女都有。好像變魔術一般，一扇門出現了，我是唯一可以走進去的人。」

　　「你當時是什麼樣子？」治療師問。

　　「我只是和在隊伍中的時候一樣，我是說，和我現在一樣。我直直地走向我。當愈來愈接近我的時候，我有一種認出了的愉快感覺。」

　　「後來發生了什麼事？」

　　「我直接走進了我裡面，然後就消失了，我們合而為一了。」

　　當這個病人談論著對這個夢的想法時，治療師聯想

11

到一個影像，想到自己正在看著一個嬰兒在鏡子前探索自己。七到十個月大的時候，BG可能和其他許多小孩一樣，有逐漸接近一面鏡子，直到他的影像消失的經驗。這只發生在自體影像，而不發生在客體影像上。BG此時正在開始修正他自己早期的自體經驗（self-experience）。在根本上，他開始經驗到自己是誰。這些影像就是自體。

一個保險業的經營者想藉著拜訪朋友來暫時丟下瑣碎的管理雜務。她在五樓畫室的玄關迎接他。當她把大門打開時，一個寬敞、明亮的工作空間展現在他眼前。「進來。」她說。她揮了揮手，對著牆壁示意，「四處看看。」

巨大、醒目的畫布蓋滿了四壁。黑色的輪廓交替著白色和灰色，充滿了生機，但各部之間很協調。所有的畫作都是由黑色變化而成。

「都是黑色。」他說。

「我想我是憂鬱了。」她說。「但，那是我。那正是我必須要去面對的，所以我現在正在面對它。」雖然她正在告訴他，她可能曾經或過去曾經憂鬱，但她閃亮的眼神和微笑的臉，顯示她現在並不憂鬱。她正在告訴他一些關於她自體的事。

就精神分析的觀點來說，那些畫並不是自體（self），也不是自體形像（self-image）。它們只是畫布和顏料；既不是她的話語，也不是她的自體。但她的畫作和對畫的評論，透露了一些和內在自體表徵有關的訊息。

這些內在形像就是自體的意義。在這個例子裡，她提到的，是她憂鬱的自體，雖然現在她並不覺得憂鬱。

自體形像（self-images）不一定要是看得見的。他們也可以是動覺的（kinesthetic），這和深部肌肉感覺有關。

12　　　在社區的游泳池裡，一個年輕小伙子在九公尺高的地方擺好了姿勢。他縮成矛狀往下跳，在空中轉了一圈半後滑入了水中。水面幾乎不起一絲漣漪。

跳水必須依賴精密調和（finely tuned）的自體覺察（self-awareness），而這個自體覺察，他自己在意識上並不知道。他並沒有辦法為了保持在某一個軌道上，而有意識地控制飛身而下時的每一個平衡動作。他之所以可以保持控制，是因為在旋轉時運用動覺（kinesthetically）精密地感覺自己在時間和空間中的位置。這種感覺就是自體。

二十年前，我在羅馬著名景點西班牙台階附近，遇到一個從維吉尼亞來的人。他身上沒半毛錢，倒有一把吉他。他彈著藍調、唱著悽涼哀傷的流行歌曲，一群人圍著他。從旋律和節奏中傳來陣陣悲傷、無望的低訴。這人的音樂將自憐哀鳴的歌詞轉變成忍耐、希望和人類愚行中的歡愉。

這個聲音不是他的自體，但是卻指出了他自體中的某些東西。他對情感的體會，對悲傷摻雜著希望的體會，對節奏與旋律交織的體會，都反映了內在對他自己的體會，

至少也反映了他自己的某一個面向。

　　他的指尖飛快地撥著弦，實在太快了，以至於沒有辦法看清楚每根指頭的動作。然而，他卻很清楚地體會到每一根手指當刻以及未來的位置，它們的動作和聲響、音調和節奏的關係，以及整合這一切的歌詞、意義和情緒。他的歌反應了自體裡至少數個面向的內在的整合。

自體指的是屬於一個人自己的，包括意識和無意識的心理表徵。在本書中，雖然客體有時是表示一個外在的人物、地方或東西，有時是表示一個內在的形像，但自體所指的總是一個內在形像。根據這樣的用詞，外在觀察者所看到的某個人並不是自體（self），而只是一個人（person）。自體是私密的。

【第三章】自體—客體

13　　客體關係是自體與內在客體或外在客體之間的互動。過去對幻想（fantasy）的研究已經得到這樣的結論：自體表徵（self-representations）和客體表徵（object-representations）並不會單獨存在，而是以一種稱為「客體關係單元」（object relations units）的關係存在。這些單元包含著一個自體表徵和一個客體表徵，其間以一個驅力（drive）或情感（affect）來連接，比如愛或恨、飢餓或飽足（Kernberg 1976, Rinsley 1978）。

關於「客體關係單元」，心理治療師過去從邊緣性病患（borderline patients）身上學習到許多，這些病人都有很強烈的全好（all-good）和全壞（all-bad）的客體關係。極化（polarization）的自體表徵和客體表徵以及極化的情感使得它們更容易被理解。

　　SW，一個刻已進入全好全壞自體—客體狀態的三十二歲婦人。會談開始時，抱怨著精神科醫師忘了重開她的抗鬱劑處方。事實上他已經重開過藥了，但她卻忽視這個事實。醫師等著要澄清這個誤會，可是接下來她卻不停地描述這個週末有多麼令人不舒服。她要求丈夫在她禮

14　拜六拜訪朋友時在家照顧小孩，丈夫回答她說，上禮拜她已經每個晚上都去上舞蹈課了，這次他希望能與她和小孩擁有一些「家庭時光」。

　　她繼續說道：「他說他不想再容忍我每次外出，留他
和小孩在一起，他要中止我這樣的行為。他講這種話令我
發狂，他想中止誰的行為？他是誰啊？！還敢來告訴我該
做什麼？我那時就是這麼說的。」

　　「聽來妳們像是吵了一架。」醫師說。

　　「其實那也不算是真的吵架，我向他傾吐心中的怒
氣，他沒再說什麼，我也算一吐為快。不過隔天早上醒
來，我還是很抓狂，不爽、非常地不爽。我看他正在睡，
很想勒死他，想要使盡力氣一拳打在他臉上。我很不爽，
起床以後，對小孩很凶，罵他們。我知道他們沒做什麼該
被這樣對待的事，但我還是罵個不停。這整個週末簡直可
以說是個垃圾。」

　　之後她繼續談她的醫師如何地令她失望，因為他沒有
提醒她抗鬱劑處方已開好。她接著描述復活節是如何地鬱
悶，她去了墓園探視母親和父親的墳。她發現管理員疏於
打理而令她感到生氣。

　　SW當時正處在一個「全壞的自體─他體狀態」，自體當時是
糟糕、不爽、憂鬱的。而她的客體，不論是以醫師、丈夫、父母
或墓園管理員的姿態出現，都是健忘、令人不滿、心不在焉、要
不然就是怠慢或已經死了的。自體和客體之間由憤怒的情緒聯結
著。壞的自體、壞的客體以及憤怒的情緒，組成了一個「全壞的
客體關係單元」。

　　這個病人在同一小時的後半段卻描述了一個「全好的客體關
係單元」。

治療師問SW，小時候復活節是什麼樣子。「那很棒，」她邊說，邊笑得燦爛，「我曾經得到一件新的復活節洋裝和一雙漂亮的新鞋子。我媽總是在復活節給我很特別的東西：一隻巧克力兔寶寶，每次復活節我都會得到一隻巧克力兔寶寶。」她的聲調和表情充滿了親切溫柔：「我愛那些巧克力兔寶寶，我爸爸做了一頓豐盛的早餐，全家人都穿上復活節服裝，我穿上新衣服和新鞋子以後看起來很可愛，還有，也戴了新手套，我們都戴了手套。我們還會去教堂，之後我媽會做復活節晚餐，那很棒！」

15

SW正處在一個「全好的自體─客體狀態」之中。好的自體以全新復活節服裝中的可愛女孩來展現，而好的客體則以供養著全家的父母和巧克力兔寶寶來展現，這裡的情緒是愛。好的自體、好的客體加上愛的情緒，構成了一個「全好的客體關係單元」。

就發展上來說，最早的客體關係單元是一個共生（symbiosis）的自體─客體，在其中，自體和客體的區別不明顯。就心理學的看法來說，共生指的是一種正在經驗著的狀態，在這個狀態裡，自體無法擺脫地混合（intermingled）著客體。單元（unit）這個字用在共生上會造成誤導，因為它暗示著一些可分離的東西。我們試圖要去描述人會說話之前對語言的經驗時，都會踫到這個問題，語言代表著一些特殊、分化的經驗（differentiated experiences），而共生則是未分化的。

共生是最沒有經過分化的自體─客體，雖然它也可以和不愉快的經驗有關，但傳統上被認為和愉快的經驗有關，比如愛、溫暖、滿足甚至是狂喜。所有的精神生活從共生開始，我們真正的

自體（our very selves）便是從這個母質（matrix）當中產生的。這就是那個情感的大海（emotional sea），我們渴望回歸的調和狀態。雖然對共生的渴望是正常的，不過，過去心理治療師對共生的了解，主要還是透過病人而得。

　　DF是一個有五年精神病病史的二十六歲男子，他告訴治療師他被一個不可思議的、稱為光的東西所啟發。有一天光像幽靈般出現在他面前，「他降臨在我身上，告訴我所有的祕密。你知道嗎？如果我剝掉我的皮膚，我就是純白的光，我可以剝掉自己的皮膚如同其他人脫去夾克一樣。光和我是一體的，當我了解了這個事實，所有的事情都顯得平和、溫暖而美好。所有的擔心都不見了，事情平靜而完滿。」

　　「你是因為這樣才忘了來嗎？因為你和光在一起，而且一切都完好？」治療師問。

　　「也是，不過主要還是沒有時間。」

　　「你忘了約定的時間嗎？」

　　「沒有任何的約會。」病人說。「你看，一切都和光的速度有關。當你是光，和光在一起，而且一切都是光，那沒有時間可言，那是許多祕密之一。萬物合而為一，此外，也沒有空間可言。這就是為什麼我可以進入光，並且離開後，在一個不同的世界中，道理是一樣的。

　　DF描述著一個共生的經驗。他和光是一樣的東西，不受範圍所限制，平和而統一。時間、空間和現實的穩定概念在共生狀

16

態中消失了，空間和比例都不是原來的模樣。在後來的治療中他開始覺得自己和治療師是合一的，他在治療中逐漸放棄了光的妄想。他可以靜靜地坐在治療師旁邊，非常確信他無須說話，因為他認為醫師知道他的想法。這個階段在發展中佔有一段很長的時間。DF甚至要花更長的時間，才能開始分辨並逐漸成為他自己。

共生或結合（fusion）的經驗又被稱做融合（mergers），費登（Federn 1952）稱之為自我界限的模糊化（blurring of ego boundaries）。不管怎麼形容，這些狀態都包含了一個模糊的自體感和客體感，伴隨著一個強烈的感覺，如此形成了共生的客體關係單元。

不只是精神病患才會有共生的經驗，每個人都總會有某些界限模糊的時候。

藝術家、詩人和神祕主義者，他們正常的融合（normal merger）被最清楚地描述。華茲華斯在他的一首詩作〈來自童年早期回憶裡不朽訊息的頌歌〉（"Ode on Intimations of Immortality from Recollections of Early Childhood"）中，描述了一個共生的經驗，他說：

> 曾有那麼一刻，草地、樹林和溪流、
> 大地、還有所有的事物
> 對我來說就像
> 罩上了天光，
> 如夢的燦然和清新。

達克多羅（E. L. Doctorow 1984）在〈威利〉（"Willi"）中

的一個段落裡有另一個對共生狀態的描述。這個故事以一個在曠野中徘徊的小男孩做開端，在溫暖的陽光和燦爛奪目的顏色下，小男孩感到無比地歡喜，他說：「我感到精神恍忽但同時也異常地清醒，所以每當我睜開眼睛時，我不單單只是看見，還感覺到它的存在。」這樣的狀態在小孩子來說是很自然的（p. 7）。

達克多羅描寫了一個我們每一個人都曾經經歷過的狀態，在這樣的狀態裡，自體和非自體間的界限變得沒有意義。他把威利的思想和感覺歸因於環境且同時把屬於環境的特質歸因於威利，藉此巧妙地來描述這種他我之間界限的模糊。「原野的蒸氣」（p. 27）籠罩著威利。顏色也有說服力。所見的事物就像是他本身的存在那樣地被感覺著。在一個未分化的混雜經驗裡，自體和他體融合了。佛洛伊德（1930）稱此為「海洋般的感覺」（oceanic feeling）。 17

達克多羅繼續描寫一生的旅程是如何在這個小男孩的眼前展現，而宇宙的尺度是如何地不適用。

再一次，時間和空間混合了；它們自如地延長和縮短。在融合的經驗裡，大和小，快和慢，皆成一體。沒有二元性，因為主體和客體的差異消失了，而主體和客體之間的差異性正是所有內在世界所賴以維持規律的條件。

每個人都曾經在不同的時候經驗過融合所帶來的溫暖、甚至狂喜：

兩個情侶牽著手在河邊漫步，在春天溫暖的黃昏薄暮中，他們無法清楚地分辨彼此。他們是一對（a couple）。

一個灰白佝僂的男人，佇著拐杖，站在雷諾瓦（Renoir）的〈划船者的午餐〉（Rowers' Lunch）前。在芝加哥藝術學會冷冰冰

的白色會館大廳裡，獨自出神地凝視著。看著畫的時候，他享受著畫中的年輕、友誼以及悄悄調情的歡愉。畫中閃著醇紅光澤的酒、柔和的色調、還有勞動後的恬靜都是屬於他的——所有的這一切，就彷彿他就在那兒，在那個死了很久的畫家所描繪的、老早已經不存在的，十九世紀法國的景象中。

如果你曾經受傷而服用過麻醉藥，那你應該可以了解，麻醉藥中毒的時候，那種內在與環境都變得柔和、平靜的感覺：時間慢了下來，空間也顯得不重要了。

透過冥想也能進入這樣的狀態。任何宗教的虔誠信徒也會有與他們的神同在的經驗。

一個推著購物推車的孕婦感覺到了肚子裡新生命的第一次胎動，她因此停了下來。在超級商場的熙熙攘攘和一列列形形色色的罐頭間，她靜靜地微笑著，透露出了她和胎兒的一份共生經驗。

人在性高潮中，會失去自體感（sense of self），失去時間感、空間感，失去了分辨自己和愛人的能力，甚至失去存在的感覺（existence itself）。對成人來說，這可能是最有力的融合經驗。

當一個人感覺到自己被同理地了解（empathetically understood），那時的溫暖和愉悅雖然不如性高潮那樣具有生理強迫性（physiologically compelling），但親密感卻是同樣的。當我們堅信某個人知道我們的感受，熱情地傾聽我們而且了解我們，那將會伴隨著自體—他體界限（self-other boundaries）的模糊。反過來說，我們要去神入地了解另一個人也會牽涉到他我界限的模糊。我們雖然可以在回顧時，將神入拆解和轉譯成日常生活中

18

的觀察（Hamilton 1981），但如果我們還是維持著清楚的人我界限，那就無法神入。就定義上來說，如果想要神入，這樣的客觀性就必然要消失。

如果說共生是一種心理狀態，在這心理狀態下自體與他體在溫暖、滿足、愛意或狂喜的感覺中融合了，那麼如果我們處在另外一個極端的情形時，又會發生什麼事呢？要是我們把一個人從他的環境隔離開來，試圖找出到底人本身內在和外在是什麼，那將會發生什麼事？將人與外在客體隔離，真的可以改變他內在的自體和客體經驗嗎？

二次大戰後，科學家對戰時使用隔離的效果來進行洗腦很有興趣。這些科學家在三十年間做了數以千計的實驗（Solomon and Kleeman 1975）。後來據此建立了精巧的感覺剝奪隔離室。自願者被浸泡在隔離牆內的溫水中，頭上罩著頭蓋以維持呼吸，厚厚的混凝土和軟木牆隔絕了一切聲音。水上甚至覆了濾網以抑制任何實驗對象自己造成的振動。

與外在世界隔離下，這些自願者經歷了巨大的心理變化。他們失去了組織思考和專注的能力，心中還出現逼真的想像和身體的錯覺，有些人甚至還出現幻覺。大多數變得易受暗示。他們的認同感消失了；時間和空間不再恆定不變。

在客體關係的術語當中，身體錯覺是自體感的改變，幻覺則是自體與他體的混淆。在幻覺中，內在的思想或幻想被經驗為是對外在事件的感覺。內外在的自體和客體，在幻覺中混淆了。感覺剝奪和洗腦之後變得易受暗示也是界限模糊的結果，導因於把別人的思想和意見當成是自己的。時間和空間顯得不相干，一如在共生中的自體—他體混淆一般。

　　我們驚訝地發現，試圖將人與外在客體隔離的結果，竟然不是形成一個不受外界影響的完整自體感（pure sense of self），反而是一個完全相反的類似共生的狀態，在這狀態裡，感覺其他的人或物是那麼地接近，以致無法將自己和任何的其他東西區分開來。如果沒有外在客體來和自體做比較，那自體和穩定的現實感也將不存在。如同這些實驗所揭示的，如果沒有內在和外在的客體，我們真正的自體（our very selves）將會崩解，因為自體除了是自體—客體二元體的一半以外，它，什麼也不是。

　　許多人是「強悍的個人主義者」（rugged individualists），他們喜歡覺得篤定知道自己是誰、主張什麼。如此一來，說什麼他們私密的自體依賴著和外在環境的關係，尤其是和其他人的關係，他們對於這樣的說法當然覺得不舒服。事實上，即使是因為出眾的剛毅、使命感、才智，才能入選的太空人，也必須接受這個事實。在隔離的太空中，他們必須依賴從地球指揮中心傳來的指令、任務和例行事務來維持他們的定向感，以抵抗自體的融合、崩解和喪失。潛水夫也必然對此有所警戒。

　　如果我們每個人在與環境隔離後都可以失去自體感，那我們和精神病人有什麼差別呢？精神病的特點就是自體—客體的混淆（self-object confusion），而每個人都可以產生這樣的混淆，但卻不是每一個人都是精神病人。許多醫師認為，差別在於非精神病人可以依當時的需要控制界限混淆與否，而這是精神病人做不到的。研究邊緣性疾患客體關係的林斯利（Rinsley 1982）如此解釋精神病人與非精神病人：

　　　　在一群精神科住院醫師的圍繞下，他告訴他們一個住

在托沛卡州立醫院，叫做喬許的十二歲小孩的故事。喬許認為自己的頭腦裡有一個收音機，這個收音機從外太空接收戰爭、入侵者和太空船戰役的消息。

這位教授向在他身後切切私語的學生透露：「你們知道我跟他說什麼嗎？」

他眨了眨眼。

「我告訴他，『我跟你說一個祕密，但你要保證離開這房間後，你不會把這件事說出去。』」

林斯利醫師在此停了一下。

然後他繼續說道：「喬許同意這約定，並問我祕密是什麼。所以我以陰險的語調告訴他說，『我腦子裡也有一個收音機。』『真的？』喬許問。」

這教授點了點頭，打量了一下住院醫師們，想看看他們了解了什麼。

「『是啊，是有一個收音機在我腦子裡。』我輕聲說。你們知道他跟我說什麼嗎？他說：『那為什麼你不像我一樣瘋狂？』」

教授坐直了起來，對他的學生們露齒而笑。他把手放在耳朵上，好像在關掉收音機開關似的。「『因為，』我說，『我可以把它關掉。』」他按了一下耳朵然後坐了回去。

一開始，教授像是在對這受苦的小孩開玩笑。但之後他以充滿慈悲、溫暖和理解的聲音說：「因為我可以關掉它，喬許。而你還沒辦法關掉你的收音機。你要不要我教你怎麼把它關掉？」

20

　　我不知道林斯利醫師是不是有教喬許如何把他聽到的收音機關掉，但我確信他是一位有能力、而且充滿感情的心理治療師，他幫助了許多受自體與他體界限混淆所苦的病患。我也知道他並不是要告訴我們他有幻聽，反倒是他逼真且神入地認同了這小孩的經驗，而他可以根據自己的意志控制這認同的開或關。他三番兩次地提醒他的學生們，每一人都是可以了解精神病的。[2]

　　即然每個人都可以也曾經體會過他我界限的消失，許多客體關係理論學者因此聲稱，在每個人心中藏有一個精神病自體和一個非精神病自體。這個想法造成了許多不安、批評，有時是過多的理論探究來區分精神病和非精神病的人格結構。其實比較好的做法是帶著不安靜靜守候，不加以肯定也不加以否定，僅就事證來檢視就可以了。

　　客體關係單元包括一個自體表徵和一個內在客體，這二者之間由一個驅力或一種情感連接著。當客體關係單元中自體和客體之間的界限不清楚的時候，就稱之為自體—客體。共生是最初始也是最徹底未分化的自體—客體，其他的自體—客體關係皆由此而逐漸發展。共生在習慣上被描述成和愉悅的情感有關，如愛或狂喜，至於其他的融合狀態則可能令人感到困惑或畏懼。

2　　對於這段紀錄，林斯利（Rinsley 1987）提到在幾個月的住院治療後，喬許可以把他的「收音機」關掉——最後他復原了，過著不錯的家庭生活，自己的生意也做得很好。

【第四章】自我

　　自我（ego）沒有辦法被我們主觀地經驗到。自我可以去　21
感受（perceive）、整合（integrate）、思考（think）並且行動
（act）。自我深植於人格之中，但到今天還是沒有辦法被了解。
我們可以從外面去測量和觀察它的功能（functions），但自我本
身從來無法直接被了解。在內觀（introspection）時，自我既同時
被觀察也同時是個觀察者。

　　當我們思索著有關自我的主觀經驗（subjective experiences）
時，我們其實正在使自體表徵（self-representation）或是自體形像
（self-image）出現腦際，我們把這當作是自我，但其實並不是自
我。有些人喜歡把自我和自我功能（ego function）的某部分，比
如理性思考，混為一談。但這並不是自我；這是一個自體表徵。
自我永遠沒有辦法被主觀地了解，因為它並不是一個人物、地
方、東西、想法或幻想。自我是一個代表著一組功能的抽象概念
（abstraction）。

　　許多的客體關係文獻都有點混淆不清，因為 ego 這個字被用
在很多不同的意義上，而作者在不同的意義變化之間並沒有做提
醒。在許多文獻中，ego 交替地代表自體、結構（organization）
或組織者（organizer）這三種意思。在本書中，ego只代表組織
者，既不代表人格結構，也不代表自體。這屬於廣義自我的一個
面向。近年來有朝向這個特異性發展的趨勢（McIntosh 1986）。
因為自我這個術語在客體關係文獻中佔有重要的地位，討論一下　22

這個概念的歷史，對我們說不定會有一些幫助。

　　佛洛伊德在各個時期對「Ich」或「ego」，有不同的定義，而且沒有任何一個時期是清楚的。[3]最完整的說明是在《自我和原我》（*The Ego and The Id*, 1923）裡面，佛洛伊德說明了人格中三個主要的結構——自我、原我和超我。自我有許多特性和功能，其中有二個是最基本的：（1）自我相等於自體，並且（2）自我是一個有條理的結構組織者（a coherent organization-organizer）。佛洛伊德把三個不同但重疊的觀念濃縮成一個單一的概念：自我。

　　作為自體，自我，意謂著對於本身存在（one's own being）的諸多面向，有意識的以及無意識的覺察，主要像是身體的形像（body image）以及自體的主觀感受（subjective sense of self）。這個自體的概念和第二章中所提的相類似。

　　作為系統（system），自我有個合成（synthetic）和組織（organizing）的功能。它平衡、整合並穩定各知覺、衝動、情感以及道德良心的要求。那衝動被稱為原我（id），而道德良心的要求被稱做超我（superego）。也就是說，自我平衡了原我和超我。佛洛伊德並沒有對自我作為自體和作為系統或組織之間做清楚的區分，反倒是交替地用這兩個方式來闡釋自我的概念。

　　有位自我心理學者哈特曼（Hartmann 1952, 1959）對自我作為自體和作為系統或組織做了比較清楚的區分。他描述作為系統的自我是中央功能控制的執行者（agent of centralized functional control, 1959）。他特別強調包括了知覺、認知、衝動控制、運動功能等各個領域的分化、合成、整合、平衡的功能。哈特曼

3　　我很感激弗利克博士（Dr. Robert B. Frick）和我詳細地討論這些課題。

（1952）預測這些整合性的自我功能最後將成為心理學和生物學、心靈（mind）和身體（body）之間的橋樑。

　　哈特曼雖然沒有分辨有關組織者和結構之間的區別，但他澄清了自我作為系統和組織者的概念。他之所以沒有去區分，可能是因為結構和功能之間總是有一些相關。本書和哈特曼的概念不同，在此自我只代表一個執行者——一個組織者、平衡者、主要調節者。它不代表一個組織或結構，而只代表「組織的過程本身」（the process of organization per se）（Blanck and Blanck 1979, p. 9）。為了要使這個區分更清楚，有時我們會用整合性自我功能（integrated ego functions）這一個詞來代表自我。

　　雅可布森（Jacobson 1964）在她的《自體和客體的世界》　23（*The Self and the Object World*）中描述了自體表徵的形成，把哈特曼的想法更往前推了一步。她生動而詳細地描述了多重、原始的自體和客體表徵，分化和整合成一個穩定認同的過程。自我便是這過程的執行者。

　　雖然沒有必要將與自我有關的所有理論問題都作清楚詳盡的交代，但提出幾個客體關係文獻裡較受爭議的部分，或許也會有一些幫助。克萊恩（Segal 1964）將自我當成是自體的同義字。費爾貝恩（Fairbairn 1954）將自我的概念做了全面的修改，定義了三種自我：中心自我（central ego）、原欲自我（libidinal ego）、和反原欲自我（antilibidinal ego）；這三者是他的客體關係理論的關鍵元素。費登（Federn 1952）和費爾貝恩不同，他大部分保留佛洛伊德的說法，把自我當成是組織後或組織中的自體，但也加入了一些推衍，像是自我界限（ego boundary）的概念。在本書中，我們並沒有用自我界限這個詞來表示費登這個頗為有用的

概念，而是用自體—他體界限或自體—客體界限來表示。他有關自我感覺（ego feeling）和自我主觀覺察（subjective awareness of one's ego）的概念（Rinsely 1982），本書稱為自體覺察（self-awareness）。

寇哈特（Kohut 1971）建立了自體心理學（self psychology），他並沒有把自我當成一個有用的要素。他有關轉變內化（transmuting internalization）的想法其實和整合性自我功能的概念類似。克恩伯格（Kernberg 1976）似乎是第一個區分自我和自體差別的人。最近，他主張佛洛伊德把自我當成自體和系統的模糊看法，其實反而反映了它們真正的狀態（Kernberg 1982）。

因為定義是這麼地紊亂，閱讀客體關係文獻的讀者會發現，即使是在同一篇文章裡面，還是最好要隨時考慮一下當時自我的意思，究竟是自體、組織結構、還是組織者。下面我將舉幾個精神疾病的例子來說明自體和自我的不同，這些案例分別有著嚴重的自體障礙和整合性自我功能的障礙。

> EJ[4]是一個十七歲的女孩，她的醫師在轉介單上提到，一年來她有視幻覺、多疑意念、不恰當的情感、並且整學年都沒有辦法完成學校要求的功課。更詳細的病史資料顯示，開始出現症狀的前一天，她正準備要和高中學校裡的舞蹈社出發去做一個長期的巡迴演出。她到鄰居家去，他們在他的臥房內抽大麻。那時她突然出現幻覺，眼前出現大火，耳朵聽見一隻填充玩具動物在警告她有人

24

4　這個案例的幾個面向過去曾經在《梅寧哲診所公報》（*Bulletin of the Menninger Clinic*）上做過討論（Hamilton and Allsbrook 1986）。

想要把她殺了。她的幻覺在住院服用抗精神病藥物以後馬上就消失了。後來的一年裡面，她斷斷續續不規則地服用醫師開給她的抗精神病藥，而同時也還是持續地在使用大麻。

會談時，她顯得相當迷人。黑髮、一身封面女郎風格的打扮。說話的時候，時而賣弄風情地噘起嘴，時而吃吃地微笑。她的意識和定向感皆清楚，也否認最近還有任何形式的幻覺。專注力、記憶力和一般智力都在平均之上。抽象思考的能力也沒問題。當提到有關教育水準的問題時，她以一種戲劇化的渲染方式來回答。魏式智力測驗各個項目的表現也普遍高出平均值不少。

她的情緒狀態並不容易評估，在承認自己正在隱藏憂傷的同時，她的笑容和行為仍然顯出一種表淺的快樂。後來更進一步問她有關不快樂的感覺時，她用一種毫無說服力、令人難以置信的哭泣來回答，掩蓋了所有真正的情感。

EJ此時已經出現自體崩解（self-fragmentation）的跡象了。她把有關於火的幻想經驗成真正出現在眼前的、一種外在事物的知覺。她透過耳朵聽見一隻填充玩具在說話，也收到有人想要殺她的警告。這時自體的幾個面向被她當成是外在的環境。

這個自體—他體的混淆發生在她即將要離家、又和一個男孩在親密的情境裡、並且大麻中毒的時候。她強烈的情緒和毒物的效應損害了原本還算健康的整合性自我功能。混雜著使用抗精神病藥和大麻、即將自高中畢業步入成人生活的內在衝突，這些都

造成了她在後來的這一年裡持續的自體—他體混淆。

　　她只要身處在一個平靜健康、拿不到大麻、抗精神病藥也停掉的環境中，症狀便完完全全消失了。在這樣的情況下，她在結構上並未受損的整合性自我功能使她能解決在心理治療過程中所發現的問題。在這之後三年的追蹤裡，自體—他體混淆並未再發生。

　　FY是另一個暫時性（time-limited）自體—他體混淆的例子，這個病人的整合性自我功能時常是未受損的。

25　　　　這個三十四歲的婦人在第一次會談時告訴精神科醫師說，她很擔心自己將要瘋了。她媽媽最近剛過世，自己的婚姻生活又貧乏，對必須在嚴格的監督下工作也感到壓力很大。她開始出現一陣陣無法抑制的哭泣和睡眠障礙。

　　　　十年前她曾經遭遇過類似的困難，那時也真的曾經因此而有過一次短暫的精神病。當時她正打算出國當和平工作團的志工。她剛和男朋友分手，她最要好的女性朋友也剛好生了病。她一陣陣地哭泣，睡也睡不好，懷疑自己要被派到國外去執行一個惡毒的企圖。幻聽也指示她去自殺。短暫地住院並以抗憂鬱劑和抗精神病藥治療了幾個月後，她完全好了起來。之後她在一個裝配線上工作，結婚，有了兩個小孩。

　　　　她很擔心自己的精神病又發作了。有關這個可能，醫師進一步問了她一些問題。「我亂掉了。」她說。「其實是我的皮包，我可以告訴你，是因為皮包的關係。所有的東西都亂掉了，我把所有的東西都倒出來，試著去整理

它，但似乎我愈整理，東西就愈混亂。」

醫師想知道，在這樣混亂的狀態下，她是如何處理自己的焦慮。所以雖然病人表現出明顯的焦慮，他還是保持了沉默。

她繼續說：「皮包是女人的一部分，我的意思是女人真正的一部分。我不知道你是不是了解。這和男人的皮夾不一樣。男人都有皮夾，也說不定會在意自己的皮夾；但女人的皮包就代表她。」她停頓了一下，搖了搖頭。迷惑地看著。「我的皮包把我搞亂了，我的意思是……」

這病人看起來嚇壞了。醫師這時決定要介入。「聽起來你的皮包對妳來說很重要，是妳自己的一個象徵。當你很煩亂的時候，覺得像是皮包亂掉了似的。所以才試著要整理皮包，但實際上亂掉的是你自己的思想。」

「是啊。」病人坐著，邊說邊放鬆了下來。她輕鬆多了。

「妳最近經歷了一些失落。妳媽媽過世了，而現在又害怕自己有可能會失去婚姻、失去工作、甚至失去妳的神智。聽起來妳需要和人談一談，然後把事情整理出頭緒。」

「是啊，我是想這樣。」她恢復沉著，在後來的會談中也一直保持平靜。

26

FY在這幾次短暫的發作時自體和他體極度地混亂。在第一次精神病性憂鬱時聽到有個聲音要她把自己殺了；那個時候她把自己的自殺意念當成是來自外在的東西。後來她完全復原了，直

到現在，又遭遇了幾個嚴重的失落。這時她弄不清皮包到底是一個自體的隱喻或是一個有意志的存在，這之間的區分變得模糊了。她說：「我的皮包把我搞亂了。」平常好好的整合性自我功能在最近許多失落的壓力下失效了，以至於她無法充分地利用比較和對照來分清楚內在和外在。或許母親的死再度勾起她對極度親密感的渴望，所以她暫停了自己的自體—他體分辨（self-other distinction）。她可以在和醫師出現有意義的聯繫後馬上恢復平衡，表示她仍潛在地保有不錯的自我功能。她的問題主要是出在自體和客體的關係上。

與FY相比，有些病人在整合性自我功能上有更明顯的精神病態。

　　KA是一個十九歲的男性，出生後即被領養。他從出生開始，活動量就明顯比較大，對刺激也過度敏感。他很難靜靜坐著，在小學裡也有輕微的學習障礙。拼字和算術對他來說尤其困難。

　　KA的養父母是很有耐心也很有彈性的人。如同他們自己對運動的熱衷，他們也讓兒子忙於許多活動。他從棒球和曲棍球得到許多自信。他的父母相信正向回饋的效果，所以一直在體育上稱讚他，卻忽視了他在社交和學業上的不足。

　　做為一個十來歲的小孩，KA的社交能力算是比較缺乏的，在比較、對照和抽象思考上也沒有應有的認知能力，造成了他在高中時出現的無止盡的問題。在社交上，他不成熟而且過於衝動。每天都要熱戀、失戀，整天過度

自大地膨脹自己在運動上的本領。其他男孩子都樂於指出他不是自己心中所以為的超級巨星。很快地，他就和一些在外遊蕩的年輕人混在一起。他開始吸大麻、喝酒、吸迷幻藥。十七歲時，他開始形成一個妄想，深信自己知道了一樁暗殺的陰謀。他拒絕服藥，以至於於無法在門診接受治療，直到十九歲那年，他在攻擊父母以後被送到醫院長期住院。

27

　　剛入院時，KA露齒而笑，踮著腳尖走著，向每一個見面的人打招呼。身上掛著顏色鮮豔的吊帶，熨得平整的牛仔褲要比他細長的腿短太多了。他當時正在服用抗精神病藥，幻聽已經消失，但仍有一個固著的妄想系統。他的注意力和抽象思考的能力都不好。他沒辦法整合較複雜的刺激，思考間也沒什麼關聯。情緒狀態不時在變化。更嚴重的是，體能活動後，在晚上會出現恐慌發作（panic attacts）。有時還會在盛怒下攻擊護士。

　　心理和神經心理測驗顯示KA有輕微的廣泛性大腦皮質功能異常。在停藥下做的數位化腦波檢查也發現有廣泛的大腦皮質損害。

　　這些整合性自我功能的異常也造成了他在病房活動上的困擾。比如說，在排球場上，每個球員隨著發球的順序會輪流負責一個大概的區域。他沒有辦法掌握這樣的範圍變換，他在球場上跑來跑去，愈來愈焦慮。打完排球後，他會在病房走來走去，痛苦地抱怨這實在緊張得令人無法承受。打籃球時，他在人盯人的時候都不會再過於激動或困惑，但一旦開始打區域聯防，就弄不清楚那個自己該守

的大概區域。他會不時跑來跑去，干擾到隊友，卻反而忽略自己的責任區。判斷力的損壞只是整合性自我功能受損的其中一個面向而已。

　　KA和他的主治護士相處也有困難。這個四十歲女性通常以一種專業而關懷的態度對待病人。她迷人的外表和關心病人的能力，給這個病人帶來了迷惑和過度的刺激。倘若和她單獨在病房的某個角落，他就會發生突然的攻擊行為。有一次，他把一個盆栽往牆上丟，差一點就丟到她頭上。另一次甚至一拳打在她臉上。事後，他痛哭了一場，解釋著自己之所以打她的原因，他是這麼說的：「她是我最喜歡的護士，她太性感了，我沒辦法控制。」他無法將性的感覺和攻擊的感覺區分開來。他沒有辦法改變也沒辦法整合自己的情感和行為。因為整合性自我功能失常，而使他出現這樣突然的混亂行為。

　　病房工作人員調整KA周遭的環境刺激，並且讓他對自己的疾病產生病識感，了解自己的長處與缺點後，他的病情逐漸改善。工作人員涵容了他的肢體暴力行為。在數個月的寧靜、細心設計的治療後，他可以帶有目標地做事，但是還要常常提醒他持續手頭上的事情。五年後，他打電話給當時幫助他的人，感謝他們的協助，而且告訴他們，自己現在很穩定，但是需要服用相當劑量的抗精神病藥物，以及結構化的生活環境。前些時候，他離開中途之家，試著自己一個人住在公寓裡，但是卻變得混亂，而且再次出現紊亂行為，直到他又回到庇護的生活環境中。他了解到，自己可能必須待在結構化的環境裡，因為他沒有

28

足夠能力去組織自己的經驗。

KA的整合性自我功能不正常，以至於有自體─客體的病態。他有關暗殺的陰謀，是把內在幻想（internal fantasy）和每日真實的外在事件混為一談。因為是自我在組織自體形像（self-image）和客體形像（object-image），所以自我的缺陷幾乎必然要導致自體的病態。自體和自我的這個相互關係正是精神分析文獻裡這兩個概念模模糊糊的原因之一。

把自體和自我分開來以後，這兩個概念變得比較清楚了，但也壓抑了某些用法上的豐富性。比如說，觀察性自我（observing ego）這個詞被用來說明自我這個主體將自己當成客體來反省。這個對觀察性自我反省意義上的描述，意味著一個我們幾乎都會感受到的、心靈的沉思狀態。把自體的概念和自我的概念區分開來，觀察性自我的反省意義便不存在了。自我永遠是一個主體，永遠無法觀察自己；它觀察的是自體形像和客體形像以及與它們相關的感覺。對自體的覺察只是自我功能的一部分，如同行動、思考、感覺、整合、組織這些自我的功能一般。在犧牲了一些意義的豐富性的同時，藉著將自體和自我的概念分開來做澄清，讓我們對更複雜和模糊的心靈狀態可以有更周延的討論，而這樣的討論其實也額外增加了一些豐富性。 29

自我是一個抽象的概念，意味著一些心理功能，像是在知覺、記憶、認知、情感、行動和道德要求等各個領域的分化、整合、平衡和組織。自我可以比較、對照和決策。它是覺察者中的覺察者（perceiver within the perceiver），我們永遠也無法了解

它。有時人們會與其自我功能融為一體，就好像自我就是自體或自己這個人似的；但我們要比我們的自我來得複雜多了。自我是一個不帶熱情的東西，有用，但絲毫沒有一點情感上的意義。它是一個代表著一組心理機轉（mental process）的抽象概念。

第二部
建立客體關係
DEVALOPING OBJECT RELATIONS

從那搖擺不停的搖籃

從那反舌鳥的歌喉，樂音穿梭

從那九月的子夜……

——華特‧惠特曼，〈從那搖擺不停的搖籃〉

（Walt Whitman, "Out of the Cradle Endlessly Rocking"）

引言

33　　辨識與他體的關係裡我們是誰的能力，從嬰孩時期開始就以
一種搖搖擺擺的方式逐漸發展了起來。經過分化和整合以後，形
成了自體和客體形像（self- and object-images）。我們觀察心理治
療中病人的成長改變以及嬰孩與母親的關係這兩種情境，所得到
的資料一致地告訴了我們事情是怎麼發生的。

　　美國的客體關係文獻中最具影響力的發展學研究
（developmental studies）非馬勒和她的同僚（Mahler et al.
1975）莫屬。其他的研究，像是史畢茲（Spitz 1965）和鮑比
（Bowlby 1969, 1973），雖然強調的面向稍有不同，但也都同樣
指出早年嬰孩—母親的關係對建立自體感和他體感的重要性。皮
亞傑（Piaget 1936, 1937）有關認知發展的詳細描述也呼應了史
畢茲（Cobliner 1965）和馬勒（Fraiberg 1969, Lester 1983）的發
現。

　　克恩伯格（Kernberg 1976, 1980）把這些前瞻性的精神分析
觀察整合了起來。他相信過去哈特曼（Hartmann 1964）、雅可布
森（Jacobson 1964）和克萊恩（Segal 1964）的研究成果。此外他
觀察邊緣性人格疾患病人心理歷程所得到的結果，和孩童某個發
34　展階段中的行為有很顯著的對應關係。這兩個以馬勒和克恩伯格
的著作為代表的研究路線，匯整而形成現代的客體關係理論。

　　這樣強調馬勒和克恩伯格著作當然是過於簡單化的。我將
在第十九章中討論其他有貢獻的著作。自我心理學者、人際取向

精神醫學者、自體心理學家、還有那些與同僚們做過討論卻從未
正式寫下所得發現的無數學者，都有著他們各自的貢獻。然而，
為了清楚闡述理論概念，現在我們暫時將焦點放在這兩位研究者
上。

　　精神分析和心理治療過程中所見的各種心理動力現象將在第
六章中討論。連同第五章所討論有關發展過程的觀察結論，這些
概念構成了客體關係理論的核心。

【第五章】分離與個體化

35　　研究過有著嚴重困擾的嬰孩之後，馬勒和他的同僚開始對三十八位正常孩童和他們的二十二位母親展開觀察。這些孩童在研究開始的時候都只有幾個月大。一群受過精神分析訓練的研究者針對他們獨處和與母親互動的時刻進行觀察，一直到他們三歲為止。這一系列詳細而神入觀察的結果，生動地勾勒出他們所說的人類嬰孩心理的誕生（psychological birth of the human infant, Mahler et al. 1975）。

　　成長的過程包括以下的幾個階段和幾個次階段：

自閉（Autism）	0-2個月
共生（Symbiosis）	2-6個月
分離—個體化（Separation-Individuation）	6-24個月
孵化（Hatching Subphase）	6-10個月
實踐（Practicing Subphase）	10-16個月
和解（Rapprochment Subphase）	16-24個月
建立客體恆久性（Developing Object Constancy）	24-36+個月

自閉階段（0-2個月）

　　過去有些客體關係理論者（Fairbrirn 1943, Isaacs 1943, Klein 1959）認為人打從出生或甚至出現在子宮以後就開始和客體發生
36　關係；但馬勒和大多數的美國學者一樣，假設在關係的能力出現

之前有一個自閉的階段。在這個階段裡，嬰孩建立了一個或多或少封閉的心理體系，掩蓋在一個似睡狀態的幻想曲中。新生兒的心理退縮近似於子宮內的隔絕狀態。如此的遺忘狀態提供了子宮內外生活之間一個過渡的地帶。

以《生命中的第一年》（*The First Year of Life*）聞名的史畢茲（1965），同樣地認為新生兒並沒有擁有足以區分自體和客體所需要的複雜神經生理。嬰兒如果要維持一個客體關係，得要先有辦法把內在和外在區分開來才行，還必須先要能把知覺組織成持續的內在影像，而嬰兒顯然並沒有這樣的能力。基於這些原因，史畢茲宣稱幼兒的生命以一個沒有客體的階段（objectless stage）做為開端。最後要等到神經生理能力的成熟以及像餵食、擁抱、依偎這樣的經驗累積以後，才終於能夠進入一個關係之中。

觸摸嬰兒的臉頰，新生兒的反應是轉過來、往復移動且開始吸吮——**根反射**（rooting reflex）。他們會以一種如同吸吮母親乳房般的活力，對觸摸的手指或甚至對一塊積木吸吮。他們到目前為止，並沒有對母親或其他的任何一個人表現出特別的興趣。這樣的發現使得馬勒和史畢茲一致地認為新生兒只擁有反射動作，諸如握物、吸吮和驚嚇反射——這些反射在他們和環境之間搭起了一座互動的通道。這個早期對環境的反應在日後逐漸演化成一種關係。

一個月大以前的嬰兒整天大部分的時間都在半睡半醒之間。他們像是形成了一個單元系統（monadic system）。佛洛伊德（1914a）把這個時期稱做是**原始自戀**（primary narcissism）；在這個時期所有的情感能量保留在或固著在嬰兒自己的身上。情感能量這時還沒被向外引導到外在客體或向內引導到自體或客體

表徵上。用佛洛伊德的話來說，嬰兒灌注（cathext）了他自己的身體，或者照一般的說法，他將情感能量投注（invest）在自己身上。因為佛洛伊德認為性愛能量（erotic energy）是最原始（primary）的，所以在他建立性和攻擊衝動的雙驅力理論之前，他稱這個階段為自體情欲（autoerotic）。

　　許多的爭論圍繞著佛洛伊德有關原始自戀的說法，因為它混合了自體和人（person）這兩個概念。嬰兒如果沒有把身體自體（bodily self）當成是一個獨立自主實體的經驗，那要叫他怎麼在自己身上投注情感能量呢？新生兒並沒有一個個別的自體來投注情感能量在自體的另一個面向上。然而，從一個外在的角度來看，做為一個整體的人，嬰兒似乎把他大部分的情感能量導向自己的內在。佛氏的這些概念因為用語上的不清楚，而依然無法確定。

　　費爾貝恩（Fairbairn 1941）表示在生命的頭幾週裡，嬰兒仍保持著出生前的精神狀態（mental state）。他屬於這樣一個和母親完全融合的狀態，所以「接納任何想要從組成了嬰兒的總體環境和所有經驗的母體分化出去的想法」（Fairbairn 1943, p. 275）是不被允許的。這個話題對費爾貝恩來說，並不是那麼強調灌注（cathexis）或是驅力被導向何處，而比較強調嬰兒是如何經驗到自己是母親的一部分。我和費爾貝恩不同，我同意馬勒和史畢茲的觀點，認為新生兒根本還沒有任何有條理的思想。費爾貝恩所提到的融合要在之後的共生階段才開始。

　　證據顯示嬰兒對光線、顏色（Oster 1975）、移動（Bower 1965）和聲音（Wertheheimer 1961）有反應，此外對味道（Jensen 1932）、氣味（Engen and Lipsitt 1965）和觸摸（Lipsitt and Levy 1959）也有反應。然而對人與非人的刺激，嬰兒卻無法分辨。此外，嬰兒也對自己的身體有反應，一如對毛毯、嬰兒床和他們的母親一般。他們好像是生活在一個光線和顏色、溫暖和寒冷、痛苦和舒適、嘈雜和安靜、靜止和移動的世界中。這麼說只是為了語言的特性而形成了這樣的區分，事實上世界的樣子並沒有像字面上所描述的那樣分成這許多相對的組合。在這個前語言的初生兒歲月中，所有的知覺可能是以一種聯覺[1]的形式在運作。潮溼的甜密、溫暖的色調、毛毯的影像佔了絕大的優勢。知覺也可以被等分為一塊塊不相連的光線、聲響、觸摸、氣味和味道。

這些知覺即使是這麼地組織不良，仍舊提供了一些和環境的聯結。這種早期的聯結發展到最後就形成了複雜的關係。馬勒曾提出一個著名的觀察，指出每一個發展階段都融入（blend into）下一個階段（Mahler et al. 1975）。早期的階段納入了下一個階段的基礎，就如同後來的階段也包含著先前發展階段的痕跡一樣。在自閉階段中，只有一點點對外在世界的情感投注；但對於刺激還是有一些反應。「這種對外界刺激的短暫反應，形成了正常自閉階段和之後其他階段的連續性」（Mahler et al. 1975, p. 43）。

成人們會發現，在概念上想要把新生兒看成是心理絕緣是一件滿困難的事，因為成人們自己是如此地和他們的嬰孩相依附（attached）和聯結（bonded）（Klaus et al. 1972）。每一個女 38
人，如果她生了小孩，看到他明亮的眼睛，聽到他的聲音，感覺他被放在她肚子上時的扭動和溫暖，都曉得這樣的聯結。每一個男人，如果他穿著產房的綠色長服，看著一個新生命溼溼地、尖

1　譯註：比如聽到某聲音而出現看到某種顏色的感覺。

叫著從母體裡露出來，然後把這小傢伙抱在胸前，也都會知道自己和小孩合而為一的感覺是什麼。在這樣的狀況下，成人們會進入一個部分融合（partial fusion）的狀態並且把他或她自己的感覺歸因於嬰兒。一群較不涉入情感的科學家做了密切的觀察，發現雖然嬰兒也多少有那麼一點影響力，但依附主要還是單向的，即父母對小孩。這個事實並不會削弱父母對小孩聯結的重要性，因為正是這樣的連接（connectedness）形成了一個基質（matrix），在這個基質之中嬰兒終能形成他自己的關聯（relatedness）。

共生階段（2-6個月）

　　第三章裡，臨床工作、藝術和日常生活中的例子描繪出了成人的共生經驗。馬勒描述這種類似的共生經驗為人生第二個月到第五或第六個月的時刻裡真正的要素。

　　兒童在共生階段的早期會建立一個「對滿足其需求之客體（need-satisfying object）的朦朧覺察」（Mahler et al. 1975, p. 44）。一開始，他的行為就好像他和母親是同一個「全能系統（omnipotent system）——一個在共有範圍內的二元整體（dual unity）」的一部分（p. 44）。佛洛伊德（1930, p. 64）把這稱做「海洋般的」感覺。

　　雙人關係的覺察在經驗的累積和神經系統的成熟之中露出了曙光。神經生理上，諸如記憶、認知和運動協調等自我功能正在逐漸開展。它們使得嬰孩可以去組織和回憶經驗，像是飢餓或飽食、被抱著或被放下、還有看著、聽著以及聞著媽媽和自己身體的經驗，在這些經驗之中，與客體有關係的自體感（sense of self）正初露頭角。孩童們此時從「自閉」──一個人的單元系統，轉變成「共生」──雙極的自體—他體系統。不過到目前為止，分化的程度還是不足以容許一個真正的雙人關係建立起來。

　　不僅自我功能容許了關係的展露頭角，從另一方面來看，與愛著他們的父母的關係也促進了自我功能的展開（Ritvo and Solnit 1958, Bell 1970, Mahler et al. 1975）。如果孩童沒有擁有這樣的關係，如果母親沒有充分留意到孩童各種需要的跡象並且給予回應，孩童基因中原本設定好的自我功能程式便沒辦法建立起來。最極端的例子裡，就像史畢茲（1965）所描述的棄嬰之家的院童一般，他們可能會退回一個無關係的或自閉的階段。這些失去母親的孩童，被放在嬰兒床中以固定的瓶子餵食。他們並沒有被擁抱、被搖晃或被溫柔地撫摸。在這種缺乏互動的情形下，他們開始躺著不動、瞪視著、對他們周遭的環境毫不在意。其中一些孩童太過消瘦，終因營養不良而死去。相反地，那些擁有適當互動的孩童對於刺激的覺知、處理、記憶和反應的能力開始逐漸增加。在母親—孩童的關係以及自我功能的成熟之間，有一個極為重要的循環互動。

　　微笑的反應預告了共生關係的來臨。史畢茲（1964）注意到，俯視的、移動中的臉龐或甚至面具，都可以引起嬰孩微笑的反應和追尋的目光。這個社交性微笑是真正的關係最先出現的徵兆之一。馬勒體認到社交性微笑的重要性，強調母親對小孩的抱持（holding），是較為重要的「心理誕生的共生性組織者」（symbiotic organizer of psychological birth）之一（Mahler et al. 1975, p. 49）。

　　馬勒並不強調正確和不正確抱持的對比，但就像溫尼考特

（Winnicott）一樣，她也把焦點放在「夠好的母職」（good enough mothering, Winnicott 1953）所提供對嬰兒足夠的「抱持性環境」（holding environment, Winnicott 1960）上。如同布列索頓（Brazelton 1969）亦曾說過，心理生理的平衡要在協調的母親與嬰兒互動中遂成。這個模式被稱為「相互暗示」（mutual cuing, Spitz 1965）。馬勒（1965）攝下了這個暗示（cuing）和塑造（molding）的過程。她描述嬰兒對母親身體的溫暖與觸感的反應和對無生命之客體的反應是如此地不同（Mahler 1971）。她同時也描繪了嬰兒是如何採用（adopt）或納入（take in）母親的抱持模式（holding pattern）。她觀察到一個過去曾有愉快哺乳經驗而現正經歷斷奶期的男孩，開始撕扯著母親的短衫。為了要撫慰孩子而同時保護自己，母親把小孩放在膝蓋上抖動（Mahler et al. 1975, p. 49）。隨後，這個小男孩學到了如何讓自己緩和下來，之後甚至還可以用相同的抖動模式來玩躲貓貓。在與母親間只有部分分化的這個時候，所採用的抱持模式為將來更有建設性、更具適應性、和更為分化的關係模式打下了基礎。

即使在共生階段，也並不一切完美。嬰兒經驗到寒冷、飢餓、腹絞痛、煩擾、墜落，以及無數其他苦惱的事。因為小孩的自體—他體分化不佳，在他的經驗裡，這些不舒服的事，像是要把他整個的自體和整個世界都包圍了起來。當嬰孩哭號和尖叫時，整個世界也彷彿就要被他的痛苦所吞沒了。

這些不愉快的經驗也有其在發展上的目的，馬勒與高斯理納（Mahler and Gosliner 1955）提到與充斥著的愉快（好）經驗相反、且與日俱增的不愉快（壞）情緒經驗的記憶軌跡，有助於使共生期以及其後含苞待放（budding）的自體與客體形像有更清楚

的輪廓。愉悅與苦痛、好與壞，成為自體—他體雙極（self-other polarity）之外的第二個雙極（second polarity），小孩就在這其間組織起他的世界。

這嬰孩逐漸有了這樣的覺察，察覺到外在存在著某些東西，察覺到有某個人在抱著、撫弄著、餵養著他，相對於有人會忽視和離開他。他同時也會感覺到他自己在撫弄和餵養著自己。這嬰孩不清楚的自體—他體分化也符合了這個混淆困惑。嬰兒很輕易地就以為每次只要他移動眼睛找媽媽，媽媽就會神奇地出現。當他移向她的乳房，乳房便自動迎向他。當共生的母親充分存在著，嬰兒可以將他的需要、他的願望、他需要被餵食的飢餓感與她的出現聯結在一起，就好像願望（wish）和滿足（fulfillment）是同一件事一般。全能感（omnipotence）充斥著嬰兒的共生世界。當他移動時，世界也移動了；當他感覺，世界也感覺著；當他呼吸，世界便也呼吸。

對父母來說，他們孩子的共生階段常使他們充滿歡樂。母親和父親在如此和孩子溫暖的親密中都會感到歡欣，或許也回憶起他們自己的童年經驗。儘管如此，餵食的問題、睡眠的干擾以及一天二十四小時都必須隨侍在身旁的需要，對年輕的父母來說可以是很大的折磨。有時他們可能會因為個人的性格，而發現和共生期嬰兒的緊密關係威脅了他們自己的自主性。在這樣的情況下，他們可能會退卻。父母這種保持距離的作為，可以表現在他們強制嬰兒接受過於僵化的餵食和睡眠的規律上。然而，一般來說父母親都可以享受與孩子逐漸增加的聯結（bond）。

雖然母親通常會因為他們的孩子有所反應而更加肯定自己的父母角色，但父親有時卻可能覺得被排拒在母親和孩子強烈

結合的二元關係之外。不過有些父親會扶助和支持太太的新角
色，而間接地在共生階段參與了進來；有些母親也可以用這樣
的方式在共生階段裡獲得一些分擔。另外有些父親會更積極地去
41 分擔直接照顧小孩的工作，會自己餵小孩和抱小孩，因而建立了
一個屬於他們自己的強烈共生關係。在這種狀況下，小孩會把父
母視為一體，母親─父親（mother-father）因而成為共生二元體
（symbiotic dyad）中一個部分未分化的一極（pole），雖然有一
些證據顯示嬰兒在很早的時候對不同的照顧者即已經有不同的反
應了。馬勒並沒有再進一步去研究這個現象，而只轉而探查傳統
的美國中產階級家族。

分離─個體化（6-24個月）

次階段一：孵化（6-10個月）

　　正當小孩大約五六個月大的時候，共生逐漸地混入做為分離
─個體化開端的這個次階段。這個分離─個體化的第一個次階段
比較洽當的名稱是孵化（hatching），或更嚴格定義的話，也可以
稱之為分化（differentiation）。

　　在此之前，小孩一直是處在忽睡忽醒之間，注意力只被導向
內在或被導向我─母親單元（me-mother unit），然而此刻發展
出了一種「機靈、堅持和目的性」的神色（Mahler et al. 1975, p.
54）。馬勒的研究伙伴一致地辨識出這種專注的神情，他們並且
描述說這個小孩「已經孵出來了」（having hatched）。

　　這個時期，小孩被抱著的時候，似乎要拚命從母親身上掙
脫開似的，這樣可以有一個比較好的視野能看清楚母親。這個實

際的分化現象和先前媽媽懷中的嬰兒模樣形成一個對比。當分化再繼續下去，嬰孩會去探索母親身體的更多部分，「抓媽媽的頭髮、耳朵或鼻子，把食物放到媽媽嘴巴裡去」（Mahler et al. 1975, p. 54）。

在這個次階段中嬰兒開始會從一條特別的毛毯、一隻玩具熊、或是其他柔軟圓滑的客體裡得到更多的愉悅。溫尼考特（1953）稱這些被孩子珍愛的寶貝為過渡性客體（transitional objects）。他認為這些過渡性客體同時代表了自體和母親，也認為這些過渡性客體是共生之全能二元體（omnipotent dyad of symbiosis）的殘餘。到現在為止嬰孩似乎保持了一定程度的覺察，知道這個特別的寶貝既不是自體也不是他體。有關過渡性客體，我們將在第六章裡有更進一步的討論。

孵化期的小孩對其他不同於父母的人的樣子表現出更多的興趣。孩子似乎是要把每一個出現在他四周的人拿來和心中呼之欲出的母親形像 （budding mental image of the mother）作對照。假如父親也密切地參與小孩的養育，他也會共享這個母親所擁有的特殊地位（privileged position）。 42

　　一個年輕的父親在雜貨店裡抱著他七個月大的女兒。小女孩穿著藍色的燈芯絨連身褲，靠胸口的地方繡著一隻白色的小狗，她手撐著爸爸的肩膀直起了身子，看著爸爸的臉，然後盯著路過的人看。她的驚訝表情吸引了一個友善、灰髮的女士微笑地走近她。她並沒有像共生階段中那樣不分青紅皂白地回敬這位女士一個笑容，反倒馬上安靜了下來，緊靠著父親的胸膛。她透過爸爸的頸後觀察這個

女子，困惑，但還滿確定這女子並不是她過去所依附的對
象（object of attachment）。當她緊靠著爸爸的時候，又
像是要沉回原本的共生體（symbiotic unity）中似的。

許多的精神分析師稱這個分化反應（differential response）
為非雙親之陌生人焦慮（nonparents stranger anxiety）。布洛迪
和艾克索（Brody and Axelrad 1970）研究了各種這樣的反應。
馬勒比較喜歡用陌生人反應（stranger reaction）這個名詞，她
認為焦慮（anxiety）這種字眼太強烈了。她強調嬰兒在共生依附
（symbiotic attachment）中愈是有安全感，未來他在面對陌生人
的時候焦慮就愈少，也會有較多的興趣反應。除了反應的強度之
外，大多數的學者都同意陌生反應代表的不只是自體和母親之間
更進一步的分化，也代表一種區分母親與他體的能力。母親仍然
擁有原先共生關聯（symbiotic relatedness）中自體—客體的潛能
（self-object potential），所以小孩會依戀（cling to）她。同時，
他也會挑釁地把有可能危及這個兩極整體的陌生人推開。

這個次階段中，孩子的運動技巧逐漸地進步。增加的運動能
力來自骨骼肌肉系統和神經系統兩者的成熟。這個運動協調的自
我功能使得孩子在自體客體分化過程中終於有能力從母親懷中掙
脫。最後，這個初萌芽的人可以從媽媽的膝蓋上下來，到腳邊玩
耍。即使他學會了如何在地上爬或滾動以後，他還是會傾向留在
媽媽腳邊。母親和小孩之間感情的親近或疏遠，從身體上的遠近
就可以觀察出來。

大多數父母會對他們小孩的開始分化感到非常愉快。母親可
以在這個時候品嘗從她的孩子裡逐漸顯露的那麼一個真正的人，

同時也會感覺到比較不那麼孤單，也不那麼深陷於小孩之中。她可以享受當孩子拉她耳朵和頭髮，在她臉上、衣服上探索時所表現出來的討好。過去父親為了怕侵犯母親—小孩二元體（mother-child dyad）而猶豫不前，現在通常會覺得比較可以自然地在膝上逗弄小孩。他可能會邊笑邊咕咕叫地把小孩抓在頭頂上，同時享受著小孩的拉扯和餵食。 43

　　改變總是會帶來新問題。即便是正常的嬰兒也會不時以侵擾性的探索和要求去打擾他們的好母親。除了有一點被激怒之外，這個時候母親也比較會因為共生感的消失而感到有些難過。對那些過去被這種親密關係所累的人來說，反倒是一種解脫。他們會趁這個機會開始逐漸幫小孩斷奶或回去工作。有些母親在這個時候會想要再懷孕。在更不健康的關係裡，她們可能會變得相當地寂寞和貧乏，使得她們沒辦法承受小孩子在分化上的奮鬥。她們可能會一會兒給小孩令人窒息的愛，接著卻又拒絕他們，有時也會因為自己融合（merger）的需要沒有被滿足，而將小孩單獨放在嬰兒車裡一段很長的時間。不過，在大多數的情形下，孵化的過程通常是在父母和小孩互相滿足的形式下進行的。一種在親密和疏離之間的擺盪—分離—個體化的舞步已經展開了。

次階段二：實踐（10-16個月）

　　實踐（practicing）次階段在分化過程中逐漸地浮現出來。馬勒稱此為實踐，因為十到十六個月大左右的小孩似乎很樂於一遍又一遍地操作自發性自我功能（autonomous ego function），好像在實踐種種新的技能一般。一個面頰乾裂的十個月大小孩可能會一遍又一遍玩「pat-a-cake」，每重複一次就興奮地大叫。雖

然這個剛孵出來的小毛頭可能會喜愛在大人膝蓋上玩，但也會開始變得迷戀於爬行而最後走起路來。

　　一開始，這種實踐還不太明顯。小孩的心智孵出來的時候所發展出的對母親的興趣，會擴散到她所給的東西上。在這個次階段早期，他可能會去玩弄和探索毛毯、床單、瓶子和玩具。他可能會把眼睛睜得大大的，吃驚地把積木拿在手裡翻來翻去。這些客體中的任何一個，不論是毛毯或玩具熊，對他來說都可能會變得很重要──成為一種過渡性的客體。

　　搖擺學步的小孩正在發展中的運動功能會驅使他去探索這個世界的所有面向。很快地他就可以從母親身邊匍匐地爬開或搖搖晃晃地走開，但一開始時至少眼光是在不斷地回頭查看。他似乎仍然繞著作為「基地」（home base）的母親在打轉（Mahler et al. 1975, p. 69）；他一次又一次地回到母親身邊，好像在「情感充電」（emotional refueling）似地，然後才再次進一步地探險。

　　等到能站起來，這孩子會用一種不同的角度來看這個世界。移動（locomotion）神奇地將新的生命開展在他的面前。他變得「陶醉於自己之能力和自己之世界的廣大；自戀在此達到顛峰」（p. 71）。這個眼光閃亮的新手自信滿滿地用著蹣跚的步伐走來走去，探索同時惡作劇。他的表情宣告著他對每個新發現的喜悅。格陵那奎（Greenacre 1957）稱此為「與世界相戀」（頁57）。自大與全能感是這個時期的無上法則。

　　反覆的實踐後來演變成「躲貓貓」（peek-a-boo）這個遊戲。當小孩把自己的眼睛蓋起來媽媽就不見了：眼睛一張開媽媽就又出現了。他會高興地大叫，也享受著母親相應的快樂。他蓋起又張開眼睛，全能般地讓母親消失而後再出現，一遍又一遍。

在「來抓我啊」（catch-me-if-you-can）的遊戲中，搖擺學步中的小孩會引起母親的注意而後再突然跑掉。他會逃開，而媽媽當然會跟在他後面然後從高處撲下一把把他抱起來，之後再把他放下。馬勒認為這種遊戲反應了小孩的快樂興奮，不只是因為能操作新的自我引導（self-direction）與跑步之自我功能，也因為能「得意洋洋地從和母親的融合（fusion）與吞噬（engulfment）之中逃出」（Mahler et al. 1975, p. 71）。[2]就如同廣受歡迎的兒童故事薑餅人裡的情節，實踐期裡搖擺學步中的小孩傾向於嘲弄，「快跑，盡你最大的力量跑，你沒辦法抓到我的，我可是薑餅人！」然而，他似乎還很肯定母親不但會來抓住他，之後還會再把他放下。

　　一般的母親會接受搖擺學步中的孩子這種更進一步的脫離。她一直守在那兒，讓小孩充電，也一邊欣賞著孩子對於雙極體之外的世界的興趣。透過看著孩子、並同理共感地以孩子在世上所新發現的喜好為樂，她通常以此方式參與其中。有能力控制自己對更大環境之探索所伴隨而來的快樂與自信，似乎是小孩自身之安全感的誘發因素。大多數的父母也會對孩子自大式的健忘感到有些焦慮。小孩可能會從椅子上摔下來、跑到大馬路上、玩尖銳的東西、還可能把編織針插到電燈插座裡，或做出其他數不清的危險事。

　　大多數的父母有能力輕易地阻止這些事情發生，不過有些父母卻會在這個發展階段遭遇到很大的困難，尤其是那些自己非常需要共生關係的母親。馬勒的研究發現，一些母親在這個階段會

45

2　這種對被吞噬與逃脫的關注，呈現在許多故事之中，小動物被加害者吞下而後又逃脫掉。曾經有人在臨床案例中舉出民間傳說與實踐次階段兩者間的相關性（Hamilton 1980）。

有把小孩推開的動作，好像是要避免自己因為逐漸分離所帶來的
苦痛（Mahler et al. 1975）一樣。此外，這種母親也可能會在自己
需要親密而非在小孩需要的時候抱起小孩來，結果反而打斷了孩
子原本正在進行中的快樂實踐。某些例子看起來幾乎就像是母親
根據自己與分離有關的內在衝突在實踐和充電，而不是在對小孩
這種往覆行為做出回應。

　　馬勒建議，搖擺學步中的孩子已經有能力走開，父母對此的
適當反應應該是溫柔而仍保有情感接觸地推他一把。如此父母就
提供了一個可以信賴的期待，期待孩子能在這個逐漸擴大的世界
裡駕馭自己的新技巧。

次階段三：和解（16-24個月）

　　當小孩的運動技巧在發展的時候，他的認知能力同時也在增
長。實踐次階段後期以及和解次階段開始的這段時間內，搖擺學
步中的孩童似乎愈來愈能夠包容領會（comprehend）自己的分離
性（separateness）。可能是察覺到了增長中的孤獨（aloneness）
而使得對母愛的需求增加，實踐期中孩童對挫折之無動於衷以及
對母親之明顯健忘都逐漸消失了。自發的充電（refueling）與逃離
（dashing away）現在演變成對身體接觸更為刻意的交替找尋和迴
避。這段時期的行為與實踐階段之不同不只在表面上，更在實質
上。這兩個階段的小孩都會不斷地來來去去，但和解次階段的小
孩似乎對自己的脆弱以及對自己之依賴母親有了新的覺察。

　　　GB，一個二十個月大的男孩，重複地打探母親，不
斷地在她閱讀、摺衣服或在桌前工作時打斷她正在做的

事。他會越過一切的阻礙爬上她的膝蓋，取得她的注意，
然後溫柔地依偎在她的膝懷中。要是她用手抱住他的話，
他反而會推開她的手然後設法從她的膝懷中掙脫；不過他
還會在她身邊徘徊，看起來有一點猶豫不決的樣子。在實
踐期裡，他對暫且在母親腳邊玩然後又逃開感到歡欣而熱
烈的滿足。現在，他似乎需要更多的親密，但又要試圖去
控制那種親密。

　　這個時期的孩子會如影隨形地跟在母親後面。他可能會盯著
或真的跟在母親身後一段比實踐期短暫的「充電」更久的時間。
這種如影隨形（shadowing）與避開（warding-off）的行為，比起
實踐期的逃離（dashing-off）要來得更主動而且更矛盾。在實踐期
小朋友會歡喜地移近和奔離他們感興趣的客體。可是現在親密與
疏離變得會造成衝突了。小孩現在顯得依賴而同時又需要獨立。

　　這種接近（approaching）和避開（avoiding）的行為也伴隨
著其他的溝通方式。小孩學會說「不！」，他事實上常常變得相
當地抗拒。這種抗拒（negativism）是身體上推離之語言上的對應
版。這孩子有一種新的、進一步修正過的技巧。他會透過靜靜站
著，透過不順從，透過不在你招呼後走來，透過不黏著你，透過
不吃他的食物，也透過說「不！」來保持自己的分離性。

　　孩童也會用說話和表情來追求（woo）母親。擔心會失去母
親的恐懼愈來愈明顯。不論是男孩或女孩在這時都變得過度地依
賴。這個時候的孩子在母親提供溫柔的擁抱、餵食和幫助的時候
反而不接受，他強迫母親提供幫助但卻拒絕母親的主動幫忙。這
是一個新出現之自信力量和依賴的奇怪聚合，像是一種朝向著自

我本位（selfhood）之成長與渴望沉回共生融合之無上喜悅之間的
衝突之笨拙解決方式。

> MS，一個二十四個月大的女孩，以一種極可愛的方
> 式困擾她媽媽。當母親在工作的時候，MS把她的玩具熊
> 丟到媽媽的膝上，之後又回到自己的房間去，拿出她的兔
> 子、烏龜、青蛙、另一隻玩具熊、床單和一個新的小丑
> 盒。只要媽媽把玩具放下來或是玩具從媽媽的膝上掉了下
> 來，這孩子就立即而且堅持地放上另一個。如果拍拍她，
> 她會走開去拿更多的東西。如果媽媽不理會她而繼續做自
> 己的事，這女孩會專橫地推開媽媽的手，然後重新把玩具
> 都擺上媽媽已經氾濫的膝上。如果這時媽媽把帳簿放到一
> 邊，抱起她來，她反而會擋開她的擁抱。有時母親會覺得
> 自己的耐性受到了嚴格的考驗。

47　　　隨著影響母親、找到她、吸引她的注意、追求她以及離開
她的能力增加，孩童也變得比較能察覺到自己能力的限制。兒童
此時經驗到神奇力量的幻滅；自大感逐漸地喪失。全能感的崩潰
已經是無可避免的了，因為，當小孩子其他方面的能力成長的同
時，辨認與記憶失敗的認知能力也發展了起來。

　　這個階段的孩童馬上就會注意到，母親並不總是會要他所要
的東西。他不再能把她當成一個專門為他的需求而設計的基地或
充電補給站。他愈來愈必須把她當成另外一個人。現在他不會再
像以前那樣跑向母親、在她的膝上撒野幾分鐘、然後又跑開，現
在的他顯得比較躊躇，比較能了解到自己之能否被接受某種程度

上取決於母親當時的心情。她可能有時溫柔、有時疏遠、有時太
忙、有時陷入沉思。母親的行為並非是他在神奇地控制的。

隨著這種對單獨、渺小、全能喪失的覺察增強，此時孩童會
有許多因無能而來的忿怒發作和無助感。他可能會在遭受挫折的
時候大發脾氣。

> EF，一個二十三個月大的男孩，晚飯前在自己房內
> 玩了很久。飯桌上，他突然要母親不停地注意他。每當
> 父母開始談論一天來發生的事，他就開始用湯匙猛敲碟
> 子，又把食物弄得碎成一團。當他們把注意力轉向EF的
> 時候，他又不要自己的食物了。他要媽媽的食物。媽媽很
> 高興地從自己的盤子裡拿了一些給他，但他卻整個盤子都
> 要。他從自己的位子上爬下來，爬到她膝上。之後她抱了
> 他一會兒，再把他送回他自己的座位上。但是他卻一把將
> 盤子搶了過來並且想要把它翻過來。母親及時把盤子搶了
> 回來。後來又這樣重複了兩次以後，母親終於失去了耐
> 性，把他牢牢放回原來的座位上並且說了一聲「不！」。
> EF突然進入一種無能的盛怒狀態。他滾到地板上又踢又
> 叫，極度傷心了五分鐘以後才平靜下來扒飯。

傳統家庭裡，小孩子的脾氣常常會發在媽媽身上而不常發在
爸爸身上，可能的原因是，被過去的共生伙伴拒絕總是比較覺得
受傷。父親有時會誤以為這表示自己比太太會照顧小孩。這種誤 48
解有可能導致父母親之間的爭吵。

和解期兒童的情緒可能會開始呈現出一種稱為分裂

（splitting）的模式。母親和其他人可能會被交替地視為全好
（all-good）或全壞（all-bad）。

> 當JS的母親每天早上送他到褓母家後要離開的時候，
> 他會哭鬧、黏著媽媽、從褓母那邊縮回來，好像褓母是一
> 個壞人似的。這時媽媽是好的客體而褓母是個壞的客體。
> 等媽媽把門關上，他馬上就停止剛才的抗議並爬進褓母的
> 膝懷裡。他會把頭靠在褓母身上然後溜滑下去和其他的小
> 朋友玩耍。
> 　　傍晚同樣的事又會再來一次，只是這次剛好反過來。
> 媽媽來接他的時候，JS一開頭會忽視她的出現，然後杵在
> 門邊，似乎對離去顯得猶豫不決。有時他還會用力拍打媽
> 媽並說「壞媽媽！」，這時媽媽變成了壞的客體而褓母變
> 成了好的客體。一旦門又被關在他們身後，JS在車道上便
> 轉向母親大叫「上去！上去！」她這時會把他抱起來，然
> 後他會微笑、也去抱媽媽、玩媽媽的頭髮，直到他又一次
> 穩當地坐到汽車座椅上，安全地和他的好媽媽在一起。

很明顯地這個小男孩已經發展出會抱他、滿足他的好客體
形像（以及會拋棄他的壞客體形像。媽媽和褓母之所以成為好客
體或壞客體端賴於她們在當時如何與他互動。如此把客體世界區
分成全好和全壞的稱為分裂。在分裂的客體關係中誰是好的誰
是壞的，常常隨著孩童的情緒和當時的情境而輪替著。精神內在
（intrapsychic）和人際（interpersonal）的分裂，在下一章中會討
論到。

　　對過渡性客體漸增之依附（attachment）的發展，是和解期危機的另外一個面向。這個次階段的小孩會堅持在大部分的時間裡把玩具熊或毛毯帶在身邊。毛毯在孵化和實踐期曾經一度具有過渡性自體—客體的功能，現在則成了這孩子獨佔的財產。他緊抱著毛毯警覺地說「我的」（mine），若有人拿起它，一定會被他搶回去。母親很快會發現汽車是小孩子特別需要過渡性客體的地方。過渡性之活動與儀式也開始出現了。這時父母和孩童會發展出一些臨睡前的分離儀式。類似看書、唱催眠曲這樣的共同活動 49 似乎可以幫小孩從有母親陪伴到分開入睡的過程中，建立起一種安全感。

　　親密感與自主性之間的掙扎，在和解的問題解決之後逐漸平息了下來。小孩子找到了一個理想的距離。發脾氣的強度與持續度都減少了。感情變得更為修飾或調節（modulated），一個新的感情戲碼上場了。實踐期的小孩興奮而好動；和解早期的孩童則表現出一點情感的不穩定；到了和解後期的現在，搖擺學步中的孩童已經有能力表達難過、失望、甚至表達關懷，也開始出現同理（empathy）母親情緒狀態的能力。

　　這時候的孩童開始可以在隔壁房間和其他小朋友一起玩。他不再需要母親保持在他的視線範圍內。共生性的活動主要還是在搖擺學步的階段。

　　語言技巧創造了另一片天空，再度增加了孩童的全能感與控制感。他會用一些話來引誘父母做出某些反應。他現在會說「I」和「me」，也會用一些簡單的句子，比如說，「我要土」（I want ta）代表「請給我一些吐司」（I would like some toast, please.）。用「I」來代替第一人稱的間接受格「me」或是第

三人稱的「baby」，來指稱作為句子裡主詞（subject）的自體（self），這顯示自體客體的分化已經增加了。簡單文法句的使用可以說明此時孩童如何將自己的世界組織成主詞、動詞和受詞各個成分。正如第一章所提到的，這個文法結構相當於客體關係單元的結構：

客體關係單元：	自體	-	情感	-	客體
	我		愛		媽媽
文法結構語句：	主詞	-	動詞	-	受詞
	我		要		吐司
	我		要		上去
					（母親的膝上）

　　語言行為證實關於這個世界，這個小孩已經有了一種正在發展中的作為自體、作為獨特實體（distinct entity）的鑑別力（sense）。可以在相簿中認出並叫出熟人與自己，更進一步地展現了孩童形成自體與他體概念之能力。

　　小孩在這個年紀對洋娃娃和其他有趣事物的興趣快速增加。他會把喜愛的洋娃娃放滿整個房間，拿著它走路，幫它洗澡。和好玩的東西躲貓貓、把它們放進又拿出容器都是常見的遊戲。這種對玩具進、出容器的興趣，可能與自己從融合深處展露出來和渴望回復到融合狀態相對應。與洋娃娃玩耍顯示內在幻想的豐富性正在增加。不論是要將自體的各個面向與各種內在客體表徵概念化，或是要把它們投射到洋娃娃或其他玩具之類的外在客體上去，玩耍都需要一種能力。玩耍還需要另外一種能力，即可以在不失真正界限感的情形下，在內在變成外在時維持「彷若」或「過渡性」的判斷；外在的符號被使用得好似它們是內在的自體

或客體表徵一般,而不損及身體的完整感受。

當小孩的獨立性逐漸增長並且向著和解期最終的客體恒久性邁進的同時,他以一種新的方式吸收周圍其他人的各個面向。從父母那裡內化來的較為顯著的一個面向即是「規矩」。

> MW打算要把湯匙柄伸進電插座。媽媽看得嚇壞了,大叫「不!」並且衝著小女孩的手一掌就打了下去,她平常是不會這樣打小孩的。那天,MW的爸爸就放了一個新的兒童安全保護蓋到插座上,然後對她說,「不可以、不可以、唉唷痛痛。」隔天早上當她用湯匙吃玉米片的時候,她在烤麵包機旁邊發現了插座。她把湯匙倒過來拿,用柄指著插頭孔。「不可以!不可以!」她這麼說著,一遍又一遍地邊打自己的手邊說,「不可以,不可以!唉唷痛痛!」

她已經接受父母的告誡了。先前漫生的親密感現在讓位給新的、更特定的能力來吸收客體的各種特質且又不失獨立感受(sense of separateness)。

這種逐漸增強的自體感還包括發展中的性別認同(gender identity)。小孩們早早就注意到他們自己的生殖器了。在實踐期裡,他們會高興地觸摸自己的陰莖或陰核。到了和解期,對兩性間差異的覺察仍持續增強,他們會發覺一些人有陰莖和睪丸,另外一些人卻有陰道、陰唇和陰核。他們開始把自己和他人區分成男性和女性兩類。從他們和母親的關係就可以看出這種分類的確實表現。當小孩發現、並且表現出對是否有和母親一樣的生殖器

有興趣的時候，男孩似乎被迫進行更巨烈的分化——更大的距離
和更多的肢體運動，女孩卻似乎更被推向母親。女孩這種持久不
衰的親密有時會是相當矛盾的。馬勒和她的同僚們（1975），如
同其他的精神分析觀察者（Tyson 1982）一般，提到有一些小女孩
傾向於黏著媽媽，但卻也還是會對母親沒有生給她們陰莖而表現
出憤怒和失望。

　　陰莖嫉羨（penis envy）這個課題曾受到熱烈的爭論。一些作
者強調，重點不在到底有沒有陰莖，而在與母親相似或者不相似
（Chodorow 1974）。女孩會繼續維持與母親更緊密的結合，因為
她們體認到自己和母親是那麼強烈地而且天生相似，就連身體構
造的敏感區域也雷同。另一方面，男孩則必須分化得更徹底，因
為他們與母親不相似。邱德羅（Chodorow 1974）認為從最恰當發
展的角度而言男孩可能分化得太早了。討論到底男孩和女孩的發
展哪一個比較理想會把我們引離客體關係理論的範圍，也會把我
們帶進常常破壞性比建設性多的專業爭論中。

　　對父母，尤其是母親來說，和解期充斥諸多滿足，但挫折卻
也可能更多。小孩可能會同時要求並拒絕幫助。他會逼迫和控制
母親成為他自己的一個延伸，他也會抗拒、固執、發脾氣。這時
對母親的要求是很大很大的。她被要求要能隨傳隨到，而且還不
能太過操縱；她必須要約束小孩不要做出真正危險的舉動，卻又
不能太過干涉；她必須鼓勵分離但又不能變成像在拒絕。很少有
母親能真的這麼穩定，很少有母親能在親密和距離上保持得這麼
理想而又不感到挫折，尤其是當小孩給了她互不相容的要求時，
即使只是很小的要求——比方說要求能不費吹灰之力地穿上他的
鞋子，但又要求被允許能自己穿！

51

　　母親在這個時期要經歷一個情緒上的困難階段。從幻想將擁有一個孩子以後，她首先要懷著這個作為她身體一部分的小孩九個月的時間。當小孩從她體內生出時，生理上的一體感（unity）被心理上的一體感──共生──所取代。當心理上的誕生（psychological birth）繼續進行，母親必須要經歷一段長時間跟著小孩的腳步、根據小孩的需要而往返推拉（push-pull）的分離過程，此時她自己對親密和距離的需要常常是不被重視的。小孩慢慢發展出來的對母親關心和同理的能力，對加諸於她的這麼多的要求來說，實在是微不足道的回報。

　　那些過去並沒有經過足夠分化過程的母親常常會在這個孩子發展的階段中遭遇到最大的麻煩。因著她自己對分離的焦慮，她可能會和共生期的孩子處得相當好，因為這時的小孩滿足了她對親密的需求。在實踐期中，她可以自戀地享受著孩子的自大。然而，在和解期中，她卻可能會在孩子分化的過程裡經驗到焦慮。當孩子表現出一丁點的分離衝動時，她可能會去黏著孩子，或是會在自己需要卻不一定是在孩子需要的時候抱起孩子。等這樣的媽媽自己覺得安全了以後小孩才會被放下來。有些母親會真的去鼓勵小孩的親密行為或是用遺棄來懲罰小孩（Masterson and Rinsley 1975）；也就是說，如果小孩表現出一點點獨立的需要，這種母親就會威脅要遠離。她們可能會真的很疏遠，常常把小朋友單獨放著好幾個鐘頭；反之，當小孩順從這種母親時，她就會把他包在融合式的溫暖擁抱裡。這種模式將在第十章中討論的邊緣性人格疾患病人的獎賞型與處罰型客體關係單元裡出現。

　　不過，並不是所有的遺棄威脅都會造成心理上的問題。即使是「夠好的」（good enough）母親有時也會以遠離來威脅她們的

52

孩子。

　　一個年輕的母親面向著她的小孩、倒著走向車子，懷裡滿滿的都是包裹。二歲大的孩子固執地黏著購物車不肯離去。不管怎麼哄，她都拒絕進到汽車裡。「好吧，那媽媽走囉。拜拜。」媽媽搖了搖她唯一還能動一動的手指。小女孩停止了她的嬉戲、靜了下來、找著媽媽的臉。「拜拜。」她重複媽媽的話，爭著去開汽車的門。她的聲音以它溫柔的音調在招手，而不是拒絕。孩子再一次看著她，然後忽視她並再爬上另一個購物車。母親這時站起身，嘆了一口氣，把東西放在前座以後說：「哦，好吧，隨妳便。」她走過去孩子身邊，費力地從閃亮的購物車上撬開她沾滿巧克力的手指，抱起邊踢邊叫的孩子帶到車子裡。一旦在位子上扣好安全帶，小女孩馬上就接受了媽媽丟給她的抹布。

　　這個母親，雖然看起來好像是用威脅要遺棄來試圖控制小孩，但並沒有真的那樣做。聽她說話的音調就知道她不會那樣做。整個過程裡，她都溫暖而誘人。孩子在依戀上仍是安全的。

　　溫尼考特（1960）曾說孩童會透過從環境中取得自己之所需，來對自己的發展過程出力。他並不需要最理想的母親，他只需要夠好的母親。一些孩童對父母來說會比其他的孩童來得困難，正如有些母親在必須給予空間或親密時特別有困難一般。對一些原本有能力處理發展中之課題的孩童和母親而言，他們的問題可能只是互相不適合對方而已（Brazelton 1969）。一個有活

力、有抱負、重視自主和自發的母親可能會在和一個以自己的文靜步伐成長的男孩相處時遭遇到一些困難。她如果和一個主動、甚至有一點拚命的孩子相處可能會做得比較好，而這孩子對另一個母親來說也許很難帶。

因為母親和孩子在和解期的推拉掙扎，父親在這段期間可以承擔新的重要位置。在整個共生或孵化的過程裡，父親也可以分享母親─孩子的親密。在和解期，父親的分享常常轉變成一種獨特的、做為第三者的角色。這個處於外界、特別的人，可以幫助母親和孩子從共生二元體中和他們其後對於自主與控制的掙扎之中解放出來。透過以分別對不同之個體的態度去博得母親和孩子的注意力和情感投入，父親可以助長這個分離的過程。

客體恆久性（24-36個月及以後）

發展中的個體性（individuality）以及客體恆久性發跡於和解期分合反覆已經接近尾聲的時候。個體性一定會伴隨一種逐漸增強、在任何處境與情緒下都很穩定的「自己是誰」的意識。客體恆久性的意思是，維持客體穩定形像的能力，特別是維持母親的穩定形像，不論她在或不在，她是令人滿足的角色或是剝奪的角色。和解期當中有很多個體性以及客體恆久性發展的跡象。與其他階段相比，這個階段與其前一個階段之間存在著更多的重疊。甚至可以說，客體恆久性和個體性的發展貫穿了整個人生。這個階段其實是沒有終點的。

和解期裡孩童的黏人與拒絕、要求與依賴等行為慢慢減少了。他似乎更有安全感，更專注於自己的課題、多多少少也會忽

77

略母親一段較長的時間。馬勒和她的同僚們（1975）試圖描述
這個新出現的安全感，他們要求母親安靜地把她們的孩子放在遊
戲間來看看孩童們對未知會的分離會有什麼反應。有個二十六個
月大的女孩是個不錯的例子。她之前已經和總是陪著她的母親渡
過一段基礎穩固的時光。當母親離開遊戲間時，這孩子靜靜地玩
著，完全沒想到母親會去哪裡，一直到她對自己的圖畫感到很滿
意時才發現母親不見了。此刻，她抬起頭問了幾次她媽媽到哪兒
去了。馬勒說，研究者相信這時孩童希望母親能分享她的圖畫；
但當時沒有人回答，她轉回自己的圖畫並再一次高興地投身其
中。

54

　　對馬勒和她的團隊來說，這個小女孩的行為意味著一種維持
母親正面形像的能力。當女孩要和她的母親分享快樂的時候，她
會想找她；然而，卻沒有找著，她對媽媽從未間斷的關注和再度
現身相當安心，所以可以繼續集中注意在她自己的玩耍。她會抬
起頭找媽媽、想把自己的好作品拿給媽媽看，顯見她並不是真的
那麼不關心母親。進一步的關心在母親回到遊戲室時可以看得出
來，她會笑著歡迎媽媽並帶玩具現給媽媽看。沒有什麼無理取鬧
的要求或逃離行為，反而是一種比較修飾、比較放心的反應。看
來這個女孩可以安心地對自己說：如果她想要或是需要的話，母
親會為了她而出現。

　　這種持續在內心保持夠好的母親形像的能力同時也需要依
靠神經生理的發展以及人際的經驗。皮亞傑（1937）研究認知的
客體永久性（cognitive object permanence），這和精神分析上
（psychoanalytic）或感情上（emotional）的客體恆久性（object
constancy）有一點不同（Hartmann 1952）。客體永久性是指在

一段時間過去之後還能去尋找被藏起來的無生命物的能力。這樣的尋找意味著孩童已經可以在內心裡將消失的東西勾畫出一個心理形像（mental image）。一些精神分析學者（Cobliner 1965, Fraiberg 1969, Lester 1983）曾討論過客體永久性和客體恆久性的相互關係。因為客體永久性是一種尋找且堅信可以找到消失之無生命物的能力，客體永久性是客體恆久性的先決條件。

　　對他人的感覺使得情感性的客體恆久性變得錯綜複雜。愛與恨、飢餓與滿足對小朋友來說是那麼地強烈，以至於這些感覺為所有的經驗加上了一份色彩。當生氣、害怕的時候，要孩童能記起母親做為一個好人的存在，可能比在平靜的時候記起一個藏起來的玩具要更困難。當下的強烈感覺可以蓋住先前情感的記憶；因此，為被投注強烈情感之客體打造一種穩定的內在形像，比單純了解消失的玩具其實還存在，需要更多的時間。

　　貝爾（Bell 1970）的研究顯示，與父母有較正向之關係的孩童在發展出「客體永久性」（object permanence）之前會先發展出「人物永久性」（person permanence）。這些研究和客體永久性比客體恆久性先出現的調查結果並不相抵觸。它們顯示出，穩定而溫暖的環境對認知能力的開展很重要。孩童先要能記憶並找尋爸媽，如果他們之間關係建立得不錯，他們才有辦法同樣去記憶並找尋環境裡的其他物品；不過，這能力還不能說是情感的客體恆久性。情感的客體恆久性比記憶並找尋一個具體的人之類的認知能力要複雜多了。這是一種能力，是當對父母嚴重失望的時候，還能記起對父母的好感覺。建立以這種方式整合感情的能力需要相當久的一段時間。

　　在客體恆久性建立起來之前，孩童情感上最大的危機是

來自客體的失落（loss of object）。而現在，最大的危機轉成是客體之愛的失落（loss of the love of the object）。被愛客體（love object）這個主題的重點是感情的連貫性（emotional consistency），而不僅只是提供滋養的物品而已。

客體恆久性與客體永久性的觀察使得許多精神分析取向的思想家深信，神經生理所決定的記憶與建構內在形像的能力，是客體恆久性的先決條件。另一個必須具備的能力是把和同一個人有關的愉快和不愉快的感情整合起來。要能夠相信缺席而令人挫折的母親正是那個讚賞並愛著他的母親，此種能力不只依靠著能夠在理智上整合相反事物，也依賴足夠多美好經驗的累積。孩童必須要累積足夠多的溫暖經驗，才有辦法不讓小小的分離徹底淹沒了回憶這些美好經驗的能力。如果沒有足夠的美好互動經驗，嚴重的矛盾便會產生。高度矛盾的孩童在母親離開的時候表現出強烈的憤怒與思慕，極有可能是因為他沒辦法在母親主動或被動地造成他挫折時，在心中仍存有媽媽的美好形像（Mahler et al. 1975）。

個體化的達成常常和形成恆定之客體形像的能力攜手並進。自體恆久性（self constancy）開始融合（coalesce）了起來。這逐漸增長的穩固的自體感容許了目標明確的活動。因為現在孩童曉得自己是誰、自己要什麼，所以即使是受到小挫折，也還可以繼續他正在做的事。

在面對挫折時仍能記起美好事物的能力之下，時間感以及延遲滿足的能力逐漸地成熟。孩童現在會說，明天或等一下他們就56 可以見到阿姨或叔叔或其他喜歡的人。這種逐漸增強的在時間和空間之中做為一個人的觀念，是個體化正在發展中的一個跡象，

這個概念指的是做為一個在時間、空間和人際脈絡中連續的統合個體。

　　和其他所有的生命階段一樣，孩童在這個階段中並沒有完全脫離他們過去的掙扎。他們時常藉由在超出能力範圍外的領域上太過堅持自主性（autonomy），持續不經意地流露出對個體化的懷疑。舉個例子，一個小男孩要求被允許能自己把皮箱拿出車外，然而他根本提不動它。反叛和暴躁的脾氣也多少會以一定的程度持續著。在控制排便上的掙扎有時也代表一種重申身體分離性（bodily separateness）的需要。

　　父母的重要性在此時開始稍微減少。孩童現在可以相當安心地去上幼稚園，而不會被失去母親或失去個體性的感覺所淹沒。父親顯然是愈來愈重要，可以看到他愈來愈投入孩子的遊戲中。

　　客體恆久性和個體化發展的整個過程並沒有在生命的早期階段結束。學習人際關係裡做為獨立個體的自己是誰的課題緊接著必須要從重要的伊底帕斯衝突的角度來克服。之後在隱伏期（latency）、青春期（adolescence）、尤其在成人早期離家的時候，這些課題都必須要再一次得到修正。為了得到進一步的解決，在我們結婚時、我們有小孩時、或是當我們自己的孩子在各個成長過程的轉換中時、當我們離開原崗位換一個新的工作的時候、或是當我們搬到一個新城市裡去的時候、當孩子離開我們去開展他們自己的生涯時、當我們生病時、當我們準備退休時、當我們面對失去配偶或其他所愛的人的時候、以及當我們開始預備自己的死亡的時候，分離與認同的課題會在之後的生命歷程裡再度出現。如果幸運的話，我們會花上一輩子發展出一個逐漸複雜而整合的概念去看待自己與他人的關係。這種認同感，可以自由

地隨著我們自己的情感或是環境，而有更大的擺盪。

　　在本章中我已經說明了孩童如何發展出一種逐漸增強的分
離感和個體統整感。雖然我也承認其他作品的重要性，但我主要
還是把焦點放在馬勒和她的同僚在《人類嬰孩的心理之誕生》
（*The Psychological Birth of the Human Infant*, 1975）中所做的觀察。
她的研究事實上對每一個美國的客體關係理論來說都具有絕對
的重要性。卡普蘭（Kaplan）的書《合一與分離》（*Oneness and
Separateness*, 1978）是有關人格發展的另一份報告，主要也還是受
到馬勒研究的啟發。

57　　　在自閉階段（0-2個月），客體是不相干的；孩童似乎還佇
留在一個心理的殼裡。當孩童建立起初步的自體感和客體感，母
親與孩童便開始形成共生階段（2-6個月）二元整體的兩極。嬰
兒逐漸從母親分化出來以後，就進入了分離—個體化階段以及它
的幾個次階段：分化、實踐和和解。在孵化次階段期間（6-10個
月）孩童愈來愈能察覺母親是一個分離的個體。很快地，一直增
強的運動與認知技巧似乎使得孩童陶醉在他自己的好本事裡，他
從母親身邊跑開，好像世界都是他的一樣。這個次階段被稱為實
踐（10-16個月）。逐漸增強的對自己分離與無助的覺察宣告了和
解次階段（16-24個月）的來臨。孩童往復地移動、分離又回返、
苛求而又依賴。當和解的課題解決以後，孩童便展現出一種增強
了的信念，認為母親雖然有時缺席，但愛一直都在。這種持有通
常令人滿足但也令人時感受挫之母親形像的能力，被稱為情感性
客體恆久性（emotional object constancy, 24-36個月）。孩童就在
這樣愈來愈穩定的客體感之中發展出更為穩定、更為複雜的個體

感。

　　這些對嬰兒期各個階段和次階段的觀察，和我們在精神分析或心理治療裡所見到的促成成長與改變的一組精神內在機轉與人際機轉相符合。這些心理機轉是我們下一章中所要討論的主題。

【第六章】心理機轉

59　　許多在精神分析與心理治療裡所見到的心理過程，與馬勒和同僚們對年幼兒童行為的描述驚人地雷同。馬勒（1971）、馬斯特森與林斯利（1975）、克恩伯格（1980）、荷納（Horner 1984）與阿德勒（1985）都對這兩方向證據的共通性有所評論。克恩伯格指陳馬勒關於階段發展之時間順序的發現，提供了固著（fixation）和退化（regression）作用的時間點，這部分很難僅依賴對病患的精神分析治療來判定。另一方面，克氏本人的研究可以「提供成人階段一個精神分析的面向，來強化馬勒對早期幼童發展觀察所作的關於精神內在的相對應物之假設。」（Kernberg 1980, p. 6）

　　對心理發展而言，由兩種方向得來的證據相當重要，一是來自心理治療，一是來自幼兒觀察。幼兒是沒辦法以言語傳達他們的內在生活的；我們只能推測他們可能經驗到了什麼。另一方面，在心理治療中病患的記憶和內在經驗可能會在時間上濃縮與倒置，造成沒有根據的結論。特別如克萊恩（1932）會將年齡較

60　大的、有時是精神病狀態下的孩童與成人的心理歷程，歸因到嬰兒心理過程的觀察上面，卻沒有資料證實如此的推測（Kernberg 1969）。根據這兩方向的證據，一方的理論預測就可被另一方的訊息系統證實為真或是不正確。

　　在病患身上發現與早期發展有關的的心智過程是分化與整合、投射與內射、分裂、理想化、貶抑、投射認同、過渡性客體

形成、發展客體恆久性與認同。客體關係的文獻不斷地涉及這些概念。不同的作者以不同意義運用這些概念。因此，我將會把這些概念以一般最被接受、對治療有幫助而且與前面第一部所介紹的客體、自體與整合性自我功能等定義相一致的方式，依次介紹給大家。

整合與分化

整合（integration）與分化（differentiation）是互補性的自我功能。他們從發展的初始到之後一生都持續存在著。整合意謂著將兩個元素有意義地結合一起，不論這些元素是知覺、記憶、表徵、情緒、意念還是運動。分化則是將兩個心智元素區分開來。

這兩個基本心理功能的動力來自哪裡，是目前許多理論爭議的核心之一（Greenberg and Mitchell 1983），在此也不會有結論。佛洛伊德（1940）將他們與驅力，即原欲（libido）與攻擊性（aggression），以及伴隨的情緒，即愛與恨，關聯起來。在他晚年，他把生之本能（eros）描寫成塑造「整體」與「結合在一起」的本能；相反地，攻擊性則試圖「抵消結合」（p. 148）。美國自我心理學者葛楚德與羅賓·布蘭克（Gertrude Blanck and Rubin Blanck 1979）同意這種論述，他們認為把原欲看成結合或整合的驅力，而攻擊性則被看成分離或分化的驅力，是最有用的論點。其他作者則認為是需求而不是驅力，對成長更為重要，並把整合與分化連結上分裂與投射認同（Grotstein 1981a, p. 3）。不過，我們可以就目前對於這些心智過程已知的部分加以探討，而不刀堅持於定義到底是什麼原因造成了它們。

在精神病之中，我們看到了整合與分化之基本功能的缺損。

61　　　DR是位二十八歲、罹患精神分裂症的男性，他這兩年來是在舊金山的街道度過。他睡在巷道、門口與救世軍避護所。運氣好的話，他可以從救濟站領到點食物，運氣差時他只好從垃圾桶裡找吃的。他家人後來找到他，誘他回家，供給他吃、住和教育。每天持續的日常家庭生活對他來說過於刺激，他覺得頭快爆炸開來。不過，這次他的家人不讓他再度跑到街上去了，他們把他送到醫院治療。

　　由於不能違反他的意願強制留院，工作人員得小心翼翼地留住他。照顧他日常生活的心理師與護士觀察到他對刺激相當敏感。他甚至沒辦法整合與分化基本的聲音與視覺刺激；他很快就感到被醫院環境中混亂的感官刺激所侵犯。於是，精神科醫師容許他每次在房間裡最長可待上五個小時。他每隔幾小時接受面談，出來吃飯，參加講話音調低而且組織良好的團體會議。在這樣的處置下，他對周遭世界的容忍度逐漸提高。經過數週，他才接受了治療師可以影響他，因此才接受抗精神病藥物治療。

　　他逐漸好轉。三個月後，他可參加讀詩班，把自己的經驗整合在短詩中，詩句逐漸能被人讀懂。十八個月後，如果被攪得情緒緊張時，他仍然會表示看到片刻的光影與咆哮、吵雜的聲音。在基本的、感官的層次，他持續在整合與分化經驗上遇到困難。沒辦法整合知覺成有意義的經驗；沒辦法把世界理出秩序。如他所說：「我不知道有什麼事正在發生，我看到這些色彩和這些噪音，我不知道那

是什麼做的，我不知道它們是怎麼來著或是什麼，真是沒什麼道理。」

他也沒辦法把自己與周遭環境區分開來。一天，在開病房團體會議時，他突然中途離席，後來當精神科醫師詢問他時，他說：「都是噪音，一團混亂，我被那混亂弄得全部都搞在一起。我一定要離開。」最後，他沒辦法傾聽這個有點紊亂的團體討論而不把自己弄糊塗。他沒有辦法區分這是團體的混亂還是他內在的混亂，除非他自己離開。

62

一位擅長治療精神分裂症的家族治療師協助這位病患的家人降低他們的情緒表露程度（Brown et al. 1962, Vaughn and Leff 1976, Goldstein et al. 1978, Falloon et al. 1982）。藉著這種環境的改變，病患可以較好地處理自己的經驗。周遭的人們協助他整合與分化，因此充當了輔助性自我（auxiliary ego）的功能。

雖然少見，不過，保有整合與分化能力的人們，可能會為了某些心理因素而暫時停止使用這種能力。雖然他們可能沒有腦部疾病影響其整合性自我功能，他們可能仍然會發展出類似精神分裂症的疾病，而有經驗支離破碎的情形（Hamilton amd Allsbrook 1986）。席爾斯（Searles 1959）描述過許多這種個案。畢昂（Bion 1959）稱這種過程是對連結加以攻擊（attacks on linking）。他認為這種病患對他們所面臨的嚴苛現實深深地失望，特別是早期的客體關係，因此在心智上，他們破壞自己與外在世界的所有理性連結，甚至於摧毀了自己的整合性思考過程。

　　早期發展過程裡的整合與分化，與病患從心理疾病中痊癒的過程是若合符節的。嬰兒學習到如何區分聲音與顏色、觸覺與氣味、上跟下、許多與單一。他們學習到整合某種聲音、景象、感覺、氣味和口味，辨認出這些是關於某個東西的。他們開始辨認出哺餵他們的乳房有種特殊的氣味、滋味、感覺和外型，而這些都是某個特定事物的各個層面，而不是其他東西。嬰兒最後可以把哺餵他的乳房和母親的臉孔連結起來，形成對母親獨一無二的視覺、觸覺、嗅覺、味覺與聽覺形像。在稍後的發展裡，他們也可以形成自己本身的整合形像，以有別於母親。這些整合與分化的過程是互補的。若不去區分其他屬於別種事物的元素，一個人是沒辦法做到同時整合屬於某個特定事物的種種元素的。

　　嬰兒平穩地開展的整合與分化——知覺、認知與運動功能
63 ——有可能被強烈的情緒中斷，就如同成年病患遭遇到的一樣。渴望、挫折、激動與滿足干擾並且改變整合性自我功能，造成投射、內射、分裂與投射認同。這些之後的心智過程有時會被稱為防衛機轉（defense mechanism），因為在遭到嚴重挫折時，他們防止自體形像災難性地失去安適感（sense of well-being）。心智上的防衛企圖保持自體感的完整，並且通常會提供給我們生活中情感上的豐厚感與複雜性。沒有這些防衛，我們會成為整合與分化功能相當機械化的編輯成果——只有自我，沒有自體。

　　結合與區分的傾向是種基本的生物學與心理過程。種籽是從豆莢裡展露出來的，生殖細胞分化成各種細胞。新生的細胞又再度分開：它們分化。某些細胞集合在一起形成相關的功能：它們整合。根、莖、葉與傳送養分的支脈都是由單一的細胞分化與整合而成。所有多細胞有機體都經過相同的生長過程。

　　整合與分化並非單純只是原始機轉，雖然它們可以在小小的嬰兒身上看到，是人們企圖從嚴重的心理困擾中復原的最早跡象，事實上我們可在所有的有機體中發現它們。我們終其一身都要仰仗它們。比方說，關於心理名詞定義的爭論，就是企圖要對經驗加以整合與分化。

投射

　　有時人會企圖去分化想要什麼與不想要什麼、好與壞，或干擾自體與客體的分化。當一個人把自體不想要的那一部分歸因到另外一個人身上，這就是投射（projection）。如果投射是涉及到外在的客體時，這個定義是最最清楚的，但是一些理論家也會把投射到內在客體的狀況稱為投射。

　　投射是借用來的名詞，以電影的投影機來作類比。基本的元件如軟片、燈光、透鏡都在這投影機裡，不過影像卻是放映到外面去，映在銀幕上面，形成外在現實的樣貌。在我們的心理生活中，我們可以在其他人身上照見我們自己的內在狀況。

　　在臨床實務中，很容易觀察到投射作用。

　　　　AB是個三十一歲的律師，是一家知名的法律事務所的新進成員。苦惱於自己過度的妒嫉，他開始接受心理治療。他相信自己的擔心害怕沒有根據，不過這些擔心害怕持續地影響他和妻子的關係。他和事務所裡的資深同事在相處上也有困難。

　　　　一天晚上，他夢到老闆把他判刑入獄。「他陷害

64

我。」AB說道。「我知道這只是個夢，不過我認為這傢伙試著要逮住我。因為M的案子，他現在對我很生氣；不過他本來就一直對我懷恨在心。」這位患者鉅細靡遺地描述他的雇主怨恨他的證據。

幾分鐘後，精神科醫師說：「如果你是雇主的辯護律師，有什麼證據可以證明他是無辜的？我並非在暗示他是無辜的或他一點都不無辜，我只是想知道，你所看到的問題，另外一面又是怎麼樣呢？」

這位患者詳細描述到，這位資深成員是個善良的主管，他對新進成員提供指導並且約束野心勃勃的新進同事，如此一來，後者就可以發展出做為一位頂尖律師的技巧。「假設他是出於自私，」患者結論到，「這也未必是針對個人的，他有權利保衛自己的勢力與特權來維持生計。如你所知，過幾年就輪到我了。」他說，然後停頓了一會兒，「或許，我是想把他送到監獄裡，然後接下所有的好案子。」他笑著。「我曾經對他大發雷霆，因為他不給我足夠的案子，使得我不能照我自己想要的速度前進。」

「是，你是個很有野心的人，」治療師說，「而且你也從周圍的人身上看到你的野心。」

「野心有錯嗎？」AB反問。

「野心使得你走得這麼遠，也帶給你許多成就。現在你很擔心我會批評野心的壞處。」

「我知道你接下來會說什麼。我是個好批評的人而且我在周圍的人身上看到我自己的批評。」

「你是這麼想的嗎？」治療師問。

「我對這很慚愧，這樣不好。」

「你現在批評起自己了。很想知道你為什麼對自己這麼嚴厲。」

AB把自己的侵略型競爭性投射到老闆身上。正如他所發現的，老闆沒能讓他早點成功時，他就生對方的氣，並且認為這傢伙想要「逮住他」。在稍後的治療時段裡，他認為治療師很嚴厲地批評他，事實上，是患者嚴厲地批評自己。他將自己內在的感覺與態度，歸因到外在於他的人身上。他投射了自己的一部分到他們身上；而外在的客體未必具有他所歸因的特質。就算他的老闆曾經「逮住他」，而他的治療師曾經嚴厲地批評他，他仍然曾經將自己的一部分，歸因到他們身上。他的的確確投射了。

妄想性精神病或是精神分裂症的患者會將強烈而具敵意的衝動投射出來。他們可能因而在周遭的一切之中感受到自己的攻擊衝動，所以覺得有個邪惡的陰影要對付他們。任何人否認這個陰謀的存在，就可能是共犯。

攻擊衝動並不是自體唯一會投射的部分。需求與自體形像也同樣地會外在化。另外一個臨床案例可以顯示出原欲需求的投射：對養育與親密感的需求。

一個濕冷的雨天，一位外表邋遢，穿著不相稱的破運動外套與鞋子的男人，走進西岸社區精神衛生中心（Westside Community Mental Health Clinic）。一位精神科住院醫師和他會談。他認定這人處於精神病狀態、混

亂、自我忽略而應該入院來接受照顧幾週，然後再進入門
診治療。患者拒絕住院與服藥，一如這三年他所持的態
度。他並沒有傷人或自殘的危險，因此醫師在沒有得到他
同意前，沒有辦法要求他住院。

「好，所以，」醫師說，「我希望你明天再來，我看
看我們能不能找到一個比較好的地方住下來，而且有東西
吃。這是我希望做的。你覺得怎麼樣？」

雖然曾有人提出過類似的建議好幾次，而且都被拒絕
了，不過，這位醫師提供協助的方式有點不一樣。他沒有
命令，開立處方藥物或是要求——他只是表達出個人的期
望。這個街頭遊民回答：「噢，好吧。如果這樣會讓你覺
得好過一點的話，我會來。我不介意幫你的忙。」他遵守
自己的承諾。第二天他來了，得到他所需要的食物和避護
所，而這些他已經拒絕了好幾個月。

患者顯然忘了自己想要好過一些。他以為如果他得到食物
和住宿的話，會讓醫師覺得好過一點。雖然我們可以認為患者
會說出這句話「如果這樣會讓你好過一點的話」可能只是出於偶
然，故施小惠，不過，無庸置疑地，當患者說「我不介意幫你的
忙」，他是在將自己的需求投射出去。是患者跑來找醫師幫忙，
而現在他以為是醫師需要幫忙。他同時也投射自己希望受到照顧
與養育的需求到醫師身上。

有人會爭論說這些投射是來自於敵意，同時也來自一種想要
把不想要的需求與自體形像予以外化（externalize）的期望。人們
也可以揣測這個患者惡意地想要摧毀醫師安全包容的形像，然後

66

藉著幫忙來加以修補自己造成的破壞（Klein and Riviere 1964）。這種解釋，我認為是過度重視所謂精神病患者是籠罩在無限的攻擊衝動之中的理論（Bion 1956）；它低估了患者尋求關懷的能力，以及他冀望別人關心的期待（Hamilton 1986）。這種解釋同時也提供另一重附加的觀點，就是不必理解互動本身，而只要將個案資料強行扣入理論假設，即攻擊衝動激發了投射作用。其實更簡單的想法，而且也和互動所見的個案資料一致的，可以認定患者的需求太大了、太不舒服了，他寧可這些問題是在別人身上而不是自己身上看到。人們也可以臆測，投射使他和另一個人更接近些。

　　這位街頭遊民的說法並不只是反映了他投射自己的需求到治療師身上的傾向；他同時也正確而相當敏銳地描述出真實的狀況，如同精神病患者常常會做的。這位住院醫師的確希望他的患者回來。多數精神科醫師需要成功地幫助到病人，才能對自己做為醫師和協助者感到好過些。這位醫師說「我希望你明天再來」，這句話是在強調自己而不是患者的需求。這位混亂的患者倒是為自己的投射，找到了一個已經準備好的接受者。

　　投射通常會把自身依附到外在客體上，並且和外在客體混雜在一起，就如同變色龍會隨周圍環境變色一樣。通常，不過並不一定，投射的人們發現某人或某事和他們所投射的有點類似。他們將自己不想要的性質歸因於某人或某事，誇大並且扭曲這些類似的性質。在臨床以外的場合，例如行政決策、人事管理以及司法程序，投射與外在事件的感知有明顯的區分，不過在精神科的情境，通常在一開始時並沒有多大分別。當患者說「我會來──如果這樣會讓你好過一點的話」，醫師並沒有爭辯是誰需要幫

67　助。他只是回答：「是的，我希望這樣。我們一起去掛號處，登
　　記會談約定。」在患者有機會認識他之前，醫師並沒有強調患者
　　投射的需要。

　　　臨床環境裡的投射與嬰兒的諸多行為有相似性。嬰兒皺起
眉頭，吐出一嘴難吃的菠菜泥，是被認為和投射等同的早期行為
──把不好的東西從自體驅逐出來。我們可揣測嬰兒把他的饑餓
投射到客體，如同邋遢的男人投射自己的需求到精神科住院醫師
身上。嬰兒會粗暴地咬乳房或奶瓶，好似他們投射自己的饑餓痛
楚到養育的客體身上，然後希望處罰這些客體（Klein 1957a）。
客體關係的觀點是嬰兒投射他們不想要的饑餓、空虛、吞噬的感
覺到乳房或母親身上，然後，由於他們的自體─客體混淆（self-
object confusion），他們害怕被母親吸納（incorporation）。雖
然我們並不確定嬰兒的心智過程，共生晚期與分化早期的自體客
體混淆是可能導致這種投射的。

　　　在共生晚期與孵化（分化）的早期，孩子的自體感源自於與
母親做出區分。隨著分辨自體他體的能力增長，分辨歡樂與痛苦
的能力隨之而來。這種分化與整合經驗的能力，如之前所說，必
須依賴自我功能在一個既未在身體上或情緒上被剝奪或是無法抗
拒的環境中，逐步地在神經生理發展上漸次展現。在「夠好的」
（Winnicott 1953）環境中，自體與他體、歡樂與痛苦會把自己
給安頓好；很自然地，會把愉快的經驗歸於自己，痛苦歸因給他
人。好的留給自體母親，一個雙元整體（dual unity），而壞的投
射出去。投射是一種主動、有選擇性的自體─他體混淆形式，視
自我功能的分化作用而定。

　　　大一點的孩子投射不想要的感覺到母子雙元（mother-child

dyad）之外。投射在陌生人焦慮（stranger anxiety）中扮演了一角，不想要的攻擊性在母子雙元之外被感受到。當學步兒把感覺歸因於填充動物玩具時，他們投射。之後，他們把過錯歸咎到他者身上：「是比利做的。」即使是健康成人也會藉由推諉卸責、或是責備、或是輕視他人，投射不想要的感覺並且把問題外化，而不是承認自己的問題。好和壞同樣會被投射，不過比較少見。俗語說「情人眼裡出西施」，就是指把想要的特質投射到另一個　68
人身上。

吸納、內射與認同

以投射來相對照，會最容易瞭解內射（introjection）。投射是種分化過程。它開始於小孩學得一種不是我（not-me）的感覺，並且藉由把不愉快排除到外界或內在客體去，以純化自體。內射，相對而言，是種整合過程。雖然它根源於自體與客體的分化之前，內射，或是納入（taking-in），必須存在有可以納入的未成熟自體以及有客體可以被接納後，才會出現。

客體關係理論的文獻中關於納入過程的名詞定義有些混亂（Sandler and Rosenblatt 1962, Schafer 1968, Meissner 1981, and Boesky 1983）。一般來說，有四個名詞最常被用來討論納入。內化（internalization）是指把新事物含攝進一個人的任何機轉。在內化的範疇中有吸納（incorporation）、內射與認同（identification），依次逐漸地複雜與成熟。本節會先著重在內射，亦即投射的相反作用。比較原始的吸納作用也會在此討論。認同，除了定義之外，會在本章的下一節再討論。

　　吸納意謂著心理上的「吞噬」，先於明確的自體—他體界限發展前。客體被納入而消逝在未分化的自體—他體基質（self-other matrix）中。生理上的類比是如同嬰兒由乳房吸入溫熱香甜的母乳。母乳進入而消逝在嬰兒—母親的共生體中。佛洛伊德在〈圖騰與禁忌〉（"Totems and Taboo"）（1913a）中所描寫的食人幻想就是吸納。我曾經討論過心理治療中吸納的視覺類比來與觀察小孩所見的現象做比較（Hamilton 1981）。

　　在心理治療中，一位精神病患提到他看到有個小男孩和父親一同走路，並且學著模仿父親的姿勢與步伐的景象。「男孩子就是這樣學習的。」患者說。「父親滲透進兒子然後他們合成一體。」這位病患視此一互動為吸納。這位真實外在的男孩可能正在認同他父親，亦即，像他父親一樣存在（being），而不是成為（becoming）他父親；可是，患者以更原始的方式來看待這種互動。對他而言，男孩並不是行為表現像父親，而是和他父親融成一體。自體與客體缺乏分化。臨床上，這個例子表明了吸納，被認為和吸奶的嬰兒所發生的是相當類似的心理過程。正如格林伯格與米契爾（Greenberg and Mitchell 1983）所說，「滿足的經驗會引起融合的幻想；挫折的經驗會導致排斥、分開的想法。融合的幻想，涉及到『完全的吸納』，成為客體，是後續所有客體關係的基礎」（p. 315）。費爾貝恩（Fairbairn 1941）稱之為「原發認同」（primary identification），不過我傾向將認同一詞保留來形容更成熟的過程，這過程被費爾貝恩稱為「續發認同」（secondary identification）。

　　如同其他心理過程，吸納不會在嬰兒期後就消失，或是僅再次出現在受困擾的患者身上。數以百萬計心理健全的基督徒領受

69

聖餐禮時展現出吸納。在聖經中，吸納是如此地被描述：

> 我的肉真是可吃的，
> 我的血真是可喝的。
> 吃我肉，喝我血的人
> 常在我裡面，我也常在他裡面。

《新約聖經》〈約翰福音〉

第六章 55-56 節

　　當內射取代吸納，自體與客體在心靈內在中多少開始分化，因此內射的客體可以成為客體形像，而不會和自體形像融合。山德勒與羅森布拉特（Sandler and Rosenblatt 1962）在定義內射是指客體表徵被賦與了真實和幻想的力量，以及被賦與了真實外在父母的權威時，就假設至少達到了如此程度的分化。一個內射物是一個內在的客體形像，對內在世界而言具有相當鮮活的情緒力量。內射物是個客體形像，被納入、被接受、保持完整，而並非被吞噬。

　　為了把內射放在清楚的位置，給認同一個簡短的描述或許會很有幫助，後者在發展上是隨之而來的。在認同中，先前內射的客體形像中有價值的性質被歸因於自體形像。不像吸納，在認同時自體與客體形像還各自維持完整，可以兩相比較與對照。波斯基（Boesky 1983）評論說「山德勒、雅可布森與克恩伯格大概都會同意，認同有自體表徵與形像和客體表徵與形像相結合（fusion）的意味」（pp. 579-580）。波斯基應該會同意他在這段話中所用的「結合」並非意指原始融合的吸納，而是以自體形像 70

和客體形像變得類似、但是仍然個別分開的方式聚合在一起。

類似的概念在寇哈特（Kohot 1971）討論轉變內化作用時，以及喬凡契尼（Giovacchini 1979）討論將母親功能同化到自體時（assimilation of maternal functions into the self）（see also Tolpin 1971），都可以發現。

內射在心理治療中有時候並不像投射那麼明顯可見，因為它朝向內在發展而不是向外發送出來。再者，內射物通常不會顯示出來，直到它們變得整合與分化至更隱微的認同之後方會現形。雖然特別是在比較未分化的患者身上，可以觀察到內射的證據，我們必須記著，同樣的這位患者常常以調節很差的方式扭曲他們的內射物。內射進去的內在客體並不準確地代表外在客體，而在內射之前，已經經由投射到外在客體身上而蒙上了投射出來的色彩。

卡麥隆（Cameron 1961）在他關於內射與再投射的文獻中，描述一位二十五歲的教師多年來與自己無法承受的自我批評奮鬥，她幾年來逐漸瞭解自己的治療師，慢慢地內化他比較良好的態度，這些態度最終幫助她能夠調節對自己每個行為、感覺與思考都加以攻擊的自我批評。她說明這個過程，「我吸納你進來……我沒有幻覺或是什麼。可是……有時候你說出一些正面的事，或是有較為正面的態度。」（p. 91）即使她的治療師不在場時，她會感受到他在她身旁；他提醒她注意到自己好的部分。她是個充分分化的人而不會聽到治療師的人聲幻覺，不過卻感受到治療師做為內在客體存在於她內心，不過與她的自體分開。她還沒有把這個內射物整合成她自己的抽象概念、內在的價值系統或是態度，而仍然感受到它是個客體，而非自體。

　　BJ是一位二十歲女性，進入梅寧哲醫院的長期住院部門來治療她嚴重的恐慌。她的焦慮是如此地強烈，以至於沒有辦法和父母分開來睡覺，她會用盡一切努力躡手躡腳地進到父母的房間，然後睡在他們的床腳。父母被惹惱了，把門鎖上，結果只見他們苦惱的女兒縮成一團睡在房門外的地板上。她對親密感是如此地需求，以至於心理治療、家族治療、藥物或是短期住院都沒有用。她被轉介到精神科的長期住院部門。

71

　　在醫院，她的病房精神科醫師每天和她見面，仔細聽她說話。他似乎瞭解她的寂寞與渴望。護士們照料她並協助她整理儀容。他們安排有益的活動讓她保持忙碌。患者對她的精神科醫師產生仰慕與愛意。她顯然想取悅他。她遵照他的指示，並且向他報告所有的活動。她死板地遵守他的建議；顯然她沒有內化並且將他的建議轉化成適合自己的需求，而是納入它們並且是毫無批評地接受，如同醫師在她裡面，指導著她。這種現象是內射。

　　當她的精神科醫師換到另一個單位，BJ激烈地表現出她的內射。好幾天，她縮在房間內躺著不動。她沒有遵守與新的心理治療師的會談時間，這位治療師到她房間，由熟悉的護士陪伴而來。他問患者是不是想念以前的醫師，而且向患者說，不想見新的醫師是因為這會讓她想起以前的醫師已經不在了。

　　患者很快回答，她不想念以前的醫師，而且也不需要新的醫師。她所摯愛的醫師在她裡面，在子宮裡。她說，他神奇地讓她受孕，他和她會有兒子；兒子會和醫師完全

人我之間：客體關係理論與實務

一樣。分離的焦慮明顯地造成精神病發作，而她將自己第一位治療師的內射表現為受孕。

　　BJ是位性成熟的女性，而把治療師納入的渴望有著情慾的性質。不過，需求與期望最關鍵的部分與親密感的基本需求有關。她的新治療師因此沒有詮釋她期望受孕的伊底帕斯渴望，讓她受孕的治療師或許象徵他的父親，之前她企圖睡到他的床上；他也沒有面質她對失去醫師的精神病性否認。相反地，他詮釋了內射。他說：「沒錯，妳從妳的醫師那裡，納入了某些重要而且有價值的事物，而且會一直擁有這些事物。我很有興趣知道它們是些什麼。」

72　　不知道BJ最後是否是否有辦法把周圍那些有愛心且瞭解她的人，整合成她自己的一部分，而容許自己可以被照顧和瞭解。不過，這位思慮周詳的治療師讓她覺得被充分地瞭解和關心，足以讓她願意到他的辦公室談，而非繼續關在自己的房間裡。

　　一個比較不明顯有關內射的例子，是一位受訓的男性社工人員在討論會中提出的。他報告過去一年中，三位他的患者和他一樣留起鬍子。他們都是些對自己是誰和想要成為什麼樣的人感到疑惑的年輕人。有些與會者認為這些人內射並且採用了治療師的外貌特徵以便在治療跟治療的空檔之間，仍然能夠和治療師在一起。其他人認為這是一種認同，而促使他們蓄留鬍子，因為他們已經接受了治療師的某部分成為自體的一部分。然而，又有人認為這種行為是模仿，並不一定需要內在的自體與客體表徵有明顯的改變。事實上，模仿（mimicry）代表著藉著在自體—他體界限上，亦即身體表面，保持一些相似性，以便隔絕自己想要納入

100

治療師的期望。討論會的參與者最後同意，只是觀察一個人的外表，是沒有辦法瞭解患者的內在自體與客體世界的。他們需要聽到幻想與夢，還有觀察治療裡的互動。

BG，在第二章描述過的，幾乎每天變換身分的患者，在報告他的夢時，提供了一個複雜但清楚的關於內射的例子：

> 在十八個月一週兩次的心理治療之後，他更換信仰與工作的情形逐漸緩和下來。他在一次治療中，一開始就陳述他做了一個夢，他得了很嚴重的紅疹且身上長滿跳蚤。他病得很嚴重，他說。然後他夢到治療師幫他全身塗抹乳液並且檢查，特別查看了他的嘴巴。治療師餵他吃藥，他吐出一團黝黑、不斷蠕動的蟲，這是從跳蚤蟲卵中長出來的可怖寄生蟲。在夢中，治療師並沒有被這汙穢不堪的景象嚇到，反而表示關心，願意提供協助。

> 患者說他覺得跳蚤和蟲代表他的病，他的憂鬱和自毀，正把他蛀蝕掉。他對蟲的聯想之一就是在母親攻擊他內在的自我評價感時，所感受到的刺痛人心的譏諷。他覺得他已經把這些諷刺納入體內。這些蟲代表著內射的、壞的部分客體，母親的這部分對他做為完整個人的自體感有很大的傷害。他說現在他過來看醫師，聆聽醫師的話而感覺好過了些。在夢中，他內射了治療師的照顧，或許其實也代表以前母親的照顧好的部分。

正如例子中所顯示，壞的客體表徵可以內射，就如同好的客體表徵一樣。如許多患者描述的，內在的批評者，是個壞的內射

73

物。攻擊患者的人聲幻聽是更極端的壞的內射物。士兵在戰爭後常常在夢魘和回憶閃現（flashback）中經驗到敵人的內射。他們擺脫不掉這些內在客體，並且不斷地對抗這些，直到他們接受敵人其實是自己的一部分。在車禍以後，許多人們幻想並且夢到危險的客體重重降臨到他們身上。危險的客體是個壞的內射物。

這些對成人的觀察和孩童的早期發展相對應。雖然小孩沒辦法描述他們的幻想，我們可以觀察隱含內射過程的行為。布列索頓（Brazelton 1975）拍攝一個十週大嬰兒學一位大人喃喃自語的樣子。他們似乎內射然後投射他們外在客體的行為模式，在短暫時間裡創造了一個雙元整體（Blanck and Blanck 1979）。

馬勒（1971）從其研究中的一個個案行為觀察到，年紀較大時出現的模仿暗示內射扮演了某種角色。這個男孩飛快地進入實踐次階段（practicing subphase），因為他九個月就會走路。他把父母親的某些部分納入早期的自我結構[1]中。她描述他在人生第一年的後半，熱切地模仿他的父親，一舉一動都學他，不過是以一種相當誇大的方式。運用這位患者所提供更詳細的內在過程，我們可以推測，當這小孩早熟的運動技能使得他過早與父母分開時，他一定覺得更加地孤獨和脆弱。以典型實踐期小朋友的處理方式，他以誇大來代償自己的損失。把自己無所不能的幻想投射到父親身上，將他當做英雄。我們可以認定，隨後他內射父親的英雄形像，並且試圖使自己的行為符合這個內在形像。

性質比較不令人愉悅的內射客體也會被誇大。一個比較會斥責人的父親會被內化成一個傷人的怪物，直到孩子成長到夠大，能藉由分化與整合的過程來調整自己的內在形像。由於小孩會傾

---

1   馬勒在此用的自我結構（ego structure）包含本書中所說的自體與自我。

向以未經調整的方式來增強自己的經驗，我們在治療或是其他情境中聽他們描述時，若要對他們真實的父母的特徵下結論，必須要和緩一點。

克萊恩（1957b）根據她對個案的觀察，認為好的乳房（哺餵、溫暖、甜美、飽滿與在場的）是第一個被內射，同時也是被吸納的客體。嬰兒納入它，感到被擁抱而且安全。根據我的用法，由於這形像對他而言是完整而且和自己分開的，這個過程是內射，而非吸納。以克萊恩的基模（schema）而言，內射的好的客體是往後所有好的客體關係的基礎，同時也是自體照顧能力的基礎。她以一種特定而且具體的方式使用好的乳房這個名詞，對目前的客體關係理論者來說，可能過於著重解剖構造。如馬勒的研究指出，不只是母親的乳房，而同時是她視覺上的存在、她的氣味、聲音、味道特別是她的擁抱（holding）皆被內射。在我們的文化裡，不只是母親的這些性質被內射，孩子也逐漸有機會很早就內射自己父親的特質。

在小孩與病患身上所發現的內射的證據，可以在藝術與文字和每天的生活中發現。例如，桑默塞‧莫罕（Somerset Maugham 1944），察覺到內化的重要性：

> 男人與女人並不只是他們自己而已，他們也是所出生的地區，他們學習走路的城市公寓或是農場，他們還是孩子時所玩的遊戲，他們偶然偷聽到的姥姥故事，他們所吃的食物，他們念的學校，他們所做的運動，他們所讀的詩，以及他們所相信的上帝。（p. 2）

當華茲華斯寫到自己看到一叢金色喇叭水仙造成他一輩子的影響時，他描述了一個內射物——

> 再一次，當我埋入躺椅
> 心情空虛或沉浸
> 它們閃爍入我的眼裡……

記憶喜愛的詩句或是其他雋語，是種內射有價值客體的過程。在痛苦與寂寞的時候，我們可回憶這些好的內射物並且提醒自己美好的事物依然存在。

在芝加哥南邊的一所教堂前，我曾有一次聽到會眾聚在一起不斷唱著，「打開你的心扉，讓耶穌進來。」這裡，心扉代表著鍾愛的自體，而耶穌代表著將要內射的好的客體。

拍攝與我們分享或度過美好時光的家人、朋友與地點的照片，並且把它們放在相簿中，與心理上內射好的客體並且抱持、懷念這個好的客體是非常相似的。當人們覺得寂寞，他們會把相簿拿出來，提醒自己生命之中曾經擁有過這麼些美好的事物。

一位三歲男孩顯示出內射與再投射的能力，當母親離家好幾個晚上時。在父親幫他洗完澡並且讀完床邊故事後，他仍然睡不著。父親不知道每一首母親會對他唱的歌，他對這有點失望。在床上翻來覆去，他把自己緊緊地裹在藍色被單中。他又轉了一次身，然後開始很小聲地唱著歌。他唱著綠色草地與多姿多彩的花朵在原野上綻放。這是媽媽常對他唱的歌。雖然歌詞不一定對，他唱的音調

和旋律倒絲毫不差。他臉上出現滿足的樣子，然後就睡著
了。

他內射了母親唱歌的樣子。當他想念她，他會再現這首歌，
唱給自己聽，並且聽到後重新內射一次。當他聽到自己的安撫歌
曲，這強化了好的母親的內在形像，安撫他自己入睡。

　　這位男性四十一歲，當他還是個小孩時，每天和父親
吃早餐。他父親總是在餐桌前看報紙、聽收音機。他和兒
子交談，評論早上知道的新聞與當天要做的事。翻閱報紙
的沙沙聲，白襯衫潔白如新，桌上橘子汁、咖啡與雞蛋的
味道芳香濃郁。長大後，這個人在起床後工作前仍然會看
報紙、聽音樂。

他內化了父親的習慣，一種結構，或許有人會這麼稱呼。　76
在他每天的生活裡，他在外在世界中重新創造這個內射物。藉由
訂閱報紙、開啟收音機和倒橘子汁，他在周遭重新創造父親的世
界。他再度納入它——看報紙，聽音樂，品嘗並且聞到橘子汁、
咖啡與雞蛋的味道。
　　藝術、文字與日常生活，以及心理治療和早期發展中的內
射，容許我們納入有價值並且持續的關係。這些好的內在客體對
我們大有助益。

分裂

分裂（splitting）和內射、投射都是客體關係理論中主要的心智機轉。根據克恩伯格（1980）的看法，分裂是主動地「將自體與重要他者的矛盾經驗分別開來」。（p. 6）這些矛盾的內在元素仍然在意識層面，不過卻被時間或地點分開來，並且並不會影響另一個。雖然直到和解期之前，分裂不會自行出現（Mahler et al. 1975），它的胚芽（anlage）可以在共生期發現（Kernberg 1980）。

> WJ，一位二十九歲的接待員，通常穿著很別緻，有天來治療時穿著牛仔褲和皺皺的上衣。她跌坐下來，盤起雙腿坐著，憤怒地瞪視了一會兒，嘆了口氣然後說，「我覺得糟透了而且很孤獨。不論怎麼樣就是沒有人瞭解我。有什麼用？我甚至不知道我為什麼來這裡。」

患者處於全壞的自體—他體狀態。她描述自己是孤獨或是被拋棄的。她的心情很糟。她描述她的客體不是不瞭解她就是在情緒上缺席。像這樣的全壞的客體關係單元，有時候稱為分離的母親（mother-of-separation）。WJ並沒有真的退化到共生的全壞經驗裡，痛苦地哭號，她仍然使用言詞來描述自己的感覺；不過患者所描述的，與一個又冷又餓被拋棄的嬰孩所感受到的，當然有對應關係。

她的治療師說：「妳一定對我失望。妳請我就是為了

要瞭解妳、幫助妳。但是妳仍然覺得沒有人瞭解妳。」

「噢，不，」她說，「不是你。你是唯一關心我的人。來這裡後我覺得好多了。是我那混帳丈夫——還有我母親。」

當治療師辨認出她的失望，她就不再覺得不被瞭解與被拋棄，至少對治療師而言。雖然先前當她說「沒有人瞭解我」，以及「我甚至不知道我為什麼來這裡」時，她明白地把治療師包括進去，她現在改變主意而且並不承認有任何改變。對於治療師，她由全壞的自體—他體狀態轉變成全好的自體—他體狀態；不過她仍然分裂她的客體世界並且認為她的丈夫與母親是壞蛋。治療師在這種情形之下，必須夠謙虛到不接受她目前所說的狀態就是現實，否則他會造成患者在治療中看起來是愈來愈好，但是個人生活會繼續惡化下去的狀況。這種處理分裂的技巧會在之後第十四章討論。

在BG的案例中，分裂也是相當明顯的。他是如此地支離破碎，在治療早期他幾乎每天換工作、朋友與宗教信仰；不過他終究開始比較有秩序地經驗自己的世界。他並沒有一點一滴地逐步整合自己與客體世界中各式各樣相互矛盾的部分。相反地，他的生活本身很快地分成好幾個好與壞的區域。在治療的第二年，他把世界分成支持他與反對他共兩個部分。漸漸地，他把治療師理想化。他相信治療師所說的一切都是圓融、正確而且睿智的。其他想要幫助他的人，他會視為有敵意，或是最好的情況是，漫不經心而且無知的人。

BG 向一個機構申請職業訓練，他們安排了一位認真而熱心的諮商員。當諮商員想要幫他面對工作中令人挫折的部分時，BG變得憤怒。一次又一次在治療中，BG向他的治療師怒罵他的諮商員是多麼粗心大意、不肯幫忙、自私而且不夠專業。如果治療師指出BG很難辨識出他的諮商員的好意與努力，他就勃然大怒。如果治療師指出BG很難辨識出治療師的極限，他也會勃然大怒。

患者急切地要保持他的治療免於任何失望的暗示。這好比是他的好的自體客體經驗是這麼薄弱，必須要保護它免於任何壞的感覺，好像他的壞感覺會威脅要吞噬掉他努力維護的任何好的東西。

這個患者可以對他認為是壞的客體以最破壞性的態度來對待。他開始搜集證據來對這機構提起一個集體訴訟。幸好，治療師成功地幫他打消這個行為。如果他選擇訴訟的話，他的職業訓練會得不到任何幫忙。他並未考慮到這個問題，因為他幻想他全好的客體，治療師，會神奇地讓他不用辛苦地接受職業訓練。雖然分裂帶來麻煩，分裂也的確讓他在治療中保持良好與安適的感覺，而他是地如此需要這種感受。它幫助他把世界組織得好一些些。至少他不需要每天從一件事轉移焦點到另一件事上。之後，他得以開始分化與整合自己好與壞的經驗。

在治療中，一種特別常見的分裂類型是在好的治療師與壞的配偶之間出現。日復一日，治療師聽到患者稱讚他或她是多麼地善解人意，而患者的配偶則被描繪成不敏感、言語羞辱且疏離冷淡的人。這種類型的分裂可能最難被指出來，因為外在狀況可能

和內在分裂的客體關係有某種程度的共通性。

在個別心理治療與住院治療合併的情形下，患者將一些工作人員視為全好而其他人視為全壞的分裂曾經被詳細描述過（Burnham 1966, Adler 1977, Gabbard 1986）。工作人員之間與照會者頻繁的討論則顯示出，雖然工作人員之間的差距的確存在，不過這些差距被患者誇大了，後者顯然分裂了內在客體關係。患者必須要維持周圍有可以為他所用的全好關係存在的幻想。為了維持這個私密的信念，他們必須將不愉快投射到他們全好的關係之外，然後把經驗世界一分為二。

在兒童發展中有與成人治療所見到的相對應的部分。當小孩覺得溫暖、吃飽而且被抱著，他似乎進入這種充滿喜樂的融合狀態，此種狀態近似於全好客體關係單元。多數作者著重共生做為充滿喜樂的整體之溫暖而撫育的親密面向。可是，在這種雙元整體階段，如果痛苦、饑餓或恐懼侵襲這母子單元的話，會發生什麼呢？無可置疑地，在痛苦狀態下，嬰兒同樣地不能分化自體與他體。如果小孩因為中耳炎受盡折磨，如果他的腸子因為腸胃炎而翻攪，如果他臀部皮膚燙傷而且因為感染而搔癢，他必定會同時在自己之中也在他那未分化的周遭世界中感受到痛楚。由於母親是他自體—他體經驗的主要一端，他可能覺得這個壞是在她裡面也同時在自己裡面。不愉快的共生經驗被認為是往後各種形式的壞的客體單元的基礎，而愉快的共生經驗被認為是往後各種形式的好的客體單元的基礎。可是，一直到和解階段，自體與客體、愉快與痛苦、好與壞可以部分地分化，分裂才會形成它最整的形式。

從觀察母親留下來與研究人員在一起的小孩身上，馬勒與

同僚（1975）描述分裂作用在和解期的小孩當中特別常見。研究人員對小孩來說，可能是好也可能是壞的客體。如果小孩湊巧把研究人員當成好的，他會伸手懷抱她，把頭湊到她懷裡。媽媽回來時，可能會打斷此種情境下「好」的共生關係，並且會提醒小孩，這是個方才缺席的母親（mother-of-absence）、「壞」的或是令人受挫的母親。小孩可能會忽略或是主動地排斥她。在和解階段裡的分裂與邊緣性患者的分裂有著對應關係，因此得出結論認為前者是後者的前身。

克恩伯格（1980），和其他人一樣，認為分裂是小小孩與嚴重心理困擾的成人的特質。不過，他評論說，團體通常比個別成員顯示出更為原始的心理功能（Kernberg 1981）。他的發現或許可以解釋為什麼分裂的證據可以在娛樂事業、藝術與文字、宗教以及公眾生活中隨處可見。也有可能在適應良好的人之中，分裂作用也比我們原先認為的要多。

一首育兒兒歌如此描述分裂：

> 這裡有個小女孩
> 有絡小捲髮
> 就在額頭的正中央
> 當她好過時
> 她就很好很好
> 如果她不好，她看起來真嚇人

80

在額頭正中央的捲髮象徵分隔的自體，而女孩呈現出全好與全壞的樣子。

　　史蒂文生（Robert Louis Stevenson）的《化身博士》（*Doctor Jekyll and Mr. Hyde*）提供了更有說服力的例子說明分裂。在這故事中，這位好醫師轉變成邪惡而墮落的惡棍然後又變回來，然而在兩種狀態之間經驗並沒有連續性。或許這故事之所以引人入勝是因為它描寫了讀者本身最古老的分裂傾向。

　　全美各處的小孩子收集十五公分高的塑膠人偶。這些人偶可能五花八門各式各樣，不過小孩只把他們分成兩群——好和壞。

　　「我有蜥蜴人，他是壞的。」一個男孩叫道。

　　「我有大榔頭。他是好人。」另一個男孩回答。

　　好幾個鐘頭，他們享受對一個個人偶的幻想。這裡有肌肉發達、吸引人的英雄，與豔麗的、有力量的女英雄。有蝙蝠俠、蜘蛛人、有溫文爾雅的英雄、冰之后、流星女、神力女超人和旋風超人。在壞人群中，有超級邪惡的骷髏臉、鱷魚人、邪惡魔法師、貓女、蛇人以及各種製造問題的傢伙。這些遊戲與他們父母玩的小牛仔、印第安人遊戲沒有多大的差別，頂多沾上種族的色彩。在十九世紀，孩子們收集各式各樣的小錫兵，北佬與叛亂分子，英國兵與法國兵，或是俄羅斯人與土耳其人。

　　遊戲中好與壞的客體隨著孩子成熟逐漸演變。十二歲的孩子有時候會開始玩幻想遊戲，例如奪標（遊戲名）。這裡的人物角色比小小孩玩的塑膠人偶更為複雜難解。好的不能馬上和壞的區別開來，不過原則是一樣的：我們好人對抗他們壞人。西洋棋是更為抽象的遊戲，不過仍然是一邊對抗另一邊。

　　十一個男孩被選成一個足球隊。雖然他們大多數起初並不認識對方。他們迅速地緊密結合成一個功能單元。這是「他們對抗我們」，而且整體的聯結就此形成。男孩們以彼此為傲，奮力

81 不懈地要擊敗對手。競爭相當激烈。當比賽結束，他們可以放下
與對手的競爭關係，以運動家的精神，他們握手並且彼此祝賀對
方。

然而成人並非總是如此清楚地玩遊戲。有時候在職業足球比
賽中，對彼此陣營效忠的啦啦隊或加油群眾，會忘了他們在觀賞
一場比賽。暴力或暴動會發生。酒精會損害他們的整合性自我功
能。因此分裂就失控了。

將世界分裂成好的與壞的陣營並不一定是內在的破壞傾向
所驅使的，對好的內在客體與我們所認同的好人的忠誠也一樣
會造成分裂。保護好的客體的企圖常常會在分裂中出現。例如，
在1986年二月十六日那週，當北加州的居民面臨洪水氾濫時，
他們同心合力組織起來。尤巴（Yuba）、費勒（Feather）、莫
客路（Mokelumne）、沙加緬度（Sacramento）、聖荷昆（San
Joaquin）、那霸（Napa）、俄羅斯河（Russian River）等地氾
濫成災。山谷裡的居民為了保護家人與鄰居而對抗洪水。他們重
建堤防，疏通阻塞，建立庇護所，讓流離失所的人獲得歇息。他
們為了彼此對抗河水。一些氣憤與抱怨是針對其他人，例如陸軍
工兵署。不過，多數初始的努力是把大家團體起來。這不是適合
討論自然的運作過程就是河川藉由泛濫山谷讓土地肥沃起來的時
機；現在沒有時間來整合想法。這是為了共同的利益一道起而對
抗共同敵人的時候。這種建設行為和分裂相當接近。

第二次世界大戰時，倫敦遭到轟炸。男人與女人形成強烈而
且快速的依附關係。當外來的危險十分明顯時，相較於全壞客體
的那一端，好與關愛的感覺會比較容易得到。即使在承平時期，
伴侶們會以共同對抗敵人的方式來鞏固他們的關係；他們迴避世

俗的世界，因為它侵擾了他們之間的好關係。這是情侶間的「荒島」（desert island）現象。它很快就轉變。他們彼此支持以建立他們的事業與家庭。他們攜手面對世界，某種程度而言是在對抗這世界，因為他們必須為工作、安全與家庭而競爭，他們必須保護彼此。

這種對家庭、朋友，與對鄰居、學校、球隊的忠誠可以應用在城鎮、州、政黨與國家，甚至於意識形態與哲學。民主黨對抗共和黨，自由分子對抗保守分子，資本家對抗共產黨員，民主 82 對抗獨裁。這種區分的傾向來自於一種敵對的立場，不過同時也形成出於自我選擇而生的忠誠。這是我們最深層地想要依附到個人、團體或意識形態的需求之一，並且我們藉由建立界限以防範外來危險來保護這種依附。

因此以較全面的意義來看，分裂不只是無法得見事物更廣闊樣貌而造成的破壞性、嬰幼性的失敗，它同時在建立愛的關係、家庭忠誠、堅定的友誼、愛國心以及為了某事物獻身時扮演了重要的角色。分裂同時將社會團結起來並且也把社會撕裂開來。

雖然分裂是個在許多場合中廣泛地使用的名詞，有些作者質疑它做為一個技術用語是否恰當。普若瑟（Pruyser 1975）指出將這個字運用在自我與自體上產生的困難。再者，雖然這裡強調客體關係單元的分裂，分裂可以指將客體世界分成全好與全壞、英雄與惡棍，而不涉及自體經驗的分裂。其他時候，分裂可以僅涉及自體而不涉及客體世界的分裂。

理想化與貶抑

理想化（idealization）與貶抑（devaluation）和分裂接近，不過涉及了有點不同的自體與客體經驗組構。自體與他體、好與壞的分化發生時，四種可能的互動單元產生：好的自體、壞的自體、好的客體與壞的客體可以用不同的組合安排。在分裂作用中，分化出現在好—壞分界線上，好的自體與客體合在一起成為一個單元，而壞的自體與客體形成另一個單元。在理想化與貶抑中，好的人事物與自體合成為一個單元，而壞的人事物與客體形成另一個單元。

分裂的客體關係單元

好的自體—好的客體

壞的自體—壞的客體

理想化與貶抑的客體關係單元

好的自體—壞的客體

壞的自體—好的客體

83　　在治療中，患者有時會覺得依賴、虛弱而且需要有能力的、理想化的療癒者協助他獲得健康。其他時候，這種趨向會反轉，患者覺得自己沒有問題而不需要治療師，或者甚至認為治療師是沒價值、無能為力的。造成前述這種理想化與貶抑的變換（也就是在每日生活中，不斷地改變自體與他體各個部分的評價）的原因是感覺的極端化。如同字面意義所說，理想化是視自體或客體

為完美的，而貶抑是認為自體或客體毫無價值。由於它的兩極性質，理想化與貶抑和分裂一樣，是不穩定的心理機轉。

在許多治療師的經驗中，患者向他們抱怨前任治療師的無能——但現在他們已發現唯一可以伸出援手的人。然而，姑且不論這位被理想化的治療師的外在特質，這些治療師終究會被同樣這位曾經理想化他們的患者所貶低。

MJ是個二十六歲的女性，和一位年輕女性心理師首次見面。她抱怨有時候會覺得不太真實並且常常覺得憂鬱想要自殺。她看過三位男性精神科醫師。一位想開藥給她，這讓她覺得被汙辱；其他兩位就是不瞭解她。她不想再看精神科醫師了，因為他們都是不甚敏感的人，只會醫瘋子。她不想找男性心理師，因為男人不可能瞭解女人的問題。

心理師警告患者：「某一天，妳也會對我感到失望。有時候這是治療的一部分。如果這狀況發生了，妳要提出來和我討論並且盡可能堅持繼續治療下去。」

「噢，當然。」患者回答。「我可以和妳談任何事。」直言無諱地，她接下來表示眼前這位治療師有多棒而且她很快就會覺得好多了。

像這位心理師所做的預測，通常會幫助患者留在治療架構裡。不過，這對MJ還不夠。在六週後，她宣稱已經好了。她想要停止治療。治療是很有趣，不過沒有幫助。有助益的是一本介紹如何消除罪疚感的書。現在她沒有罪疚感並且生活好極了。新的遠景在她面前展開——或許治

84 療師也可以從閱讀這本書而得到助益？她貶抑治療到什麼
程度，可以從她拒絕付費而得到證明。先前被理想化的治
療師不再具有什麼價值了。

　　在住院單位裡，理想化與貶抑的起落循環會既痛苦又無法避
免。來到醫院的患者通常是恐懼、受傷、憂鬱或混亂的。在這種
情形之下，他們會把精神科醫師與護士理想化。可是，很快地，
工作人員會使患者對獲得安全感與愉悅的全能欲求受到挫折，情
況就翻轉了。患者到那時會變得優越而高高在上。他們不再覺得
醫院可以提供什麼。他們忘了不久之前還極力地要求協助。

　　　FD，一位三十四歲男性，在南加州的演藝圈中小有
名氣。在他使用古柯鹼與鎮靜劑成癮，導致失去妻子與孩
子以及所有財產後，他變得意志消沉。在六週的戒癮治療
後，他持續心情低落，然後開始了長期住院治療。他說這
輩子他大都覺得憂鬱與空虛，因而使用藥物來克服這些感
覺。他需要完整的治療。他選擇一家在長期住院治療頗負
盛名的精神科醫院，而且深信這些評價不凡的專業人員可
以幫助他處理空虛的感覺。
　　　幾週內，他開始在想他是否需要在治療中加上一個特
殊的健身處方。雖然醫院裡有安排運動課程，不過這並不
夠。他必須到市中心去接受最好的課程——他為什麼要接
受次級的課程呢？
　　　精神科醫師以及團隊中的臨床工作者最初都同意患
者必須遵守目前已經建置完成的治療計畫規範。由於這樣

的建議，患者在病患會議中態度丕變，變得高高在上。他
覺得其他人都病得比他嚴重。他認為醫師與護士都受困在
僵化的理論體制中，而且不瞭解戒除藥癮、參加麻醉藥匿
名會（Narcotics Anonymous）以及健身計畫就可以幫助
他。他是個藥癮者，他對自己的病最瞭解。只有其他藥癮
者可能瞭解。

　　並沒有進一步反對患者的期望，精神科醫師同理了他
的氣忿。他擔心堅持患者必須留在所處方的治療計畫中，
會導致他的感覺更加貶抑。再者，FD可能會更努力去貶
低他的治療而把自己的計畫理想化。精神科醫師同理地
說：「你一定對我很失望，當我沒有瞭解到你必然覺得自
己有些特別，正如所有人都不時會有這種感覺一樣。我們
已經決定，或許最好允許你去參加市中心所提供的課程，
不過我希望，你這幾天想一想這對你的治療會造成的影響
後再決定。」

　　經過這次介入，FD回復到把他的精神科醫師理想化
的情況。只有這位精神科醫師與目前的治療團隊可以完完
全全地矯正錯誤。患者認為現在更清楚地瞭解這醫院的工
作人員多麼地富有人情味。由於他的好醫師的智慧，他或
許會展延不只幾天而是幾週後，再到市中心去參加健身課
程。

　　藉由同理患者所感受到的同理的挫敗（failure in empathy）反
應，一種理想化移情關係（idealizing transference）被重新建立起

85

來（Kohut 1971）。在FD的空虛感以及對麻醉藥[2]的癮頭可以控制得好些然後離開醫院之前，他還要必須經過更多的理想化與貶抑的循環。

如同FD的例子，理想化與貶抑的循環在麻醉藥成癮患者身上特別常見。他們常常描述沒有藥物時自己有多麼枯竭、空虛和無價值，他們會為了得到這理想化的藥物而放棄一切。家庭、朋友、工作、金錢與健康都為了這珍貴的藥而犧牲。在他們用藥並且得到所追求的溫暖與安全之後，他們把容器、紙張、針筒或湯匙丟棄，這些東西現在變得空無一物毫無價值。有時藥物也會變得沒有價值，他們會決定要停止使用。然而一旦他們又覺得沒有價值，這藥又再度成為生命中最最重要的東西；沒了它人生毫無意義。這過程不斷地反覆循環下去。

這種對理想化與貶抑的心理上的解釋，和我們對成癮在生理學上的理解並不衝突。生理學上的變化也會有它們的精神動力學。然而，有趣的是，許多成癮患者，像FD一樣，即令不再成癮，他們仍持續理想化與貶抑的循環。對這類患者，人們可以推測他們理想化與貶抑的傾向導致了成癮。在其他病患身上，我們則懷疑理想化與貶抑是成癮導致的結果，而並非其肇因。

理想化與貶抑可以在和解期的孩子身上看見。

在一次家族聚會中，二歲半的女孩被拒絕所擊敗，
然後在失望中恢復過來。她眼睛一亮，便往廚房的櫥櫃攀

2　譯註：麻醉藥（narcotics），是指海洛因或鴉片、古柯鹼等等藥物。麻醉藥這名詞，中譯時會造成一些困擾，此處所謂麻醉藥，並不是指外科手術時，麻醉病患使其失去意識或知覺時所使用的藥物，後者也會被稱為麻醉藥物或麻醉劑（anesthetics）。麻醉藥在字義上有使人成癮（麻且醉）或是麻痺病患心智的意涵，並非指其藥理學上的作用。

爬，手伸向一個閃亮的花瓶。「不可以！」她母親叫道然後把她抱下來。覺得被羞辱，她跌坐在地上，噘著嘴而看起來很沮喪。幾分鐘後，她開始四處看，站起來，走到客廳並且仔細地尋找她的奶瓶和毯子。發現所珍愛的客體時，她睜大了眼睛。她立刻急切地坐到地上，吸著奶瓶並且用毯子把自己圍起來。從摯愛的奶瓶獲得片刻安撫後，她吸完了奶。她立即站起來，把毯子扔在腳邊，不在乎地看著奶瓶，並漫不經心地把它拋在身後。生氣蓬勃地，她又開始在客人之間遊走，娛樂每一個人。

在這例子中，小孩把花瓶視為重要的客體。當她忙碌的母親突然破壞她的計畫，這孩子的自尊心似乎受傷。她把自己摔在地上好像不重視自己一樣。顯然，她很快地尋找她的奶瓶和毯子做為理想化客體，因為當她發現它們時，她睜大了眼睛，如同她去拿花瓶時一樣。吸了一會兒後，她被貶抑的自體形像——可以從她被羞辱的臉部表情看出來——轉變了。她再次充滿活力。她是派對的靈魂人物。先前重視的奶瓶這下子毫無價值了。充滿了蔑視，如同她先前對自己的感受，她把空了的瓶子給丟掉。

藉由研究小孩身上理想化與貶抑的變化，克萊恩（1957a）和她的學生描繪出嫉羨的動力學（dynamics of envy）。她描述在孩子可以分化自體與客體之前，自體與客體有著複雜的心智互動，正如馬勒的研究所指出的。雖然她所描述的孩童發展階序無疑地比較濃縮，她關於小孩如何理想化與貶抑所欲求的客體的洞識，為我們提供了瞭解許多治療困境的架構。克萊恩一如預期，描述小孩是如何地感受到空虛、饑餓與枯竭。自體在這種情形之下被

87　貶抑。感覺饑餓以及劇烈地想被餵食的同時，孩子視乳房為溫暖
而善良；它被理想化。根據克萊恩的基模，小孩不僅是貪婪地想
被好的乳房餵食，他同時也投射自己不想要的痛苦與憤怒到乳房
身上，以惡的、空虛和敵意取代好的母乳。自體形像的壞因此被
客體形像的好所置換，然後自體變成好的而客體成為壞的、空虛
的與沒價值的。理想化被貶抑取代。克萊恩事實上主張小孩在最
早的幾個月裡，覺得他們是以壞的糞便來調換好的母乳而塗抹糞
便。可是，或許小孩並不會對糞便或排泄物有貶抑的感覺，直到
第二年之後，他們也不一定能夠像這復仇場景所描繪的，有這麼
複雜的心智概念。因此，雖然嫉羨的概念，以及理想化與貶抑的
交換，對年齡較大的孩子與成人有用，克萊恩的發展階序把關於
年長孩子的幻想資料與正常的發展階序混雜在一起。

　　在不同文化中，如弗雷澤（Frazer 1890）在《金枝》（*The Golden Bough*）裡所描述，陌生人會被遴選為王者或是神。這個
被擢昇的要人會被安置在奢華的處所，被驕縱、受到崇拜，直到
每年一次的更新儀式。然後他會被犧牲並且埋到土裡。雖然我們
並不知道這些人的幻想，這種儀式實踐讓我們想到理想化與貶抑
的輪替。從比較不那麼極端的面向來看，其實多數的人都是反覆
無常下的受害者。在文明的歷史中，人們取得最新的衣著款式、
食物和酒類、汽車型號，結果只是在下一年發現東西已經退流行
了。這種行為和理想化與貶抑相當類似。

　　即使在心理相關科學中，反覆無常也常發生。這一年一批
理論被理想化，結果下一年就被貶抑。我記得安‧艾波堡（Ann Appelbaum）醫師，一位兒童精神分析師，向一群好爭辯的精神
科住院醫師說：「許多人責難並且貶抑佛洛伊德的著作可能是他

們太理想化這位創立者了，以至於他們不能原諒他並不知道所有的事。先前他們所理想化的，現在他們貶抑。」[3]

投射認同

投射認同（projective identification），是自體的一部分先投射到客體，然後，主角再企圖控制客體上被投射的自體部分。由於企圖控制原本屬於自己的部分，主角在某種程度上透露出自己 88 察覺到被投射的部分其實是屬於他的。由於投射認同所包含的心智過程是同時發生卻互相排斥的，所以如果以邏輯來思考的話，會覺得難以理解。

> SW是個三十二歲女性，而進入全好與全壞自體—他體狀態（第三章），在某次治療一開始就抱怨精神科醫師忘記重開她的藥物。她抱怨丈夫要她在星期六與家人待在一起。雖然她每天晚上去參加舞蹈課，沒和孩子在一起，她覺得丈夫並未盡到他自己照顧孩子的責任。她復活節過得很空虛，一點也不充實。她父母已過世。公墓管理員並沒有整修墓園。她覺得被忽略與被拋棄。
>
> 精神科醫師在該次治療的後半段開始要求澄清這些問題。他要她看自己的藥瓶。她發現還有五份藥物，不過她仍然覺得醫師應該提醒她。他決定不要告訴她說他曾經明白地提醒過；反之，他只是說，「好像妳並不覺得被關心。這一定讓妳很不好過。妳多久沒有藥了？」

3　艾波堡（Appelbaum 1979），私人交流。

　　　　她提到在她前一次會談前就已經沒了，可是她沒說；
她也沒打電話來。她太忙了。她的小孩要求很多而且不知
感激。她們要她跟在後頭收拾、餵他們吃飯、和他們玩並
且買新的玩具，卻一點也不在乎已經有的玩具。「有時候
我很想擺脫掉他們。我和朋友曾有過如此美好的時光。她
現在單身而且沒有任何孩子。要是不時有人可以幫我的
話，我不會這麼覺得；可是當我沒有任何協助時，我就很
想逃開。」

　　SW覺得想要忽略其他人。她把自己這部分的性質歸因於她的
丈夫與治療師，這是種投射。然後她重新認同她自己投射的部分
並且說她真的覺得被忽略，只因為別人都忽略她。這種過程是投
射認同。

　　患者的治療師與丈夫可能有時有也可能有時並未留心注意；
89 不過顯然他們的確有提供一些協助給她。丈夫幫忙照顧孩子所以
患者可以參加舞蹈課。治療師有開藥物並且可以電話聯絡到。患
者忽略這些行動，而且認為她想要拋棄自己母職的願望是由於周
圍的人所造成的。

　　　　治療近尾聲時，患者說：「我下星期不能來。我和朋
友有個午餐約會。我想這應該沒有什麼影響，因為我在接
下來的兩週有個假期。早一點開始不會有什麼傷害。」

　　治療師覺得有點灰心。他覺得被丟在一旁而無足輕重。「如
果只有我單方面一廂情願地投入，」他想著，「治療就不會有

用。我們最好現在就中止。」他領悟到自己所感受到的，正是患者目前的感覺。她如此地行為就是要激起治療師產生和她一樣被忽略的感受。他現在可以更深入地同理患者的被拋棄感，以及她如何地想要擺脫掉其他人，因為這裡不可能有相互滿足的關係存在。他需要等三個星期，直到她回來，再運用這更深入的洞察力。

對於在投射認同中，到底誰對誰做了什麼的想法之意見紛歧，導致許多對這個概念的爭論。許多作者如克萊恩（1946）、畢昂（1957）、克恩伯格（1965）、奧格登（1979, 1982）、葛洛斯坦（1981a）、羅森菲爾德（Rosenfeld 1983）、史畢里厄斯（Spillius 1983）與漢默頓（1986）都發現這個概念相當有用。其他作者如馬斯納（1980）則寧可將投射認同分成投射與內射。史畢里厄斯（1983）與葛洛斯坦（1981a）認為所有投射都等同於投射認同。克恩伯格（1976）則把投射與投射認同分開。

對於區分投射認同與投射的人來說，在純粹的投射中，不想要的自體面向是被經驗成完全外來的。在投射認同中，被否認的自體面向同時被經驗成自體的一部分。例如，一位把他自己的破壞性投射到陰謀家身上的妄想型精神分裂症患者，並不會感受到自己的恨意；他通常會覺得完全無辜。另一方面，一位有投射認同的邊緣性人格患者，會覺得他的朋友對他生氣並且同時也對朋友對他生氣而感到憤怒。因此，在投射認同裡，這裡依然感受得到有些被投射出去的自體是屬於自己的。

克恩伯格（1986）認為投射是比投射認同更為成熟的機轉。他相信在投射認同裡，自體─他體界限的模糊以及激起了客體的強烈情緒，都更接近共生而非進一步分化的狀態。照克恩伯格的

看法，投射因此暗示了較為明確的自體─他體分化。

　　和克恩伯格不同，我則持有以下看法：投射認同是比純粹的投射更成熟的機轉。此種看法立基於理論與臨床考量。從理論的觀點觀之，投射是持有一個堅定不移的信念，認為自體的一部分是在另一個人身上，而對它其實也是自體的一部分沒有絲毫的覺察。在投射認同中，對部分自體的否定無法完全克服一種愈來愈清晰的感覺，即感到這不想要的部分自體仍然是自體的一部分。這種自體─他體的朦朧狀態，代表著逐漸發展出分化與整合的部分自體、部分客體經驗。它與和解期裡過渡性客體的形成有關，這部分會在本章下一節討論。

　　在臨床的經驗中，純粹的投射比較會在精神分裂與妄想性精神病患者的身上發現，與邊緣性患者相比，他們的分化較差。另一方面，邊緣性患者比較常使用投射認同，而非純粹投射，並且比起精神病患者，他們較能夠維持一般的現實感。既然比較分化與整合的患者使用投射認同，這種機轉似乎是比較成熟的機轉。不過，這一點仍然有爭議。

　　奧格登（1979, 1982）更進一步澄清投射認同，他就人際與精神內在的層面來討論這個現象。精神內在的過程發生在患者的幻想中，和本章一開始所定義的一致。主體內心經驗到在客體身上所感受到的是自體的一部分，然後試著去控制客體中那一部分的自體。人際過程與精神內在現象是相對應的；可是，在這兒，必須涉及另外一個人。在心理治療情境中，患者如此微妙的行為激起了治療師某些情緒。這位同理合調的（empathically attuned）治療師可能會發現自己的感覺與行為如此地不尋常；患者著實地激起治療師的反感。如克恩伯格（1965）、葛林伯格（Grinberg

1979）與其他人曾經指出，在治療師一方的這種感覺，可以提供　91
對於患者最深層以及最困擾情緒的重要訊息。

　　在SW這位感到忽略與被拋棄患者的例子裡，只要治療師還是
和善並且同理地表示關心，投射認同便是在精神內在層面。她覺
得治療師和她先生一樣，是毫不在乎而且幫不上忙的；然而他並
沒有如此的感覺或行為。她想要從對先生、孩子與治療的承諾中
逃離開來。治療的後半段，情況轉變了；她激起治療師產生和她
一樣的情緒。他有一會兒認為他被忽略而應該放棄這個治療。這
後來的過程是人際間的投射認同。

　　當到討論人際間的投射認同時，我們要留意自己的語法變
換。克萊恩（1946）使用這語法「投射進入」（projecting into）
來暗示患者的確幻想把某個東西放進治療師身體裡；因此「投射
到」（projecting onto）治療師的說法並不表示一種侵入幻想的精
神現實（psychic reality）。可是，當我們把克萊恩的說法從患者
的內在幻想世界轉移到人際過程時，使用「投射進入」會混淆這
個議題，也讓感覺的狀態奇妙地移轉。例如，一位精神分析師與
同事談到，「事實上，這不是我的感覺。這感覺是患者投射進入
我的。」這個被否認的感覺當然是分析師自己的感覺。患者可以
激起他這種感覺並且可以如此地行為來激起多數人如此的感覺，
不過，這仍然是治療師的感覺。或許，心理治療師會如此頻繁地
提到患者把他們的感覺投射進入治療師，是因為多數心理治療師
對許多治療中會出現的強烈情緒感到不自在。再者，患者會以一
種壓迫性的姿態與治療師互動，治療師的主觀感受是某種東西強
制性地放進他裡面。可是，患者事實上是激起治療師人類共通的
（all-too-human）感覺，而並非把感覺放進他裡面。這種區別是

很重要的，因為心理治療師必須用心去找出什麼是屬於自己的，特別是與自體—他體混亂的患者進行治療工作時。沒有錯，人際投射認同中，患者的確激起治療師的情緒，然而這些情緒同時也包括投射某種東西到治療師身上的精神內在幻想。

92　　另一個關於人際投射認同的例子來自急診精神醫學的研討會。一位已經過訓練並且成熟的精神科住院醫師在交班時，描述一位急診室的常客。

> 「很多人認識BB，」他說。「他又來了。他連續三個晚上出現。他似乎急於求援，不過我幫不上忙。我不知道接下來該怎麼辦。」

住院醫師已經傳達一種急切的感覺給同事。他甚至於也表示他們可能也幫不上忙。我們可以懷疑患者已經引起精神科醫師急迫而且無助的感覺。這種過程是人際間的投射認同。住院醫師繼續說：

> 「BB開始長篇大論地說旅館經理如何地毒害他。你可能聽過這個故事；不過像往常一樣，對這個狀況，他必須做些什麼，就在凌晨兩點。他說我必須幫他找個地方待下來，不過不能在醫院。他曾想到找他的姐妹幫忙，不過她會把他送到醫院。他想過在旅館經理在櫃檯後面睡著時殺了他。不過，這有什麼用，他說，『組織』只會再派個爪牙來騷擾他。他想過自殺，但是他知道如果自殺失敗，他會進到醫院裡。在我聽完這些之後，我已經覺得無能為

力了。我對這些傢伙感到氣餒。我不知道要對這種病人做些什麼。」

在後續的討論中，所有參加者都描述類似的無力、沒有用、無助與困住的感覺。這些勝任而且功能正常的醫師都接受一種感覺，其實這種感覺比較符合他們的病人而不是醫師自己的狀況。是患者有精神病、營養不良、沒地方住而且被忽略；然而醫師卻覺得灰心與氣餒。

兩個晚上後，BB回到急診室。住院醫師再一次聽他的故事。當患者停下來時，醫師說：「B先生，我知道你一定會覺得很灰心很孤獨。」患者微微地點頭並且低下頭看著自己的手。醫師繼續說：「我很遺憾我幫不上忙，儘管我很願意去做。雖然這樣，或許我可以更進一步瞭解你的狀況。你明天可以來我的辦公室，讓我試試看嗎？」

93

患者靠到自己椅子上，看起來有些迷惑，然後說：「好，可是這沒有用。」

下一週，當研討會參與者聽到報告，他們打賭患者不會遵守約定。結果，他真的信守承諾，而且下一次也赴約。對投射認同概念的瞭解，幫忙住院醫師克服患者喚起的灰心氣餒。他可以運用對自己無助感的察覺來同理地接觸患者，並且幫他面對絕望無助。

最常與投射認同一起描述的是敵對的感覺，或許攻擊性的情緒是最容易引起注意並且干擾治療師的。可是，投射認同也可以涉及正向或愛意的感覺（Klein 1957b）。我稱這種現象是正向投射認同（positive projective identification, Hamilton 1986）。

AM[4]這位二十九歲罹患精神分裂症的男性，提供我們正向投射認同的例子。他多年來有著妄想，認為自己是中央情報局（CIA）的情報員。過去幾個月來，他有時可以拋棄自己虛構的妄想約兩天左右。當他不再被這個刺激與嚇人的幻想所佔據時，他覺得空虛、寂寞以及毫無意義可言。只有在心理治療的短暫時段裡，他可以免於這些感覺。在這些時刻裡，他雖然感受到自己有情緒困擾，不過仍然是個有價值的人，受到心理治療師的正面肯定，而且有希望會痊癒。

春季一個陰霾的日子裡，他進入辦公室，表情看起來垂頭喪氣的。他通常穿皺皺的工作服；那天卻穿了燙得平整、嶄新的牛仔褲與運動衫。頭髮乾淨地分線。他的治療師像往常一樣問候他。患者握手然後坐下來。

患者表示已經有兩天沒有妄想了。接著，他說他不喜歡進市區裡來。因為治療師的辦公室在市區，治療師認為這個聲明或許暗示患者不喜歡治療，或許是因為在患者放棄他所懷念的CIA幻想中，治療扮演了一個角色。為了讓患者多說一些，治療師只是說：「你今天特別不喜歡來市區。」

AM描述當他經過喧鬧的街道走到辦公室來時，人們都不看他一眼。他在市區裡覺得毫無價值。只要人們看他一眼，他就有個機會。「如果人們注視著你而你也看著他們的眼睛、微笑並且舉止友善，他們會成為最好、最可愛的小玩偶。」

---

4   這個案例的改編版本已經在一篇文章發表過（Hamilton 1986）。

　　有一會兒，他的表情真的相當溫和與動人，雖然他通常面無表情。他的眼光閃爍，治療師感受到溫暖與關心。

　　「是的，」治療師說，「你希望有朋友，希望關心別人，然後別人也會關心你。」

　　患者臉紅了起來。他的溫暖變成了崇敬。由於對患者的崇敬感到不自在，而且擔心會讓患者失望，這位精神科醫師突然感受到一陣焦慮。突然間，患者看起來有些迷惑。

　　當心理治療師很快控制住自己的焦慮後，患者似乎又恢復信心。

　　「我正在學著如何和人們建立一點關係，是嗎？」患者說。

　　「是，你是這樣。」

　　「我想我可以克服這個精神分裂症，大概到明年。」他補充。

　　在剩下的治療時段裡，患者討論到日常生活起居的事情以及他未來的計畫。

　　患者說他可以暫時地放棄自己這個嚇人卻又刺激的CIA妄想。妄想已成為他每日生存的主軸。CIA的敵人是全壞、迫害人的客體。他對自我的概念是祕密情報員，而構成全好、無所不能的自體。近日來，放棄了這個善惡相互角力的虛構生活後，他已經一無所有。他覺得空虛、無意義並且孤獨。然而，他也曾一閃而過想要關愛與同伴的念頭。

95   當他認為自己也可以獲得友誼時，他投射這個好與關愛的自體表徵到路人身上。如此一來，他不會覺得那麼孤獨。一些客體關係理論者會認為他把自己想要保護別人的好的感覺投射出去，以驅散他的全壞、空虛的感覺，以免路人被自己的空虛所吞噬。有些患者在描述感覺時就像是他們的確真的這麼做一樣。在AM的例子裡，他主要是被自己想要親密感的想法所驅使。

    當患者投射他的感覺，他仍然保有對自己所投射面向的部分認同。自體─他體界限的模糊是相當明顯的，當他說他確實可以讓陌生人成為「最好、最可愛的小玩偶」時。認為一個人可以用改變自己來影響別人的感覺，而不需要和別人有互動，表示主角把改變自己與改變他人弄混了。這過程是精神內在的正向投射認同。這是患者的幻想；陌生人並未被它所改變。

    可是在治療中，患者擁有一種人際關係。由於他的聲調、姿態與臉部表情，他激起從治療師而來的溫暖感覺與反應。這過程是人際間的，同時也是精神內在的投射認同。

    對於和解期的孩子，投射認同也被認為在交替出現的親密與壓迫行為中扮演著一角。在他們從共生期演化出來，他們開始區分自體與客體。他們同時也區分歡樂與痛苦、好與壞。這種分化是部分的，正如他們自體與客體形像的整合也是部分的一樣。其次，孩子可輕易地將自己的感覺歸因到父或母身上，並且試圖控制對於父親或母親的感覺。馬勒與同僚（1975）評論說，這種壓迫行為是處於和解階段孩子的特徵。

    投射認同對這個年紀的孩子發展出同情（sympathy）的能力也有貢獻。小孩可能看到父母悲傷的臉部表情。認同父母，他或她也會引發悲傷的感覺。或許當時父母是藉由投射認同來傳達

感覺給孩子。可是，如果這年齡的孩子已經足夠地分化，他會瞭解是父母在悲傷。他可能會再投射自己的悲傷到父母身上並且會藉由安慰所愛的客體試圖去控制它。因此，孩子學會同情。同樣地，當小孩或成人為了某些事分享彼此的快樂時，投射認同也扮演了一角。情緒回應的能力就是開始於和解階段。

我們也可以在日常生活中看到投射認同的證據。

　　一位黑髮、眼睛明亮的十二歲女孩，當她老師在黑
板上畫一份地圖時，偷偷地在桌上寫東西。她寫了兩份紙
條。一份傳給珍妮佛，另外一份給愛德華。「愛迪告訴我
他喜歡妳。」給珍妮佛的這麼寫。另一份說，「珍妮告訴
我她喜歡你。」雖然愛德華與珍妮佛之前並未對對方有浪
漫的想法，一種相互的迷戀很快萌芽，讓傳紙條給他們的
這個朋友十分高興。

這會兒紅娘在珍妮佛與愛德華之間，開啟了一個相互、正向投射認同的過程。她送正向的期待給雙方。可以預期他們會接受她的好消息，以自己愛人的能力來增強它，並且回應給對方預期的情感。如果彼此認為另一個人帶有愛意，這種感覺就會投射到另一個人身上。他們如此地行為以至於激起正向的情緒回應。這個過程是投射認同。在這個例子裡有點複雜的是，這位紅娘是個中間人，或許她投射自己的迷戀到朋友身上，或是至少引起了這樣的感覺。

許多自我增進的書，會強調在與人有關的事務裡正向態度的力量。諾曼・文森・皮爾（Norman Vincent Peale 1952）強

調「正向思考」（positive thinking）的威力，而戴爾・卡內基（Dale Carnegie）在他的書《溝通與人際關係》（*How to Win Friends and Influence People*, 1936）中指出評論人們優點的益處。卡內基（1926）在公開演講中建議，演講人要假設聽眾對他所說的有興趣而且聽眾也喜歡他。他甚至可以想像有一位重要並且支持的朋友或親戚在聽眾裡面。他應該對著那個人演說，因為當你對聽眾親切而且表現正向時，他們會善意地回應。

在卡內基的例子中，演講者所想像在聽眾席中的朋友，是個支持且肯定的**自體客體**（selfobject），如果我們比較不嚴謹地使用寇哈特（1971）的用詞的話。[5]演講人投射他對自己的幻想部分與內在客體到聽眾身上，並據此表現。聽眾也感受到自己做為好的自體客體，然後以此回應給演講者。這樣的過程即是正向投射認同。

男女演員必須向觀眾們展現出自信與激昂的情緒。舞台恐懼（stage fright）有時可以藉由假想一個鏡像反應（mirroring response, Kohut 1971）來減輕。嘉寶（1979）以精神分析的觀點研究舞台恐懼，觀察到「有些表演者有意識地認同他們的觀眾」。他說：「他們的思緒是這麼運作的：『這些令人印象深刻、久經世故的人來看我的表演，顯然對我有信心。他們不擔心

97

---

5 寇哈特的用詞「自體客體」（selfobject）通常是指外在的人，對主角而言，這個人可以滿足自體的根本需求，如給予確認、讚許與尊重。另一方面，本書所謂「自體─客體」（self-object），是指自體形像的一部分與內在客體形像混淆，而並不強調真實外在的個人存在。這兩個名詞，**自體客體**與**自體─客體**，以一種一開始會有些混淆的方式一齊提出來。在此，幻想中的朋友或親戚是個內在客體，因為他代表一個不在場的人；可是，這個想像的人同時代表演講者自己支持自己的能力。因為內在自體和內在客體等元素同時存在，這位帶有支持意味的人是一個自體─客體。然而，觀眾確實在那裡做為一外在客體而存在，且其認同和支持功能亦被運用，因此從寇哈特的觀點來看也可以稱做自體客體。於是，「朋友─觀眾」同時是自體客體也是自體─客體。

我，那為什麼我要擔心呢？』」（p. 390）這個過程是正向投射認同（Hamilton 1986），表演者投射他的信心到觀眾身上，然後再認同它，希望可以控制自己的感覺以及觀眾的反應。

推銷員、政治人物、幹練的管理者、宗教領袖、治療師、教師以及所有以勸說而非蠻力影響其他人的人，都奉行並且熟稔投射認同。騙徒、誘惑者與奉承者也運用投射認同，雖然他們潛藏的意圖和外表的行為並不一致。容易受騙的人通常投射他們自己太多的正向期待到這些欺騙者身上，因此他們無法看到對方真正的意圖。

投射認同是我們最深層情感與依附的基礎。情人以付出愛的方式描述自己。他們把自己的身心都給了對方。一般愛情的表達就是投射認同的例子——想像自己可愛的部分就確實在另一人裡面，並且依此行為。

　　一位丈夫工作完回家後覺得自己今晚特別愛他太太。他完成一件重要工作而且覺得自己和周圍的人都很棒。想到妻子，他很想見到她，並且回想起她多麼愛他以及為他著想。他在回家途中停下來摘了一束鳶尾花。她則在辦公室度過了尋常的一天。當他把花獻給她然後微笑著，他全心期待她也會有同樣的愛意。他的行為引起她一股溫馨的感覺，這感覺和丈夫的感覺一樣。這種變化是正向投射認同。

投射認同這種心智機轉也有破壞性的部分。

98

　　　　一位著名大學的教授妒嫉一位男同事與一位女同事的成就，決定要對他們設下圈套。她首先向一個人表示，對方在散布有關於他性偏好的惡毒流言，然後再向另一位同事說一樣的話。她種下懷疑的種子，開始一種相互的破壞性投射認同。他們關於對方的負面想法投射到彼此身上去，並且激起預期中的敵意。

　　這種過程是負向投射認同。正如之前傳紙條的孩子的例子，啟始這個行動的第三者，可能是將自己的感覺投射到她的兩位同事身上，並且從他們身上激起這些感覺。

　　人們常聲稱因為其他人都這麼做，所以他們也逃漏稅。「如果我不依循慣例，那會變成別人占我便宜，」這種說法四處散播。事實上，大多數的人並不會在稅金上作假。逃稅者是投射他自己剝削的傾向到他周圍的同類身上，然後認同他們，做他認為自己從別人身上看到的行為。他同時投射並且認同自己的貪婪。

　　在賄賂並不被譴責的社會裡，負向投射認同的機轉也很常見。人民合理化自己的墮落行為因為他們覺得別人也這麼做，並且聲稱他們必須這麼做才能保護自己。如果他們所投射的人行為的確墮落敗壞，這並不表示在此時沒有涉及投射。

　　在我們的社會中，我們聽到足球或籃球教練合理化他們不知羞恥的招募過程。「我原本是個誠實的人。是其他教練作弊，由於他們太過爭強好勝了，所以我才作弊。」事實上，這位教練運用的合理化作用無疑地顯示出自己競爭心過度，而且冷酷無情。他選擇從別的教練身上來看到自己的這部分，然後認同它。

　　一種比較建設性的負向投射認同也被運動員所使用。我有一

99

次聽到一位大學摔角選手在衣物間向他的朋友這麼說：

> 「當我逐漸疲憊，疲憊到我的腸子痛起來，我的眼
> 珠快要跳出來，我告訴自己，『如果我這麼痛苦，另一個
> 傢伙應該也一樣糟。我每次多用一點力，我就會更痛苦一
> 些，而他也是一樣更痛苦。』所以我更加拼命地出力直到
> 把他的背摔到地上。」

　　這位摔角選手投射自己的疲憊與痛苦到對手身上，並且試圖
克服與打敗競爭者的疲憊與痛苦。這是種在合法競爭場合中，創
造性地運用自己本身痛苦的方法。

　　在我們兩造對抗的法律體系中，類似的負向投射認同也可
以觀察到。辯護人通常假設對手，不論是原告或被告，要對所有
的損害負責。他們辯稱他們的當事人被另一方誤解與剝削。他們
將想獲得法律與財務上優勢的想法投射到對方身上，並且加以攻
擊，使得正義的憤怒之火益發火上加油。堅信自己辯詞的正確以
及對方的謬誤，可以讓辯護律師更有說服力地幫當事人工作。

　　這部分的兩造對抗過程促使雙方竭力並且鉅細靡遺地探索支
持他們的詰問的事實。法官和陪審團執行整合功能，衡量雙方的
問題。比起遠古時代以戰鬥來做為審判，對抗的雙方真的投射致
命的物體，例如劍與矛，進入到對手的身體來證明自己的無辜與
善良，這是種較為文明與調適的過程。

　　恐怖分子的攻擊可以用投射認同來看。中東地區的各種派
別、種族分離主義者、地方狂熱團體以及其他種種行為，都顯示
他們從別人身上感受到自己的攻擊性。以他們的觀點來看，他們

攻擊的人是兇手與剝削者。恐怖分子殺害無辜的受害者，卻覺得自己是受害者。如同在其他形式的投射認同一樣，他們激起了他們所投射的客體的殺人怒氣；一種加害的惡性循環於焉產生。受害者成為加害者，反之亦然。幻想成為現實。從那裡開始的一切變得沒有辦法停止。

一個明顯而令人驚恐的負向投射認同，是蘇聯與美國之間的核子武器競賽。雙方都把對手刻畫成是對人類的威脅。三不五時，每一邊都發布非理性、單方面的說法，質問對方應該對造成人類的危機負起全責，好像其他人就沒有破壞的能力與相同的企圖。不像法庭上所發生的，這裡沒有超然卓絕的法官來澄清案情真象。所幸的是，雙方政府目前都試圖經由討論的程序來調整這種傾向。

前面所舉關於團體行為或是日常生活互動中個人行為之投射認同的例子是不可能完全令人滿意，因為我們並不會像在心理治療裡那樣地進入我們平時的內在幻想。不過，這種對應關係相當明顯。

投射認同是種心智機轉，將一部分自體歸因於客體，然後企圖去控制或廢除客體的這個面向。雖然投射認同在和解階段的小孩與邊緣性、精神病患者身上更為明顯與極端，它仍然是所有人類關係中重要的元素。

過渡性客體形成

投射認同在過渡性客體形成（transitional object formation）中扮演一角。一個過渡性客體既非自體也不是客體，卻具有兩者

的性質（Winnicot 1953,Grolnick et al. 1978）。例如，一張毯子或是泰迪熊會被當成摯愛的母親而同時也會被視為摯愛的自體。發展出過渡性客體的觀念的溫尼考特（1953），認為過渡性客體形成「一個休憩處，這個休憩處，提供給忙著應付紛擾不斷的人類事務的個人，使其得以維持內在與外在現實分開，不過卻仍然保有某種關聯」（p. 90）。過渡性客體是「經驗的中途站，這些經驗包括內在現實與外在生活」（p. 90）。除了過渡性客體，還有過渡性現象，例如：歌曲、催眠曲、姿勢或固定的行為，也提供同樣的功能。

過渡性客體與過渡性現象通常會在心理治療狀態下自己顯示出來。特別在治療嚴重情緒困擾的患者時，它們經常扮演了某種角色。許多精神分裂症患者在他們改善或是痊癒之後，述說填充 101
玩具對他們的重要性。

　　　DE是個來自威斯康辛州中上階級家庭的二十三歲女性。她呈現出幻覺與妄想有一年半了。她的疾病導致她無法完成大學學業。

　　　她的行為模式是開始接受一位精神科醫師治療，會先出席幾次治療，服用處方藥物，症狀開始改善，然後突然離開治療。她的症狀會在幾個月裡惡化，她會變得極度地害怕與孤獨，進入另外一家醫院短期住院，然後開始接受另一位精神科醫師的治療。

　　　一家綜合醫院的精神科醫師告訴DE，他會請對像她這類的問題的患者特別有興趣的一位心理師與社工人員來協助治療。社工人員會和家人連繫並且提供他們關於精神

分裂症，以及他們可以如何協助的資訊。治療的必要元素之一就是穩定的治療關係。家人決定會提供財務上的支持，並且鼓勵他們的女兒要耐心治療。

心理師每週和患者見面兩次，患者有些怕生。在她可以清楚地描述自己晚上在屋裡有多麼孤獨與害怕前，已經過了三個月。她逐漸開始注意幻覺。因為幻覺讓她比較不會覺得那麼孤獨，可是當她注意幻聽時，她變得愈來愈混亂與孤立。幻覺是她唯一不變的夥伴。她透露有時候她會停止吃藥，因為藥物造成她的幻覺夥伴離去。

當DE談到自己的孤立以及心思被內在客體所佔據時，她表達出逐漸依賴治療師的感受。她在會談時間結束後，會不想離開辦公室。精神科醫師與心理師認為周期性的短期住院或許可以幫助患者處理她的孤立。她開始帶著一隻泰迪熊到醫院來。她不會跟護士說她的感覺，可是泰迪熊會和護士講。護士允許這個幻想而且對這隻填充玩具回答。這似乎從被幻覺所占據的狀態向前邁進一步。

102　　她開始把泰迪熊帶到心理治療來，而且連續如此兩年。她說泰迪熊記得所有在會談時段裡說過的話；他會在晚上她一個人孤獨的時候，一字不漏地向她說。如此一來她不會覺得那麼孤獨並且不會再停止吃藥以便讓自己產生幻覺。

在治療的第三年，她感到可以跨出下一步。她和治療師討論是否要放棄每兩個月一次、每次一週的住院，雖然這已經成為她治療的重要部分。她說她會懷念那裡的護士與職能治療師，不過她應該發展其他關係了。「我的泰

迪太懷念醫院了。他說他不想要長大。他不是個人。我是個人，而我想要長大；不過他不必這麼做，因為他是泰迪熊。他說如果我把他留在醫院，沒有了我他也不會太寂寞。沒有他，我可以繼續向前而且長大。他會過得很好。」

「妳要到醫院去，和護士道別，然後把泰迪熊留在醫院。」

「我想她們會把泰迪熊留下。我知道，她們也知道泰迪熊其實不會講話；不過每個人都喜歡泰迪熊，就算是已經長大的護士也喜歡。我打賭她們也會有點想我。我想她們會想把熊熊留下來懷念我。」

「我很好奇為什麼不是妳把泰迪熊留在身邊，來懷念這些護士呢？」

「我希望懷念醫院裡的泰迪熊，這樣我就不用再回到醫院去。它是個象徵。我並不很確定。或許有一部分的我永遠不會長大而且一直會希望被人照顧。我必須把這一部分放在一旁，繼續走下去。我曾經病得很重，那時候我需要泰迪熊。現在我好多了。」

「聽起來妳還是有點擔心會再回到醫院去。」

「我可能會再回去。不過，我不認為我會。現在我生命裡有別的事了。我不會向護士保證我永遠不會回去。我要和她們道別並且告訴她們我不認為我會需要再回去。」

她的確和護士道別。她們很願意把泰迪熊留下；她沒有再回去。

泰迪熊是個過渡性客體。患者從內在與孤立的幻覺世界邁向其他的人們。這個泰迪熊象徵著自體，這位想要被擁抱與悉心照料的寶貝。它也象徵著以逐字複誦治療內容的方式來告訴她床邊故事的好的客體。當她從自體—他體混亂的幻覺狀態，過渡到她與真實的人們建立關係的自體—他體分化狀態時，她把泰迪熊帶到醫院與心理治療會談裡。好幾個月，藉由讓泰迪熊幫她發言，她以此來給自己與護士之間提供緩衝區。

在另外一個過渡時期，她放棄了泰迪熊。她現在放棄了用一隻填充動物玩具來作為她自己與客體世界之媒介的需求。第一次，她說它是個象徵。直到那天之前，患者或治療師都沒有提到泰迪熊到底是不是真實的這個問題。她現在可以自己說出來，它不是真的，但是對她是個重要的象徵。以幻想做為潛在滿足的來源的狀態過渡到與人們產生關係來做為滿足的來源的情形，由她幾週後開始約會得到進一步的證實。她已經有五年沒有約會了。

另一個例子，BG，在第二章已經描述過，這位三十歲有著嚴重認同障礙的男性也有隻泰迪熊，他叫它丹尼。他喜愛它，擁抱它，並且對丹尼說話。如果有任何人質詢這隻泰迪熊的重要性，他會把自己關在儲藏室裡，在那兒他會覺得安全。慢慢地，他才透露出自己有多麼深愛這個玩具，而泰迪熊又如何幫助他渡過深切的孤獨。他回到家，對人際關係感到絕望，覺得內在空虛，他會安慰丹尼而它會安慰他。藉由投射認同，他把他想獲得安慰的需求投射到這個填充玩具身上。他也投射自己的撫慰功能到它身上，同時自己內在也保有這個能力。當他擁抱與安慰他

的熊，他也覺得被擁抱與安慰。

在患者自己的聯想（association）中，透露出對泰迪熊的愛裡面有著自體情欲（autoerotic roots）的根源。他想到尿布並且覺得它們和皮膚很貼近。他也幻想到自己糞便的溫暖。有點不好意思地，他回想起曾讀過，同性戀用穿著尿布來使自己興奮然後在自己的性伴侶面前把糞便排到尿布上。這種聯想透露出過渡性客體的原始根源。尿布帶來的刺激與糞便貼近皮膚帶來的溫暖是所謂的自體情欲現象（autoerotic phenomena）。可能是這種嬰幼期的經驗最後逐漸演化成患者對於過渡性客體的愉悅。雖然過渡性客體起初是在孵化與實踐期，也就是口腔與皮膚敏感度增強之時 104 發展出來，過渡性客體在肛門的感官刺激占比較重要角色的階段裡，仍然保持著重要性，正如患者所顯示的。過渡性客體進一步演化成創造性與生產性創作最終發生在孩童階段。再經過幾個月的治療，患者在心理成長上也跨出這一步。他開始製造與販賣填充動物獲利。[6]

多數成人不會像這兩位天生敏感又有才華的患者一樣公開地以嬰幼性的形式與無生命的客體產生關係。可是，許多症狀比較

6　雖然這個患者只有從填充玩具得到有限的利潤，關於這些玩具銷售的歷史證明了廣泛存在著對過渡性客體的偏好。在1984到1985年，填充熊都是全美十大暢銷玩具之一。
愛心熊是泰迪熊的現代版，後者是1903年由理想玩具公司的米奇頓（Morris Michton）率先引介給大眾。米奇頓以老羅斯福（Theodore Roosevelt）總統的名字來命名，因為一位《華盛頓郵報》的漫畫家貝里曼（Clifford Berryman），稱讚老羅斯福沒有射殺一隻被捕的熊。這位著名的漫畫家同時嘲諷老羅斯福對打獵的偏好。老羅斯福總統對他在密西西比州狩獵之旅覺得很挫折，找不到獵物。地方嚮導想要對這個重要人物示好，捉了一隻熊給他來射殺。泰迪（Theodore的暱稱）沒有這麼做，他說，這樣太沒有運動家風度。
1903年德國金根市的史黛芙（Margaret Steiff，知名玩具公司金耳扣創辦人）首次在美國銷售填充的玩具熊。到1908年，她製造出一百萬隻玩具熊。

不嚴重的患者會保留治療師給他們的約診卡、筆甚或是帳單，當作對這位慈愛的人的一種過渡性回憶。

史考特（Scott 1984）認為成人會使用酒精或其他藥物做為過渡性客體。他們可能有喜好的酒類品牌，而且必須隨時都擁有。他們喜愛他們的威士忌與啤酒。在一個靜謐的地點，身邊有一瓶所喜好品牌的酒類，讓他們感到十分安慰。同時，他們會認同這個飲料，認同賜予溫暖與力量的酒精。對於酒類的宣傳廣告也顯示出這種聯想。廣告通常描繪出一群工作完畢尋求放鬆的人們，就寢前被酒精所迷醉的人，或是駕著船航向日落等等類似的過渡性活動。有人會認為酒癮者飲入的酒精是真實的物質，而且在生理上讓他們覺得舒適，因此不可能是過渡性的。雖然酒精有生理上的作用，它同時也有心理上的意義。史考特對許多酒癮者把酒精當成是個過渡性客體的觀察可能是正確的。甚至於藥物的生理學作用也暗示這種可能性。飲入酒會造成自體—他體分化狀態變得貧弱；而酒精中毒狀態則接近共生的經驗。或許在這些狀態下的心智本身就是過渡性的，介於共生與客體關連（object relatedness）之間。

在孩童時期，被帶著、吸吮、撫摸、抱著與依偎著入睡的毯子與安撫物品（奶嘴、枕頭）就是過渡性客體的最佳例子。毯子被抱著，它也同時包裹著孩子。它從孩子的身體得到溫暖，然後又將溫暖還給他。它甚至得到味道然後還以味道。這種氣味對小孩是如此重要，以至於當他珍愛的毯子被拿去清洗後，他往往激烈抗議。雖然學步兒通常會投射自己溫暖、親密的面向以及他心中母親的內在形像到毯子身上，這孩子有時也會咬、踢或破壞這過渡性客體。對毯子產生負向投射認同的證據是比正向互動的證

據要少得多。

　　儘管溫尼考特（1953）原先強調孩子如何經由自己的主動想像創造出過渡性客體，事實上是母親與孩子一齊創造了它。孩子視它為獨一無二而能給予撫慰的，共享了母親無所不能的光輝。母親，在她這邊，當自己不在時，會給孩子毯子，這樣的行為確認了毯子的特殊性。許多父母會在小孩閉上觀察外在客體世界的眼睛、蜷曲著入睡前毫不厭倦地再三確認「毯毯」是否蓋好了。當孩子坐車旅行、拜訪親友或是留在褓母家時，父母會確認毯子是否在身邊。他們不會質詢這種孩子—毯子關係的特殊性。父母會承認溫尼考特所稱的錯覺的領域（realm of illusion）。「就拿過渡性客體來說好了，我們可以說，我們與寶寶之間有個默契，永遠不會問這樣的問題，『這是你想出來的，還是外面給你的？』這裡的重點是，我們不會期待得到答案；也根本不會提出這個問題。」（p. 95）。

　　過渡性客體在和解期扮演一角，雖然它們的形成更早。在和解階段終了前，這種經驗的中間地帶提供幻想遊戲的競技場以及其他擬似（as-if）的功能。最後，這種遊戲擴散到音樂、藝術、宗教與科學領域。它成為，如溫尼考特（1953）所說，「擴散到介於『內在心理現實』與『人們共同感知的外在世界』之間的中間地帶，也就是說，散佈在整個文化場域。」（p. 91）

　　托品（Tolpin 1971）暗示過渡性客體形成在自我安撫（self-soothing）的發展直線上扮演關鍵性角色（A. Freud 1965）。原本，嬰兒在他的共生性融合狀態時，會感受到安撫是種無所不能的自體—他體事件（self-other happenings）。在逐漸分化之時，約六到八個月大，以外在事物來安撫自己的需求逐漸被察覺

到。因此他創造了一個自我安撫的客體，藉著把特殊重要性歸屬在毯子上，它因此可以提供慰藉。最後，這種過渡性客體的自我安撫功能逐漸內化，所以孩子可以安慰自己。托品（1971）認為這個過程就是寇哈特（1971）所說的轉變內化（transmuting internalization）。

當小孩漸長，他們的過渡性關聯隨之轉變，不過即使到成年，他們也沒有完全拋棄過渡性客體。為了顯示這個概念，提供一些日常生活的例子。

一個六十歲男性，每當他晚上在爐火旁閱讀時，總坐在一張破舊磨損的椅子上。他很氣憤地反對妻子要換掉椅套重新裝填的想法。當他坐在老舊、磨損並且有點刺痛的椅子上時，他感到撫慰。這椅子是個過渡性客體。

一位三十歲的女性每晚都摟著她的枕頭入睡。它的羽毛早就失去彈性，不過她喜歡這個枕頭勝於其他。

一位四十三歲日裔美籍男士，當他每晚工作完回家靜坐時，都會注視著祖父的武士刀。在這個工作與家庭的過渡時間裡，他手裡握著刀，注視著映照在刀上的夕陽餘暉。武士道的傳統與義務，以及一種歸屬感，在他靜坐時都回到他身上。

一位三十八歲的社工人員帶著一張林布蘭（Rembrandt）的自畫像複製品到辦公室，並且立即把它

掛在牆上。沒有它，她很不自在。這張畫和她掛在大學宿舍裡的畫一樣。雖然這麼多年來，她在其他領域的品味已經改變，她仍然喜歡這張畫像勝於其他。

這些例子代表成人所殘留的過渡性客體或現象，這些過渡性客體或現象開始於分化階段，在和解階段變得明顯。

發展出完整的客體關係　　　　　　　　　　　　　107

> 禍兮福之所依，福兮禍之所伏。
>
> 老子，《道德經》
>
> 〔英譯本由R. B. Blakney譯，1955，p. 54〕

自我終究會整合自體表徵好與壞的部分與客體表徵好與壞的部分。當全好與全壞自體形像被放在一起，它就稱為發展客體恆久性（developing object constancy）。同時，全好與全壞的自體形像聚合一起，如此一來認同就可以穩固下來。我們可以認為自己基本上是善良的，不過我們也承認擁有一些不太討喜的特質。同樣地，我們感受到客體基本上是好的，不過也同時會有令人遺憾的部分。這個世界不再是非黑即白。由於這種新的整合，分裂的客體關係讓位給完整的客體關係。

> MW，一位二十八歲的心理師，向她的治療師報告前一天晚上她感到多麼地絕望哀傷。MW原本是一位活潑、自信、目光伶俐的女性，在她決定離婚後開始治療。她描

述自己有多孤獨而且陷入絕望。她被隔絕並且覺得哀痛；更糟的是，她覺得自己是個壞人。在這次治療中，她痛苦地啜泣著，淚水弄濕了她臉上仔細化的妝。在她停止哭泣時，她說：「當我那麼難過時，我恨自己。我很想一根接著一根地抽煙。我很想整天抽煙，抽到我的肺都變黑，然後從裡面把我自己給燒光。」突然，她停了下來，搖搖頭，對她的誇大報以微笑。她的洋洋得意又回來了。「我想我並不是真的這樣覺得。」她嘲笑自己道。

她的治療師只是評論說，「剛才的話是你說的。」

她沉默下來。她不再覺得絕望或是愉悅。「我想我的確是那麼想的。」她說。「我想在某種程度上我的確覺得遭透了；不過我有時也會覺得心情還不錯。」接下來的時間裡，她既平靜又會自我反省，深入地探討自己的絕望、憤怒與失落，同時也討論到快樂、堅強與堅持。把好與壞、悲傷與快樂放在一起，表示發展出更為整合的自體形像以及更為徹底整合的自體與客體關係。

BG，一位三十歲有著不斷變換的身分認同、興趣、信仰與朋友的男性，在這兩年的治療中，開始組織他的自體與客體形像成為全好與全壞單元。他有時描述自己的母親是個固執、冷漠與排拒他人的人，對自己的外表的美麗與家裡的整潔比孩子在情緒上的安適與否更感興趣。他詳細描述了用毒藥殺害或餓死她的幻想。其他時候，他會想搬到母親家中，這時她是個聰明、有錢、有意思的女人，可以讓他豐衣足食。他使用早期文藝復興風格的十四行詩

來描寫一位理想化的女性，並且蒐集罕見的情詩版本，有些還送給他母親做為禮物。在移情關係中，他多數時間裡理想化他的治療師，同時毀謗其他給予協助的專業人員。當治療師渡假時，這種傾向逆轉。他認為自己沒有得到任何協助並且變得沮喪想自殺。

患者緩慢地發展出對周圍的人較為整合的感覺。在第三年治療的後半段，他經歷過一段長約幾個月的時間，在那段時間裡他對治療師十分生氣，好像治療師做什麼都不對。有一天，他說：「似乎我這幾個月以來都和你對立。我一直在心裡審視著這場爭鬥。我一向認為你僅次於上帝，不過你並不是。你只是一個凡人，和其他人一樣。對一個我很在乎的人這麼生氣，是有點令人悲傷。你幫過我。我想我會這麼生氣，是因為你沒有辦法幫我把事情變得容易一些。」

理想化的母親與理想化的治療師都曾經是全好自體─客體單元的一部分。這個被貶抑的母親與專業人員是全壞單元的一部分。患者沒有辦法想像治療與治療師比較令人不愉快的部分，或許因為在治療早期，他需要一個全好客體可以依賴。當他變得更有自信，他可以探討自己對治療師負面的情緒，不過並沒辦法同時思索他對治療師正面與負面的感覺，直到治療晚期。在那時，忿怒已經讓步給哀傷。他對自己曾經惡毒地憤恨這位自己關心的人感到十分懊惱。他現在的感覺同時是正向的，也是負向的。他發展出完整的客體關係。 109

對母親，他發展出類似的複雜感覺。母親肺部裡靜脈曲張的部位有血塊脫落。他到加護病房探視母親，並且等她恢復。當他回來，他說，「看她病得這麼重有點奇怪。我曾經看她是如此地強而有力——不論是惡劣的時候或是幫忙我的時候，不過在醫院裡她看起來病得很重而且嚇壞了。我瞭解到她是個惶惑的瘦小老婦。我不用再那麼生氣或是崇敬了。」

「現在你長大了；不過在你孩提時期呢？」治療師問。

「在那時，」他說，「我還是個小孩，我沒有辦法像現在這麼想。她就是全世界；不過現在回想起來，我不斷在想，她會需要讓一個小孩這麼崇拜她，是因為她是這麼孤獨而且沒有安全感。她多麼需要這種教養方式啊！」

「不過，你仍然記得自己的憤怒。」治療師說。

「當然，我可以，不過現在我原諒她了。當我來治療時，我很難和人建立關係。我很幸運有人可以幫我克服這點；不過我的母親沒有人可以幫忙她。我希望我可以幫助她，說服她接受治療或什麼的，不過這會傷到她的感情。如果我告訴她，她需要治療，她會覺得被批評。我想我幫不上她的忙。這太糟糕了。」

這位患者可以以一個完整而複雜的人來看待他母親，不只是一個不是滿足他就是讓他欲望與需求受挫的人。她有自己的故事。當人對生命中的其他人發展出較整合的形像，他們學習到如何同理以及真誠的關懷。同時，這位患者可以更抽離。他不再需

要躲避她或尋找她。從一個心理上的距離來看待母親，他可以更關心她、對她更感興趣。更大的情感距離相反地會容許他更真誠與準確地瞭解，並且欣賞母親原本的樣子，而不是他想要她成為的人。

諒解必須仰賴對完整客體關係的認識。人們必須在心理維持兩種情感上相衝突的形像，一個是令人挫折或是受傷的客體，另外一個是珍惜與摯愛的客體。這時候，諒解才成為可能。當BG開始以比較完整的方式看待母親時，他學習去原諒自己的母親，這就證明這點。 110

我在第五章描述小孩在和解期之後，發展出一種逐漸穩固的感覺，認為母親是個讓人滿足的存在，而有時候又會讓人挫折。小孩也逐漸發展出做為一個複雜而穩定的個人的感覺。這個分裂的全好與全壞自體與客體經驗演化成完整的客體關係。這種能力某種程度上必須依賴記憶、比較與對照的神經生理能力，也就是整合性自我功能的發展而定。之前提過皮亞傑（1937）的研究，顯示出心智能力的發展次序。這些研究補充了馬勒（Fraiberg 1969, Mahler et al. 1975, and Lester 1983）與史畢茲（Cobliner 1965）的研究。可是除了神經生理能力之外，小孩必須獲得足夠的好的經驗，從而確信挫折並不會完全地摧毀他內在的平靜。艾瑞克森（Erikson 1950）稱這種發展為基本信任感（basic trust）。

在成年患者身上，失落可以造成如此強烈的感覺，自我感到整合能力被暫時地壓垮了，甚至在自我完整未受損害的人身上亦復如是。以此來看，孩子則更容易受到傷害。如果不斷地遭到挫折，整合性自我功能的發展甚至會遭到阻礙。也就是說，環境是

如此地侵擾，以至於他們比較及對照情緒經驗的能力受挫，無法發展；他們停留在分裂成全好與全壞的自體與客體經驗中。

哈特曼（Hartmann 1952）與其他自我心理學者稱這種隨著客體恆久性逐漸增長的情緒調節能力為中和（neutralization）。可是整合是更好的名詞，因為它表示創造出新的東西，而並非把能量抵消掉。如同格陵那奎（Grennacre 1957）所說：「我發現中和很難有這種聯結。對我而言，中和作用，推測是從化學借來的名詞，有著某件事情被處理成沒有反應的先天意涵，或者起碼是暫時不起作用。」（p. 69）這種伴隨著完整客體關係發展的整合，並不會引發平衡作用來抵消危險的衝動，而是會創造新的滿足來源。

克萊恩（Segal 1964）稱這種將好與壞自體與客體世界放置一起的情形是憂鬱位置（depressive position）。她的用語，像哈特曼的一樣，暗示著興趣或熱心的喪失，似乎並不正確。隨著好的與壞的自體與客體形像整合後而來的，是一種哀傷。誇大的自體形像與無所不能的客體形像的確撤退到小說、神話與夢境中。救贖不再招手呼喚，不過詛咒也不再危險。關於善良與邪惡的知識合在一起，的確造成天堂樂園的喪失。然而憂鬱位置這個名詞，對這麼重要與具有創造性的發展過程而言，暗示了太多的無助感以及過度的缺乏進展。因此，整合與發展出完整的客體關係，如馬勒所描述的，並且建立起一個統整的自體（cohesive self），如寇哈特（1971）所提議的，才是較合適的名稱。

> 1986年五月十四日，一陣強風與海水傾覆了老帆船巴爾的摩之光號，幾分鐘內她就會沉沒了。大副約翰‧法

納根（John Flanagen）掙扎著為一艘受損的救生筏充氣。當他們正在努力的同時，他和同伴們無助地看著兩位同事淹沒。他們不知道這兩人到哪裡去了。在暴風雨中渡過五天，法納根與同伴終於獲救。當他在媒體之前代表發言時，他向記者說：「很難解釋失去同伴的哀傷與獲救的喜悅。」[7]

承認與容忍同時存在的、相互矛盾情緒的能力，就是完整的客體關係。

莎翁在《終成眷屬》（*All's Well that Ends Well*）的臺詞有描繪出整合。

> 生活之網由混合的絲線編成，
> 好與壞在一起。

　　　　　　　　　　　　第四幕，第三景，臺詞83

一個類似的整合有時候可以讓人對衝突給予幽默的容忍。馬克吐溫（Mark Twain）曾說：

> 我們如果想得都一樣，不一定最好；就因為想法有差異才會有賽馬的存在。

　　　　　　　　　　　　　　《笨蛋威爾遜的日曆》
　　　　　　　　　　　（*Pudd'nhead Wilson's Calendar*）

---

[7]　這則故事是由洛杉磯時報－華盛頓郵報新聞中心的莎波斯坦（Saundra Saperstein）與佛柏嘉（Barbara Vobejda）所撰寫；發表於1986年五月二十二日《奧瑞岡人》（*The Oregonian*），頁一。

在此，馬克吐溫承認不一致所帶來的衝突與樂趣。

另一種成功的整合與分化，也就是察覺到失落中卻有所得，反映在華茲華斯的詩句：

> 雖然不可能回到這些時光
> 壯麗的草原，璀璨的花朵，
> 我們不會哀傷，而會找到
> 所遺留下事物裡的力量。
>
> 〈來自童年早期回憶裡不朽訊息的頌歌〉

在詩句中，華茲華斯談論在失去了嬰幼期天真無邪的整體性之後，察覺到隨之而來的力量。

普魯斯特（Marcel Proust）在《追憶似水年華》（*A la Recherche du Temps Perdu*）裡的沉思，也透露著回想珍貴、卻也已然消逝的過往是多麼具有意義。同樣地，黃昏時分，坐在某人的書桌前，寂靜孤獨地啜飲著茶，回想過昔珍愛的、悲傷的與懷念的事物，也和憂鬱並不相同。它是可以接受並且有意義的。它透露出渴望某種事物並且珍惜它的能力，即使當它不在的時候。

在苦難之中，過去的一絲美好回憶，可以讓人堅強地渡過看起來無法忍受的狀態。在過去古典課程較為盛行的時候，我用莎士比亞的話語，來安慰第一次世界大戰時，陷於泥濘壕溝裡的士兵：

> 不論要來的是什麼，
> 最艱難的日子裡，時間總會過去。

《馬克白》

第一幕，第三景，臺詞146

福克納（William Faulkner）在獲得諾貝爾獎，擺脫他晚年的酒癮，以自己整合好與壞的方式，鼓勵新一輩的作家。在談到作家的工作時，他說道：

> 他的恩賜，就是藉著提昇人類的心靈，藉著提醒人們
> 勇氣、榮譽、希望、尊嚴、同情、憐憫和犧牲這些人類一
> 度擁有的榮光，來幫助人永垂不朽。[8]

113

這裡並沒有分裂或抵銷情緒，反而是一種將人生諸多可能性予以合併的成熟與解決之道，不論是好的，還是壞的可能性。

我們最親密的關係——涉及愛與性的結合——也需要把互相的衝動合在一起。正如佛洛伊德（1940）指出，成熟的性關係需要一定的攻擊能量以及原欲或愛。如果沒有一丁點的攻擊與愛的渴望，就不會有狂喜，也不會有激情。

正是這種把相反的事物以有意義的方式結合在一起，建構出完整的客體關係。

認同

隨著整合與分化逐漸擺脫掉情緒起伏不定的影響，穩固的自體與客體關係發展出來。不過，客體恆久性的取得並不表示我們

8　出自《閱讀福克納》（*The Faulkner Reader*, 1954, New York: Random House）。

就不再改變。我們仍然繼續納入我們所愛客體的部分面向，並且隨之改變我們的自體形像。這種過程稱為認同。

比起吸納或內射，認同作用是更為嚴格檢選與細緻的。內射意謂著納入外在客體的行為、態度、情緒或是舉止。這個內射的客體或是部分客體仍然相當的「未消化」（unmetabolized）。隨著整合與分化的力量發展，這些內射的客體表徵逐漸被消化並且轉變成新的心理表徵。認同是把部分的客體形像歸因到自體形像上（Sandler and Rosenblatt 1962）。

> MN是個二十五歲的教師，原先的主訴是憂鬱。她原是個順從的小孩，也謹遵中西部上層階級家庭裡明確的社會規範。在大學時她開始迷戀一位教授。一年後兩人的關係結束，她開始對一位同年齡、野心勃勃而有點自戀的男人傾心。一年後他們結婚。

> MN喜歡他她能言善道並且常常令人興奮的丈夫，但是在他把注意力轉移到追求學術成就後，逐漸對他不滿。幾位朋友告訴她他們對於威廉詹姆斯（William James）著作的興趣。他對內在世界鮮活的描述讓她神往，也部分地填補了她內在的空虛。她想要進一步瞭解自己的內在世界，卻發現深沉的匱乏與空虛感。就是這種孤獨與無能為力的感覺讓她接受治療。

> 在治療的第二年，她解釋自己在感到寂寞與無助時，如何喚起腦海中治療師的影像。「我在下課休息時間被學生弄得精疲力竭。他們把我榨乾了。他們的要求是這麼地多，我不知道怎麼辦。然後我對自己說，『D醫師會怎麼

114

說呢？』好像我在電話的另一端聽到你說話：『聽起來你
好像覺得自己應該滿足他們所有的需求而不是部分的需
求』，我就覺得好過了些。我知道這是我的想法，不過我
卻可以聽到你說話的聲音，清楚得好像你就在房間裡和我
一起。」

　　MN已經內射她的治療師做為好的內在客體，而治療師幫她調
節自己嚴厲又自我批判地要求自己做一位完美的照顧者與老師的
需求。她的自體形像仍然保持與治療師形像清楚的分化。

　　　　幾個月後她宣布自己計畫回到研究所，學習成為一位
心理治療師。她開始把一部分治療的客體形像，她的治療
師，歸屬到自己的自體形像裡，並且依著這種新的自我感
來行動。她也以更細微的方式來認同她的治療師。她比以
前容易維持自己的自我評價。她不再需要喚起治療師的形
像來安撫自己，反而可以提醒自己足以應付。當她丈夫指
出她重返學校的不利因素時，她以類似治療師的方式肯定
地駁斥先生的想法。她野心勃勃地充實自己，這一點甚至
在治療情境裡也顯示出來，雖然他的治療師的特質並沒那
麼勤奮有野心。

　　這時候，內射已經讓步給認同。MN把客體形像歸屬到自體形
像。她學著認定自己是有自信、肯定、有時野心勃勃的人，類似
她的治療師然而仍有不同。她並沒有回到自體—他體共生融合狀
態，而是有選擇地採用了治療師的一些特質。

115　　　　治療的結果並不好。治療師沒有能夠幫她瞭解到，她之認同治療師帶有防衛的面向。他也無法確切地察覺到自己的缺點。患者變得愈來愈武斷，否認自己依附與依賴的感覺，並且認同了治療師所鼓勵的、虛假的自信。她後來離開教師生涯，憤怒地與丈夫離婚，然後陷入財務危機，不得不因此中斷治療。她必須放棄研究所學業並且找一份新的、不過比較不理想的教職。幾年之後，她才有辦法再度接受治療。

　　她也認同了這位治療師。他幫她進一步檢視她對他的認同。這個治療工作讓她可以選擇她認同的部分有哪些是最適合她的才能與狀況的。她在第二次治療所學得最重要的是，以她自己的才能與需要來說，什麼是最合適的自我形象。有所選擇是成熟認同的指標。

　　在第二次治療的尾聲，MN與另一位男人展開一段關係。在她試圖也對女性探索是否有可能性之後，她以適合自己角色的方式與這位男人建立關係。在這個領域裡，如何既獨立又親密地與男人建立關係，她的關切、衝突與嘗試錯誤的解決辦法都是合乎她的背景、生理習性以及她新的社交環境。

　她的自主性，她想成為自己想要並且適合她的人，在第二次治療中一直是被尊重的。這種對她發現並創造她自己生活的意義與目的之能力尊重的態度，內化成她本身的一部分。對她而言，認同變得較不像對第一位治療師那樣地個人化。它變得一般化，成為一組指導原則。有些理論者稱這種過程為結構化

（structuralization）。

　　多數心理治療師相信所有治療，包括精神分析，都受到認同治療師這現象的幫助。甚至相當成熟的患者也會納入治療師對人類處境感興趣的觀察與接納。患者改變這些歸因以適合自己的需要。例如，患者並不適合像治療師一樣，只是對自己的感受感到好奇，而不採取任何行動。對於感受，患者不是採取行動就是延遲行動。因此，當患者結束治療，他們會以被啟發與良好的自我觀察（這部分已經內化），加上自信的能力，來作決定並且採取行動。

116

　　在孩童的發展中，認同，和內射相反，隨著完整的客體關係之成熟逐漸明顯。這時候，三角或是伊底帕斯關係的形成，對認同的發展起推波助瀾之功。

　　許多客體關係理論者，像是馬勒，對分離與個別化的議題的討論甚於伊底帕斯關係，雖然他們注意到伊底帕斯衝突的重要性。並非否認這些性與攻擊問題的影響，他們只是認為以前的著作，從佛洛伊德（1900）開始，已經清楚說明這些重要的發展議題。其他人，如雅可布森（Jacobson 1964），追溯從伊底帕斯階段到青少年時期的內射、投射與認同的過程。

　　在伊底帕斯階段，男孩逐漸注意到自己與父親的相似性。他們觀察他們的生殖器。他們也提到自己想要擁有母親並且與母親親近的想法。他們於是會覺得和父親處於競爭狀態，隨著完整的客體關係發展，他們同時感到自己的渺小、依賴並且無能與父親競爭。與父親爭奪母親的注意力同時避免與父親衝突的解決方法之一就是認同父親。如此一來，他們會覺得自己是夠強大的，像父親一樣地擁有母親。這種認同對男孩是有用的，因為他們將它

普遍化並且學習孜孜不倦地努力、肯定自己、遵守規則以及與團體合作。直到青少年與青年階段，當他獲得自己的社會地位並且找尋自己的女性伴侶後，他們才能放棄這個希望擁有母親的想法的這個部分解決之道。在此時，他們可以自由地發展新的認同。

女孩的伊底帕斯關係有些不同（Tyson 1982），因為她們認同她們的母親，這個原本就與她們擁有最大自體—他體合一性的人，然而男孩必須放棄他們早期認同的原始客體（母親），並且與一個新的人，即父親，建立認同。經由認同過程，女孩學習到她們與母親有別卻又相似。很快地，她們很妒嫉地想要擁有母親的好東西，比如父親的特別注意以及父親所給的小孩。由於無法成功地與母親競爭父親完全的注意力，女孩以重新認同母親作為解決之道。

117　安娜・佛洛伊德（Anna Freud 1936）描述在小孩與成人中皆出現的認同攻擊者（identification with aggressor）的現象。例如，囚犯或是俘虜通常會習染獄卒或是挾持者的特質。在他們無助時，他們更為需要親密、照顧以及依賴感的滿足。他們被剝奪的狀態以及由之而不斷增生的需求，讓他們內化權威的人物，如同他們還是小孩時所作的一樣。藉著認同攻擊者，他們可以否定自己的無助，告訴自己他們並不是受害者，而是有力的加害人。因此，人質會傾向認同挾持住他們的人，不論挾持者如何地殘酷。

認同攻擊者或許可以解釋為何被虐待的小孩為人父母後，是如此容易地虐待自己的孩子。當小孩受到傷害時，他可能會更需要依賴他所向來依賴的人。結果，他會更親近這個傷害他的人。對親密感的需求導致孩子牢牢地內射了這個虐待的父母，然後認

同這個擁有權力的角色。這小孩不再覺得自己渺小、無助或是受傷害，而是巨人、有力量並且強壯。因此，這位被虐的孩子常常成為虐待的父母。在正常發展中，即使有著關愛與調節良好的父母，認同攻擊者仍然扮演部分角色。無可迴避的伊底帕斯狀態，如前面所說的，也有認同攻擊者的元素。

身分認同的形成並沒有在心智發展的早期就終止。在青少年階段，我們再次從父母分化出來，找尋同儕與老師來作為模範角色。當我們進入職場，我們認同我們的前輩，學習他們的方法並且加以調整以符合我們的需要。在老年，我們從其他人身上學習以適應自己新的身分地位。經由納入新的關係與經驗，我們從來就無法成為一個事物，反而，總是保持為一個過程，一個自體與客體的互動過程。

在基督教的傳統裡，認同客體好的部分就會被讚美為美德，正如基督要離去前，說道：

　　　你們要彼此相愛，
　　　像我愛你們一樣，
　　　這就是我的命令。

〈約翰福音〉第十五章12節

在這節經文中，使徒們被鼓勵認同基督對他們的愛，來愛彼此。

許多藝術家在創作時會想起大師們創作的技巧。他們描述 118
說，想像自己像大師一樣，直到他們成熟到擁有自己的藝術成就。外科住院醫師，藉由充當資深外科醫師的助手來學習，認同

他們的師傅。他們通常從與之朝夕共處的同事身上，學到一些固定的模式和態度。正如一位神經外科住院醫師在被問到如何到哪裡實習較好時，對醫學生建議說：「你在哪裡接受訓練是很重要的，因為你打球的方式就會像跟你打球的人一樣。」

在美國西北部的山區森林裡，一個下雪天的傍晚，伐木工人的手和腳都凍到麻目，臉上的髭鬚也結著霜，一位年輕的工頭不小心犯了個錯誤，他弄錯了要送下山的五百碼長的鋼索。同伴們不屑地攤開雙手——他們必須至少再工作一小時，把鋼索再拉上山頭，以備明天伐木用。這位工頭決定自己來拉鋼索以挽回顏面。他想辦法下山，看到老闆把鋼索背在肩膀上，像頭牛般蹣跚地向山上走。他的頭盔掉落在地上。當他在冷冽的空氣中喘著氣，他的鼻孔不斷地冒出熱氣。這位年輕人覺得如果老闆開除他的話，他不會怪這個老闆，雖然他是比較穩定的雇員。他也不會訝異這位老闆會大發雷霆，吼叫怒罵，或搥他幾拳。

當他走近老闆，這位年長的人停下來看著他。他眼裡冒著恨意與不屑，不過他只說：「好吧，我想一個男人可以忍受任何事情一個鐘頭。讓我們做完吧。」這兩個人，痛苦而且累壞了，拖著鋼索走了一小時然後掛好，準備明天拖運木材用。

隨後，在結凍的路上往溫暖的卡車走時，老闆把手放在年輕人的肩上，摟著他。「我永遠不會忘記，」他說，「當我快成年時，說真的還只是個孩子，我必須在晚餐前和老爸出去再砍一些樹，他總是提醒我，『一個男人可以忍受任何事情一個鐘頭。』我永遠忘不了這句話。」老闆接著走向他的貨車，頭也不回地驅車返回鎮上。

認同是一種喚醒好的客體記憶的能力，正如這位老闆在內心

想起自己支持鼓勵的父親；認同同時也是一種根據父親的原則而行為的能力。同樣地，這位工頭認同老闆。他學習到如何把同樣的鼓勵傳達給工作夥伴。

認同是維持一種感受到自己與重要客體不同、然而同時會把客體形像的一部分歸屬到自體形像的能力。終其一生，認同是一種對其他人保持開放，容許他人影響我們並且幫助我們改變的方式。　119

在治療中觀察到的成人與孩童病患，提供了關於心理機轉的重要訊息，這些心理機轉幫助我們建立起相對於他人的自體感。患者在治療中展現的互動，與健康小孩對父母所表現出來的行為驚人地雷同。逐漸增長之分化自體與客體以及整合好與壞的經驗的能力，可以協助孩子和患者從比較粗糙的機轉如投射、內射、分裂以及理想化與貶抑中逐漸移動，經過投射認同與過渡性客體形成，到客體恆久性與成熟的認同。雖然這些心智功能可以使用成熟與否的連續光譜排列，沒有任何一個會從我們的心靈選單上消失。終其一生，每一個功能都有一些用途。

第三部
客體關係系譜學
THE OBJECT RELATIONS CONTINUUM

情人和瘋癲者都有著騷動不安的大腦如斯形塑幻想，更因此感受
比冷酷的理性，所能理解的更多事物。

——莎士比亞，《仲夏夜之夢》，第五幕，第一景
（W. Shakespeare, *A Midsummer Night's Dream,* Act V, Scene 1）

引言

123　哲學家和科學家們過去不斷地對心理障礙，組織再組織，分類再分類（Menninger et al. 1963）。這許多的努力以各種實驗觀察與理論原則的組合為基礎。希波克拉底（Hippocrates）（Adams 1929）透過實驗觀察，發現被視為神聖之病的癲癇，也可以和其他大腦疾患的分類放在一起。雖然當時大部分的希臘人都認定是神用癲癇來折磨人，希波克拉底卻發現它們通常和大腦的損傷有關，所以他重新把它們列入身體疾患而不是精神問題的分類中。然而，即使是他的實驗工作，在分類上仍是基於如下理論：造成功能障礙的原因，不是解剖學上的，就是精神上的。

　　在中世紀醫學中，希臘的四種體液學說，以及阿拉伯占星學家的預測，被用來分類與解釋各種問題。例如，攻擊的爆發可以歸類為膽汁（一種體液）的過剩，以及來自灼熱欲焚的火星影響。

　　在十九世紀的歐洲醫學裡，科學家們努力地以純粹的經驗主義為目標。醫師們對各種精神障礙做了詳細的觀察，並根據它們124　表面上的表現做分類。到了克雷普林（Kraepelin 1919），終於把眾多的疾患整理為情感和思考的障礙，到此產生出精神病理上的二元理論，一直到現今的精神科領域中，依然佔著一席重要的地位。

　　在二十世紀之初，佛洛伊德以實驗觀察把個案所敘述的精神經歷整合了起來。憑藉著這些資料，他發現了無意識思考程序，

以及在成人精神病理中重複出現的嬰兒期衝突。他根據這些觀察
形成了幾個理論原則，這些理論後來被用來為各種問題做分類，
而分類的基礎則是根據嬰兒期發展中最明顯牽涉到的困難。一直
到今天，佛洛伊德的理論在精神疾病的分類上，仍然扮演著一個
重要的角色。

　　根據心性發展的古典系統（Fenichel 1945），成癮個案重複著
生命裡頭第一年內的口慾，強迫症個案重複著第二、三年時有關
肛門—虐待的衝突，歇斯底里個案則重複著第三、四、五年的伊
底帕斯問題。這個固著理論（fixation theory）主張，目前生活中
出現的衝突，會再度喚起生命早期裡未解決的相似問題。這些早
年的困難以及為了迴避這些困難而衍生的防衛企圖，都會以症狀
的形式表現出來。即使是在精神分析的領域裡，也仍然存在著許
多關於固著理論的爭論，現今大部分的學者都把固著理論放在更
複雜的社會—心理—生物的混合基質領域裡來討論。

　　從費尼切爾（Fenichel）的時代開始，對於精神病和邊緣狀
態之類的嚴重精神疾病，我們的了解已經比以前多了。同時，有
關早年嬰兒—母親互動的研究，也得到了分離—個體化各個發展
階段的大略結論。無數的醫師和研究者注意到，在個案的問題和
各發展階段裡孩童的掙扎之間，存在著許多相似的地方。布蘭克
（Blanck and Blanck 1979）這兩位深受馬勒作品影響的自我心理
學學者，憑藉著這些資料，免去了診斷的標籤。他們不做傳統的
診斷，而是生動地描繪出他們的個案在發展上已經完成的以及並
未得到解決的問題。他們稱這個過程為描述式之發展學取向的診
斷（p. 64）。

　　大多數的客體關係理論學者並不像布蘭克走得這麼遠。他們

仍然不同程度地用著各種標籤來描述各個症狀群。當他們把這些
標籤和生命早年的發展任務連結在一起時，便依據分離—個體化
的發展概念，而建立起精神病理的系譜連續體（Kernberg 1970,
Rinsley 1982, Horner 1984, Adler 1985）。以下是一個概要的圖
表。

發展階段	診斷	人格組合的層次
自閉	自閉型精神病（Autistic psychosis）	精神病組合
共生	精神分裂症（Schizophrenia）	（Psychotic
孵化		organization）
實踐	雙極性情感疾患（Bipolar affective disorder）	
和解	反社會性（Antisocial）	邊緣組合
	分裂病性（Schizotypal）	（Borderline
	類分裂性（Schizoid）	organization）
	邊緣性（Borderline）	
	自戀性（Narcissistic）	
完整客體關係	強迫性（Obsessive）	精神官能症組合
	歇斯底里（Hysteria）	（Neurotic
	正常—精神官能症（Normal-neurotic）	organization）

125

　　這個概要圖表一直在校正與修訂中。正如山德勒與羅森布
拉特（Sandler and Rosenblatt 1962）這樣描述精神分析取向的
研究，「在我們的臨床材料和理論陳述之間，有一種恒常存在著
的互動，在我們看來，這互動是所有科學程序的一種基本組成要
素。」（p. 128）

　　在非正式的談話裡，許多醫師會描述說某一名個案有分裂

的客體關係，好像在這個案心裡，有一個尚未逝去的、和解期中的、搖擺學步的孩童。然而，客體關係系譜學所要指涉的，其實不是這種過分簡單化的因果關係理論。你如果真的去問他們，大部分的醫師都不會贊成這種減化到不能再減化的固著理論。要指出一個成人的分離—個體化問題，可能和小孩子的類似，大多數人對此都會相當謹慎。問題還更複雜些，因為成年人事實上已經通過了伊底帕斯期的衝突、潛伏期的發展，以及青春期的認同重建（Blanck and Blanck 1979）。

　　雖然還有其他的因素會造成客體關係的障礙，然而，許多心理治療師因著他們對個人互動的興趣，會強調早年的關係障礙是造成困難的原因。一些學習和注意力缺陷的疾患，天生就存在著自我整合功能的缺陷，導致沒有整合好的和壞的自體表徵與客體表徵的能力。像這樣的缺陷會導致一種持續到成人期的分裂客體關係單元。類似地，一個先前已經建立起整合的完整客體關係的成人，也可能因為腦傷而造成自我整合功能的退化。這個成人可能會在瀰漫著情緒的現場互動裡，重新回到分裂的客體關係的狀態，但是在平靜安全的時候，他卻還保有完整關係的舊有記憶。由此可見，雖然客體關係是基本的人際構造，但並不表示客體關係理論是心理問題病因裡唯一的人際理論。

　　如果這個嬰兒發展與精神病理學的理論沒辦法預測疾病的發生，那它還有什麼用處呢？我相信，這個問題的關鍵，就像一般生物學所觀察到的，生長是以一定的順序在發生，總是從比較粗糙組合的構造和功能裡，發展出更分化、更整合的構造和功能。在逐漸進化到複雜種類的生物演化過程也是如此，就像胚胎發育過程中逐漸出現的複雜器官系統一般。這個現象反應出了那句格

126

言──個體發生學摘要地說明了種族的演化史。

　　十九世紀最偉大的神經科醫師傑克森（Jackson 1884），同樣也注意到心靈的進化有可能是從較不複雜到較為複雜，從較不自主到較為自主。當疾病發生時，功能失常的發展階序剛好倒過來，從最複雜一直到最不複雜。傑克森稱此為「去發展」（undevelopment）。照傑克森的說法，當一個人受到心理上的創傷時，不論原因是生物上或人際上的因素，皆會因此而失去原先的分化，或者變得退化，並依照更原始的原則來重組。了解心理發展的治療師，能協助個案在分化與整合的過程中踏出必要的腳步，藉此，個案可以再重新接續心理的發展。孩童的發展過程是判斷這些必要腳步的關鍵。發展學取向的診斷對心理治療介入的參考而言，是最恰當的診斷系統。當然，其他種類的診斷，像是美國精神醫學會（American Psychiatric Association 1980）目前所用的《精神疾病的診斷與統計手冊》（*Diagnostic and Statistical Manual,* DSM-III），對藥物治療的參考而言可能更為恰當。

　　我們將在這一部當中，以客體關係理論的概念來討論一些具有代表意義的精神疾病。我們將以它們在客體關係系譜學上出現的順序來介紹它們：自閉症（第七章）、精神分裂症（第八章）、躁症（第九章）、邊緣性人格疾患（第十章）、自戀性人格疾患（第十一章）以及精神官能症和正常的人格（第十二章）。

【第七章】自閉症

　　1980年，我中斷了自己在一家私人精神分析醫院裡所進行
有關自戀性、邊緣性和精神病成人個案的研究，轉而去探究嚴重
智能不足孩童的客體關係。當我走進堪薩斯神經醫學研究中心
（Kansas Neurological Institute）的病房時，有一個發育不全、約
莫十歲大、外表像是唐氏症的女孩，在我俯身向她打招呼時，跑
過來強抱住我的脖子；另一個男孩停止了他幻覺中的喃喃自語，
往上看了一眼，然後又回到他自己的世界裡。一個黑髮、褐眼、
四歲大的女孩，甚至沒有注意到我和護士。

　　「這是誰？」我問護士。
　　「那是JJ，她是自閉兒。」護士如此回答。「不要碰
她，你要是踫她，她會去撞她的頭或咬你。」
　　JJ盯著油氈地板的裂縫，專心地注視著，一邊還用手
指頭上下摸著裂縫。我小心地接近她，蹲跪在她旁邊，轉
過頭以使目光和她相對。當我侵入她正常的私人領域內
時，她竟然沒有注意到我，一種怪誕的感覺把我打敗了。
她依然專心一志地用手指在裂縫上下來回移動。我不只不
是個人，簡直就像是不存在似的。我靜靜地撤退了。
　　在接下來的幾個星期當中，我們常常觀察這個四歲大
的自閉症女孩。有一天，我看到一個看護正在接近她。JJ
看著自己的腳趾，來回擺弄著。當看護走近到進入她的視

線範圍內時，她突然把頭轉開。似乎是為了要避開看護的侵入，她用手指在眼前揮動，使得陽光一閃一閃的。當看護輕輕地叫她的名字時，她瑟縮而恐懼地大叫，並且用手把耳朵給摀了起來。她的反應就好像是她的獨處遭到消防車尖銳的警報聲突如其來地闖入，而不是一個溫柔的人聲接近她。

第二天，我再一次靜靜地侵入她的私人領域，並且完全靜止地坐著。當她的目光不經意和我的目光相對時，她的目光穿透我，如同我是一件物品，而不是一個人。她對人的臉孔甚至沒有八週大的嬰孩已經發展出來的視覺跟隨（visual following）反應。她停留在自己的非人世界中，沒有客體關係。

自閉的個體不會有正常人所能做到的接觸。他們似乎無法建立第一個共生式的依附。馬勒把這類問題稱為「自閉型嬰兒期精神病」（autistic infantile psychosis, 1952, p. 289），林斯利則稱此為「前共生型精神病」（presymbiotic psychoses, Rinsley 1972, p. 169）。運用對嬰兒建立客體關係過程的了解，我們可以對自閉的原因做幾種假設。自閉的原因可能是缺少一個適當的共生伙伴。有一段時期，這個理論曾經被廣泛地接受（Eisenberg and Kanner 1956）。這些小孩的父母親有時被戲稱為「冰箱父母」，裡頭裝著基本的營養供應，但卻罩著一個沒有人性的冰冷外殼。這個理論認為這些父母沒有能力去抱持他們的小孩；小孩之所以無法和人互動，被認定是父母自己本身就有些問題。後來進一步的研究顯示，這些小孩的父母其實有能力涵容他們的孩子（Rutter

1971）；實際上是孩子天生就沒有能力來回應他們的父母。

　　大多數的醫師現在都相信自閉症的原因來自於小孩先天的問題。依照克萊恩有關死亡本能投射的說法，我們可以想像自閉症的原因是過剩的毀滅驅力投射到外在世界，因而使得這世界顯得荒涼而危險。這樣的世界足以讓人退回自閉的貫注中。這種解釋方法看起來還不夠，因為這樣的說法隱含著曾經有自體─他體的分化出現過。要從外在世界退回到內在世界中，那這個人先前不可能完全沒有自體─他體的分別能力。無論如何，這種退縮並不是自閉性的，而是類分裂性的撤退。 129

　　另外一種說法是，客體世界或個體內在衝動都不是造成自閉症自體─他體問題的原因。自我整合功能有缺陷或扭曲是一個可能。馬勒（1952）傾向於這個假說。她觀察到幾乎所有自閉症的孩童，他們自主的自我功能都有許多嚴重的先天性問題。我們也觀察到自閉症兒童在過濾知覺以及適切地注意刺激來源的能力上有問題，這和馬勒的發現吻合。這些孩童可能會沒注意到一輛卡車正急駛過來，但卻會為了一個溫柔的碰觸而驚恐地退縮。他們在母親懷中時，也常常沒辦法安分適切地嵌合母親雙臂的姿勢。他們並未形成過渡性客體，而且他們對所有的溝通存在著特殊的困難，不論是臉部表情、態度以及後來發展的語言能力皆然。

　　似乎，自閉症兒童的自我有嚴重的先天缺陷或扭曲，以至於使得他們無法在與客體接觸的過程中，去感受、組織以及和環境互動。他們處於「前共生期」的狀態，在這個狀態裡，不只是自體和客體，甚至是兩者的組合單位都是沒有意義的。

　　並不是所有的自閉症兒童都會一直保持這種怪異的狀態。尤其是那些某方面智能滿高的個案，雖然他們的舉止很不自然，而

且缺乏社交生活的親密關係，他們還是可以在日常生活中有不錯的功能。

CE在小時候被診斷為自閉症。他在二十二歲時丟了程式設計師的工作後，進入新英格蘭的一家私人精神醫院。他陷入了憂鬱之中，沒有食欲，早醒，並且有自殺意念。在抗憂鬱劑的治療之下，他的憂鬱很快就好轉，但是他在社交上依然相當退縮，而且行為也很古怪。他的一頭金髮剪得短短的，整齊劃一。他的手提電腦是他唯一珍愛的財產。

他的第一個病房醫師診斷他有殘存的孩童期自閉症。這位醫師建構了一個協助這個案和人接觸的安全環境。整整六個月的時間裡，CE都待在自己的房裡。即使在護士的鼓勵下，他還是拒絕參加團體聚會。當他沒有得到離開病房、到餐廳吃飯、參加活動或是去逛街的許可時，他根本不介意。用這些好處來引誘他出房門一點效果也沒有。他強烈地堅持絕不降格屈就地去參加團體，討論那些「芝麻蒜皮小事」。

他也拒絕和他的護士會談。他聲稱痛恨他的醫師，因為他必須要和醫師會談。他覺得被醫師控制和攻擊。最後他終於答應到病房外去看一個心理治療師，條件是每個星期可以讓他去逛電腦專賣店，買他所需要的裝備。不過，心理治療師依然被排除在他的內心世界之外。

六個月後，CE的病房醫師離職了。新來的醫師每天到他的房間去，CE控訴說她沒有權力侵犯他的空間，認

為她和前任醫師一樣壞。他沒有什麼可以向她或是其他「人」說的。在人際關係上，他還是保持冷漠的外表。內在明顯地隱藏了一種自閉且無客體的空虛。他的醫師想著，他或許是自閉症，只能和數字、電腦之類的無生物發生關係。上個醫師曾經這麼說：「他只和東西發生關係，所以妳可能必須透過東西來和他建立關係。」

連續好幾天，CE拒絕跟他的醫師說話，不把她的出現看在眼裡。他繼續電腦的工作，就好像不曾有人出現似的。在幾個禮拜之間，這個新來的醫師學會了觀察電腦的螢幕，而不是只注意個案。螢幕上的文字、數字和格式都令人難以理解。「你在告訴我，你有一些井然有序且簡要明確的訊息，只是我不能了解罷了。」她說。

「我並沒有跟妳說什麼。」CE這麼反擊。「在妳像個野蠻人似地闖進我房裡以前，我只是在進行我自己的工作罷了。」

CE當時並不完全如同他還是個小孩一般，處在無客體、自閉的狀態。他可以分辨自體和客體的差別，但他在自己之外有一個隔離的保護殼。當有人進入時，他就會覺得被侵犯。

他的醫師從護士那兒得知，這位個案花很多的時間在玩自己寫的遊戲程式。有一天，CE給護士看他的一個遊戲程式。在房間的昏暗燈光下，他凝視著電腦的綠色螢幕，尋找良善的圖形所圍起來的防禦圈，以及正在入侵這個防禦圈的惡勢力。防禦者射出光束消滅入侵者。其實，在他心中，好的和壞的客體都是存在的。而領域的界限也

131

顯示出他有能力分辨自體─他體。

從客體關係的發展理論，可以了解這名個案過去已經從自閉期，越過共生期，進入到個別化的孵化期過程中。他可以分辨自體和環境，但他從來都無法融入一個溫暖、共生的關係。或許CE早年的融合經驗主要是和沒有生命的物體，而不是和人。他顯然未曾有能力去形成溫暖的二元關係。他一直傾向把這種溫暖關係視為一種攻擊，就如同JJ會因為看護的輕柔言語而尖叫退縮一樣。這個觀察證實了前一位醫師的建議，一定要透過物品來小心地和這名個案接觸，永遠不要有人的直接接觸。

第二天，個案在他的螢幕上建立了兩套平行的符號。這時他房間內的光線亮了些。「兩種語言？」醫師問。

「是啊。」個案答。「我正在寫一個新的程式來把我的電腦語言轉譯成BASIC，這可是真的很棒的。」

「所以，你早已建立了你自己的語言，而現在你正要把它翻譯，讓別人也可以懂？」

「不，我不那麼在意別人。只是我的電腦要是能利用其他語言的資料，將會變得更強。」

「是啊。」醫師說。她不打算太介入提醒個案，他可能已經準備好要開始利用他的電腦，來讓自己覺得別人了解他了。

幾個禮拜之後，他的電腦不再像過去那樣，像是個被以自體情欲（autoerotic）的形式操弄著的無生命客體。

CE的電腦現在是自體和客體之間的一個媒介。他可

以用一種獨特的方式使用它來和別人溝通。再幾個星期之後，他把他完成的程式給醫師看。他接受了鼓勵，把程式寄給電腦公司。終於，他的溝通總算讓別人收到了，他們買了他的程式，甚至還願意雇他寫更多的程式。他花了一些時間到電腦公司去，和其他的程式設計師聊天，其中有一些人和他同樣需要情感的疏離。

又過了六個月，他的世界又更大了。他把簡歷寄給 132
未來的老闆。兩個月後，他找到了南加州一家大型電腦公司的工作，並且準備出院。

CE原本是那麼地自閉，沒有辦法形成共生的客體關聯，從來都沒有辦法拾回這個過去沒有達成的發展階段。也就是這個能力的缺乏，使得他不可能參加病房的團體。團體常常意味著某種一體的共生，進入一種雙元的組合體。CE必須規避團體治療，而專注在工作的技巧上。

他有部分的能力能避開共生，使用無生命的客體和數學作為一個中介區域，作為他的內在自體和外在物質世界之間的緩衝區。然後他可以為自己在日常的交際關係中找到一個安身立命的地方。雖然醫院的工作人員沒能幫這個人建立溫暖、充滿愛意的關係，他還是能夠說出感謝的話，感謝他們為了協助他而做的努力。

自閉症作為一個臨床的實體，與人類在發展階段裡的自閉期相類似。在這個階段，人類似乎生在一個沒有客體的世界之中，也沒有具有情感意義的自體—客體關係存在。有一些自閉症個案

可以學會如何和人發生關聯，不過在大多數的情況下，他們還是
只使用自己的認知技巧以及非人的物品作為溝通的手段。

【第八章】精神分裂症

　　精神分裂症是一組複雜的疾病。情感性精神病、癲癇、人　　133
格疾患、隱微的大腦異常、器質性精神病、藥物濫用以及其他
少見的狀況，都可能有類似精神分裂症的表現（Hamilton and
Allsbrook 1986）。在本章中，我將不會試圖把精神分裂症分成幾
個獨立的診斷項目。我倒是會以傳統的觀點來描述這群個案的客
體關係。

　　目前最被接受的診斷準則是《精神疾病的診斷及統計手冊》
第三版（DSM-III），其中列出了六個精神分裂症的主要準則。要
被歸類為精神分裂，個案必須符合至少一項準則。這些準則中的
五項和各式各樣的妄想和幻覺有關，另外一項則和語無倫次或怪
異行為有關。所有的這些問題都可以被理解成自體和內在或外在
客體之間的關係所出現的問題。

　　幻覺是某些幻想或想法的知覺。一些正常時應該被經驗為
自體的事物，也被當成了客體來看待。幻聽有時會被當成外在客
體，像是外面傳來的聲音；有時又會被當作是內在客體，在個案　　134
身體裡聽到，但仍然被視為非屬自體的另一種獨立存在的事物。
一些個案提到了他們聽到各種不同的聲音：（1）來自腦袋裡面；
（2）從腦袋外面傳來，但旁人聽不到；（3）從腦袋外面傳來，
而且旁人聽得到。前兩種是幻聽，而第三種則是正常的知覺。精
神病個案沒辦法分辨其中的真實性。有時，他們也會提到外在聲
音可以被他人所聽到，換言之，這是正常的知覺經驗，但在他們

的生命當中恐怕是最為少見的。

如果治療師面質個案的幻覺是不真實的，個案通常會強烈地辯護說他相信自己經驗的真實性——當個案可以用自己的耳朵聽、用自己的眼睛看的時候，憑什麼要他同意專業人員或是民主式決定的看法。問題不單單只是個案對客體世界有逼真的幻想，他們也傾向於因為內在世界，而犧牲了與外在世界的秩序關係。同時，這樣的個案可能會不顧一切地尋找和其他人的接觸。他可能冒失且不恰當地堅持談論他內在最深處的幻想，如同它們是外在客體世界的一部分，而以為每個人都可以看到或聽到這些幻想。這種談論常常會讓人非常困擾。

在所有的妄想中，對內在世界的強調總是高過外在真實的關係。妄想的一般定義是：一個固著而不真實的想法。以客體關係的術語來說，妄想是將逼真的想法和外在事件的正確評估弄混了。因此從一個內在的固著想法開始，而後以此結論來詮釋所有的外在事件。

　　在奧瑞岡的小城裡，有一個大學生在每天早晨上課前，會和一個有著妄想的咖啡店老闆談話。老闆告訴他，教宗如何在報紙上用密碼告訴他社會黨人正密謀要奪取世界的訊息。如果一切以他心中深信的想法作為起點，也就是真的有一個陰謀在進行，在羅馬的教宗和奧瑞岡的小老闆間有著特別的關聯，而所有文明的力量都圍繞在這個看起來毫不起眼的老闆身上，那這一切就似乎合於邏輯且有說服力了。對這個男人來說，問題出在沒有人和他有同樣的想法。他並沒有敞開自己，去接受新資訊或其他人的想

法。幸運的是，他的顧客主要是一些大學生，覺得他有
趣、幽默。

　　沒有人會苟同精神分裂個案的想法，他們常為了自己最堅持　135
的信念而與人發生衝突。對他們而言，這些信念常常事關生死，
因而和人斷絕關係。他們無從省察和改變自己的內在生命。因
此，他們的幻想在初期或許因性質特異而顯得複雜，但卻常使得
個案變得重複、空洞且沒有生氣。任何新的影響都無法干擾和更
新他們先前的想法。

　　不著邊際而怪異的行為也會造成精神分裂患者和他人關係的
障礙，因為這類的性質是外在所定義的。也就是說，某個被稱呼
為治療師的人，評斷另一個被稱為個案的人，因為個案無法正常
地與人連結、言語和行動，而被認為是不尋常的。人們很輕易會
假設這樣怪異或不著邊際的個案他們的內在自體感受到干擾，而
這反映在他們的外在行為上。然而，這個結論卻不能擔保一定是
正確的，因為這樣就把從外在觀點看的人，與內在的自體觀點混
為一談了。

　　透過言語，我們能隱約看見內在生命。言談怪異的人可能
會被認為是不著邊際，事實上他們不會隨便說話。當然，他們
並不是根據精神分析師所稱的次發思考流程（secondary process
thinking）邏輯來說話，而是根據一種稱作原發思考流程（primary
process thinking）的原則（Freud 1911, Brenner 1973）。在夢和
幻想的語言當中，相對性是不相干的，且對立是不存在的。客體
的某部分可以用來代表整體，而整體也可以被用來代表某部分。
符號，比方說字詞，可以被當成它們所象徵的客體那樣被對待。

時間和次序並不存在。這是神話學、詩歌和瘋狂的語言。

在原發思考中，因為和相對性不相干，所以沒有穩定的自體和客體的分別。自體和客體只能以二分的相對性來定義，然而在原發思考中，相對性是不存在的。如此，我們會看見語無倫次，或說得更真切些，根據原發思考原則的個案，確實受苦於自體—客體的混淆。

梅寧哲基金會（Menninger Foundation）的彼得·諾佛提尼醫師（Peter Novotny 1980）用以下的例子來描述這種思考。

> 理查是一名五十歲的精神分裂症男性個案，有一天他去和醫師會談時，看起來蒼白而虛弱。「我覺得今天很好。」個案在坐下來時這麼說。「我是勇猛的獅心王理查。」機敏的醫師以他的詮釋救了這個病人。「你猜猜看這是什麼意思？」諾佛提尼問。
>
> 在幾分鐘的支支吾吾後，一個住院醫師猜到，「他心肌梗塞了，他說的是理查在欺騙他的心臟（lyin' hearted），而不是獅心王理查（Lionhearted）。他今天一點也不好。」

獅子（Lion）和說謊（lyin'）這兩個詞的發音被融合在一起了，這兩種意義也同時被應用。因為在原發思考中沒有相對的概念，所以在字義上並沒有排他性。一方面，理查在胸部疼痛的時候，說他覺得自己很好來隱瞞心臟的不舒服；另一方面，理查確

實感覺自己是獅心王，因為他想要變得心臟有力且勇敢[1]，尤其是他感到心臟如此無力而令他害怕的時刻。「獅心的」也象徵著一個人感到心臟遭到獅子的攻擊。所有的這些意義都是真實、互相重疊的，相對卻共存。理查很難分辨他的受傷、身體的自體形象和他理想的客體形像理查一世，所以他沒有適當地反應他心肌梗塞的狀況。他不尋常的言行都是因為原發思考而來，它不存在相對的概念，且無法分辨自體和客體。

從下面這名個案，我們可以看到原發思考流程中，自體─客體混淆而導致怪異行為的例子：

> 一個四十八歲的女人，在她蒼白的紅髮上，用髮夾夾了一個鋁片。一名內科住院醫師用手肘輕推他的同伴，「精神分裂」，他說。他有些輕率地從她那不尋常的衣著和舉止推斷她有思考障礙。
>
> 當精神科住院醫師檢查這名個案時，她解釋說有她不想要的思考被傳入她腦中，已經好多年了。在過去的幾個月中，她發現了解決之道，也就是用鋁片來把那些不要的想法反射回去，因此她已經能夠有更穩定的生活了。

當她在說明自己的不尋常行為背後的思考時，證實了住院醫師的假設，認為她奇怪的行為反應了精神分裂症的自體─他體混淆。她相信她不要的思考是來自她之外，所以試圖在頭上擺個金屬片來把它們趕走。以原發思考的角度，可以將這道障蔽看成是

1　勇氣（courage）這個字來自法文coeur，更之前來自拉丁文cor，兩者的意思皆是「心」（heart）的意思。

一個象徵性的嘗試，用來強化在她自己和外圍世界之間的錯誤界限。在所有不尋常的精神分裂的行為和言語中，類似的自體—客體混淆隨處可見。

精神分裂症的主要症狀包括自體—客體融合和崩解。幻覺彷彿是從客體而來的幻想知覺。這種自體—他體混淆，永遠伴隨著碎裂，因為屬於自體的幻覺被分裂開來，並且被經驗為不是自己的。妄想也是以同樣的方式在運行。在此，想法和外在事件混在一起了。這包括自體—他體界限的模糊，也包括自體被分裂成幾個被經驗為自體和幾個被投射到客體世界的不同面向。怪異的言語和行為也涉及原發思考流程的融合和碎裂。

因為精神分裂症狀可以被看做是來自與共生和孵化期嬰兒相類似的自體—他體融合和崩解，這些疾患在發展的系譜中被放置在該階層中。一些學者（Mahler 1952, Rinsley 1972）描述過他們所稱的共生式精神病。然而，把精神分裂放在發展的共生階段，並不意味著對精神分裂個案而言，這些課題和嬰兒期完全一樣，也不代表精神分裂個案從未超越關係中的共生階段。這不必然意指他們在疾病發作前的適應只是「彷彿」或只是假性適應（pseudo-adaptation）。有些精神分裂個案在青春期以前具有充分整合的人格，這是完全有可能的。他們可能是在後來罹患腦部疾病，影響了他們的自我整合功能。剝奪了他們原有足以分辨自體和客體的能力以後，他們可能會沿著共生的路線退化和重整，以處理融合和分離的原始課題。因為他們是成人，有著成人的性和攻擊興趣，因此他們會有怪異的共生現象，頗為奇怪地類似嬰孩的共生，但又不同於嬰兒。

其他有先天性輕微腦部功能異常的精神分裂個案（Hartocollis

1968, Bellak 1979, Hamilton and Allsbrook 1986）可能適應得很好，直到他們青春期時面對抽象思考的需要，以及模糊的性和競爭關係。在此時，他們還要面對與家庭的分離。所有這一切都在同一個時期加在一起，可能會壓垮他們脆弱的自我整合功能。這群個案可能佔精神分裂症個案中的最大部分。

138

　　PW，二十二歲男性，是一個典型的精神分裂症個案。他有精神分裂症家族史，在孩提時期也曾經被診斷為過動兒和有閱讀障礙。[2] PW的父母不相信老師和學校的心理師，他們堅持他是一個獨特的天才兒童，只是他的老師並不了解他。雖說如此，他的認知和視覺—空間組織的問題一直持續；在青少年晚期，他的適應能力開始失效。他變得專注於怪異的宗教想法。

　　他一開始拒絕治療，因為他並不相信自己生病了。他堅持自己擁有特殊的力量。後來，他同意和精神科醫師談談他的困擾。在六個月的治療期間，PW透露他妄想中的朋友Unity曾經講過地球的歷史。一開始，地球完美地對稱，並且被一層水所圍繞。水氣散發了光，造成統一而和煦的溫度。那時並沒有季節，因為地球沒有名銜，也沒有歲差。屆時，罪惡之神，擁有善良和邪惡的知識，遣來了洪水。水從天上被傾倒到地球上。後來世界分裂了，各大洲各自漂流開。海洋於是形成。完美的平衡被顛覆了，於

2　對精神分裂症高風險群孩童的前瞻性研究顯示，他們之中許多有散亂的學習和知覺—運動困難（Mirsky et al. 1985）。這個發現並不意味著大部分的過動兒（其中許多有學習障礙）在精神分裂症的發病上會有統計上顯著的較高危險（Cantwell 1986）。就好像白化症的個案有藍眼睛，但藍眼睛的人裡頭有白化症者還是相當地少。

是世界晃動搖擺，造成了季節和後來的時間消逝，以及退化和死亡的問題。

　　幸運的是，他說，天使現在合作站在世界的四個角落，要在公元2000年的時候更正這一切錯誤。所有一切終又回到和諧的平衡。我們會再一次被覆蓋在一個可以溫暖和保護我們的水層下。

　　PW說到他如何看待這個故事；我們於是瞭解了他渴望回到羊水般的環境中，尋求保護和穩定。他渴望處在和諧之中，而這和他以Unity來展現的好客體是一致的。他在幾週後說，只要他能夠發現一段理想的關係，只要有任何人可以了解他，他將不再被當作病人。世界也將再度變得正確。PW認為或許他的治療師能夠如此透徹地了解他。

這名個案顯然覺得失去了平衡。他發現了自己和周遭環境之間的不協調，同時內心也是如此。他統合和組織經驗的能力負擔過重了。然而他希望他所渴望的了解可以來自外界，來自外界妄想中的共生朋友，或是來自治療師。不論他的認知和知覺—運動損害，是否導致他想要退回共生一體的願望，這些自我整合功能的問題，肯定並沒有減輕他的掙扎。許多精神分裂個案都有這種自我功能的損傷，這使得以下的說法在理論上是有道理的：整合功能的失敗會導致退化到共生的人格組織。

　　一小部分被診斷為精神分裂症的個案，可能在神經生理上具有未受損的自我整合功能。這些個案的自體—他體混淆可以回溯至最初母親與孩童的關係。這個問題可能會在成人經歷分離或失

落時重新被挑起。

　　一個聰穎的精神分裂女性JW，在高中畢業後搬到離家一百六十公里的大學城時開始發病。當她還是小孩時，就不容易和母親形成安全的共生。在她出世後不久的一場車禍中，她父親死了，而母親受了重傷。這名個案當時毫髮無傷。她母親因為傷勢的關係，有好幾個月無法抱她。雖然保險給付足以供母親請一個褓母，但她仍然堅持不要別人幫忙照顧小孩。JW的母親可能也在那場車禍中受到了一些腦傷，她宣稱自己有能力讀出女兒的心聲。當JW慢慢長大時，她母親告訴她，她的感覺是什麼，怎麼穿衣服，甚至包括該坐在哪裡。她母親常常把她留在家裡，不讓她上學，但又要求她靜靜坐著好幾個小時。這種侵入型的親密同時又拒絕的奇怪組合，可能促使她終於在將近成年的時候罹患共生的精神病。

　　這名個案在構造上擁有足夠的天賦來對她怪異的家庭做出反應，她只要一得到同意，一定會去上學，並且拚命地念書。她在學校裡沒有密友，但卻變成幾位老師喜愛的學生。當她離開熟悉的老師和母親，發現自己身處在一個不屬於她的校園裡，她對親密的渴望和害怕，引發了她古老的共生願望和恐懼。她建立起一個妄想的形像，那人會近乎完美地照顧她，不然就是會為了瑣事威脅她。為了要趕走因為被拋棄而引發的空虛，她強迫性地手淫。

　　JW是一個聰明的女性，在認知和視覺—空間測驗中沒有任何大腦功能異常的症候。她的精神病長達兩年之

久，然而藉著和某人談話，主要是在與他人的關係中學習
發現她是誰，她成為極少數能完全克服精神病的個案。

這種共生的渴望是精神分裂症個案的特點，不論是那一種型
式的精神分裂症。希爾斯（Searles 1959）不斷地在個案的精神分
裂核心中發現共生的渴望。他相信這些問題通常來自早年父母與
孩童關係的破裂。最近，研究者發現個案自我整合功能的先天異
常，可能導致父母與孩童關係的破裂，至少這和異常的關係影響
到自我功能一樣常見。

在精神分裂症中，共生的執著和自體—他體界限的混淆，主
宰了思考。因此，在客體關係的系譜中，精神分裂症被放在發展
上的共生階段。

【第九章】躁症

雙極性情感疾患的個案有極端的情感波動，情緒高昂的那一 141
端便是躁症。雖然有時他們也會變得相當的迷惑，但他們的自體
—他體界限的障礙並不像精神分裂症個案那麼嚴重。在躁期的時
候，雙極性疾患的個案表現出全能、世界為我所有的看法，就像
是搖擺學步中的幼兒一樣。他們的行為中有一種壓迫的特質，好
像他們必須這樣不斷付出更大的努力，以避免了解到世界根本不
是他們的禁臠這樣的事實。內心深處，這些個案其實感到無望而
低下。

　　EH參加了團體心理治療，他是個瘦瘦高高的男人，
四十五歲，來自芝加哥。他那過時的西裝外套前面敞開
著，襯衫沒繫進去，露了出來。兩個禮拜前，他因為精神
異常，收到了一筆一萬元的保險金。

　　他忙亂地進入會場，打開公事包翻尋顯眼的文件。正
當其他的成員在談論他們的麻煩、希望和恐懼時，EH讓
自己忙於其他更重要的事情。他不時抬起頭來看，最後拿
起一份文件，在房內四處尋求團體的讚賞。他才剛剛開始 142
一份事業。信紙的頁首上驕傲地印著他的名銜：環球聯合
投資公司總裁。他試圖要賺一筆錢，並且協助人類把所有
人的缺陷，轉變成人類的資產。

　　一週後，他宣稱自己把一個年輕的貧苦女性帶回家。

他確信他可以幫助她，並計畫使她成為環球投資的副總裁。當團體的其他成員提問時，他打斷他們，大聲斥責要大家不要說話，並且愈說愈快。他堅持如果大家了解的話，就一定會同意他的計畫。當他們堅持他們的疑惑，EH宣稱他並不像團體需要他那樣需要團體，然後他離開了房間，不過在幾分鐘後就回來了。

下一次團體治療中，他又再次說明，過去沒有任何人曾經關心過這個十八歲的女人。因為他真心關心她，所以她就會茁壯起來。他說，當然錢正從他家消失，這點令人相當為難，不過她的情況將會有所改善。對於他們關係中的諂媚和友誼，他並不特別憂慮。他要幫助這個女人，而不要她的任何東西。他是一個施予者。

在三週內，他失去了這個年輕的朋友和她帶走的五千元。他非但不沮喪，還加倍努力。他絲毫不為所動。他說自己已經做錯了，但他知道他可以對世界有所貢獻。其他人遲早會了解他是多麼地正確。

此時，他決定他不再需要服藥。他每晚只睡兩、三個小時，因為他實在太忙了，根本沒有時間可以浪費在休息上。他為他的非營利公司草擬了一份宣言，不斷地懇求別人的捐獻。然而一個月後，另一個住在街上的年輕人又搬進了他家。兩個禮拜後，這個新伙伴帶著他的傢俱離開了。他甚至沒有注意到這些損失，仍然繼續照顧世上的弱者和無家可歸的人。

他甚至更加大肆宣揚他的目標，當團體的其他成員認為他處在躁期並且需要治療時，他勃然大怒。他要幫助別

人，他自己並不需要什麼幫助。醫師試圖說服他住院或規律服藥的所有努力，都被他認為是一種無禮的侮辱而斷然拒絕。

　　一些團體成員把訴求轉向個案對享有權利的感受，而不是從他的理由下手。他們並沒有指出他可能會如何傷害別人，或是說他如何需要幫助。他們告訴他，他是一個有價值的人，有資格接受醫院的治療以及其他人的協助。他有工作，也付了醫療保險金；如果他要的話，就有權利住院。他們並沒有說是因為他生病、瘋狂或無能而要他住院。在這樣的努力下，他答應住院了，也再度開始服用鋰鹽。

143

還好，他可以接受團體成員的協助。不然，他的醫師可能必須要試著強制他住院。使用警力會更進一步傷到這個脆弱的人，他已經太致力於展示他的全能，這樣做會使情形更嚴重。

　　這名個案就像一個實踐期的孩童一般，情緒高昂、堅決、對挫折不為所動。他抱持一種「我自己來」的態度，團體對他來說，只是用來作為情感上的充電。他對團體中其他成員的需要並不敏感，而是要來這裡把自己的想法講給大家聽。當他們給他建議、反對他或是帶給他挫折時，他會離開，但才一會兒，他馬上又會回來。這種反覆的行為，和學步期的孩童跑開又跑回去找媽媽的情形非常相像。這些躁期行為和實踐期孩童的相似特性，使我們想到可以將此症放在發展系譜學十至十六個月大的時候。

　　除了描述實踐階段小孩的明顯自大之外，馬勒和她的同僚（1975）同時也指出一種不安全、渺小的感受，以及回歸接受母

親完全照顧的願望。孩童享受著自己新發現的本領時，同時也會反應他對依賴的渴望、對渺小的感覺和對變大了的世界的害怕。EH在他的躁期行為中呈現出一種很類似的反應。

> 在出院後，EH能夠描述他的躁期。他很高興自己的症狀得到了解決。雖然有一萬元的保險金是給他的，但他還是覺得受辱。他真的認為那是生病嗎？他的精神問題值一萬元嗎？他是需要別人幫忙的嗎？不，他不是那種需要被幫助的人。是其他的人需要他的幫助，為了要證明這一點，他要解救他們。事實上，他想要解救每一個人。

144　　英國學派的客體關係學者（Winnicott 1935, Klein 1940, Guntrip 1962）曾經描述過，躁鬱的個案是如何把自己轉到另一個極端——全能上去，藉著這樣來否認無助的感覺。他們發現在這些個案的治療裡，存在一個主要的問題，也就是他們會把協助當成侮辱。如果治療師協助他們，就代表他們一定是無助地依賴著別人。未經調整的情緒使得躁期的個案沒辦法在某些領域裡覺得自己有用而強壯，但在另一些領域裡則需要被幫助。事實上，他們是在反覆地擺盪著。

嚴重精神疾患的客體關係觀點，不只是指出不同發展階段裡行為的相似性，它同時也提供了一種理解的方法，了解內在的心智機轉如何被用來重組自體和客體經驗。例如，在穩定下來的過程裡，EH感到渺小、無助而殘缺。為了否認對他自己的這種看法，他將此從他的自體形像裡分裂出來，並且投射到他人身上。他並不無助，而是別人無助；他並不是絕望地孤獨著，而是別人

絕望；他並不需要團體治療，而是團體需要他。

自體形像的分裂，牽涉到自體的強壯面向以及任何虛弱和依賴的面向，被經驗為是完全互相分離的，而相關的投射認同機制，則牽涉到把被分裂開的殘缺感投射到別人身上。個案於是藉著滿足其他人的這些需求，試圖去控制和消滅他自己的依賴需求。在團體中，我們也可以觀察到人際間的投射認同。EH透過惡罵，藉著拒絕團體成員為了幫助他而做的努力，來表明他自己的需要，以用來引出團體成員的無力感。然後他試著去教化他們和給他們保證，作為一種控制自己感覺的方法。幸運的是，這些團體成員在醫師的鼓勵和支持下，能夠涵容（contain）他的惡罵。

服用鋰鹽且正處於躁期或鬱期緩解期間的許多雙極性疾患個案，都有統整良好的人格。他們可以調整情感、關心別人，可以在人類的複雜互動中同時看到混合著好和壞的不同面向，也可以承受模糊和壓力。然而在精神病發作期間，他們的極端情緒會將他們帶回到整合不良、自大或無助而消沉的自體形像。這個模式告訴我們，大部分雙極性疾患的個案成功地跨越了實踐期、和解期甚至伊底帕斯期、潛伏期和青春期。當他們受生物因素所驅動的情感擺盪而主控一切的時候，他們的行為沿著可預期的路線，退化到實踐期行為的階段。另外一部分的雙極性個案則似乎終其一生都有人格上的問題，即使是在緩解期亦然。這些個案不只在情感上擺盪，也在理想化和貶抑之間擺盪（參見第六章）。

克萊恩（1957a）提到，在相當於實踐期和早期和解期的階段中，嫉妒是孩童發展上正常而重要的一個面向。她使用與乳房的關係作為一種典型的範例。根據她的說法，小孩子飢餓時，在內在會感到空虛、痛苦和憤怒。當母親準備要餵他時，他把乳房

145

視為豐潤而美好的，包含了所有他想要擁有的美好供給。當乳房限制這美好的供給時，他便會生氣。這時孩童不只想分享其中的美好，也想要倒空、耗竭和懲罰乳房。他想要以自身內在的飢餓空虛，取代乳房的飽滿，同時以乳房中的溫暖自足取代自己內在的壞。這個意圖會造成侵略般的餵食過程，並咬、扯乳頭，這便是典型的實踐期孩童。第五章中所描述的孩童不要用自己的餐盤吃，卻要弄亂、打翻媽媽餐盤裡的食物，可能就是嫉妒的表現。

JE是一個三十五歲的雙極性疾患個案，在人際互動中展現顯著的嫉妒。即使處於非精神病狀態時，他依然不知足地重複要求更改處方。他把醫師看成是一個令人覬覦之救方的理想容器。當他的醫師答應更改處方時，這名個案便會輕慢地取笑這個新的處方沒有效果。另一方面，他接受醫師的建議，卻又貶低醫師，且回以輕蔑的冷笑。他的醫師覺得陷入困境，有時還會懷疑自己的能力。

JE一點也不滿足於自己的工作。他的醫師說服了一位開明的商人僱用這個聰明伶俐的會計師個案。雖然一開始老闆對他相當正向，個案還是覺得沒有得到足夠的讚賞。他很快地開始批評老闆的個人業務。當他終於在其他受僱者面前指責老闆時，他被威脅要受到解僱。個案對老闆有權力解僱他這件事覺得憎恨，然後他開始著手去證實老闆並沒有那麼重要。基於歧視心智缺陷者這個理由，他打了一場官司。這個行為出現在他的情感較穩定的時候。

這裡顯現出一種循環：JE覺得自己是弱勢，而且覺得某些人

會貶抑他，包括那些保留了完好照顧、醫藥或是能夠認可和表彰他的人。用客體關係理論的話來說，他依著好—壞的畫分，把自體世界和客體世界給分裂開來。自體被經驗成被忽略和需要照顧（壞）；客體則被當成巨大而滿有可用的資源（好）。然後他用所有可用的力氣來翻轉這個理想化—貶抑的兩極。透過人際間的投射認同，他誘發周遭的人產生了無助感。藉由貶抑那些努力要幫助他的人，而使自己覺得獲得勝利，並由此而否認自己的渺小和孤獨，而把這些感覺轉成權威和獨立。嫉妒和躁型防衛（manic defense）有關：把絕望轉成得意洋洋，不需要任何別人幫忙。

躁型防衛並非總是和惡性嫉妒或精神病有關。許多正常人也使用相似的防衛來調適沮喪、失落、恐懼和疲勞。學生們準備期末考，讀了一整晚的書之後頭昏眼花；或是住院醫師在急診室值了二十四小時的班，這在心理上都是一種對抗疲憊的躁型防衛，雖然這無疑也和生理有關。

一些沒有雙極性情感疾患的人則會用躁型防衛來抵抗嚴重的憂鬱。

> MM已經看了一位女性精神科醫師四次了。醫師傾聽她、和她談話，並開鋰鹽給她。當這名個案拒絕服藥時，她的醫師在同意和她繼續會談的基礎下，尋求有關藥物的另一意見。她轉介個案接受諮詢。
>
> 這個案身高一百六十二公分，重八十一公斤，坐得直直的，豐滿的胸部向前突出。她塗了鮮紅的唇膏，戴著金飾。她說話的速度很快，告訴諮詢師，自從過去四個禮拜和精神科醫師會談以來，她已經平靜多了。現在她已筋疲

力竭。她參加了兩個合唱團，同時整個夏天忙於在各個葬禮中獻唱。她列出了過去幾個月中所參與的活動，數目令人吃驚，包括駕駛送餐到府（Meals-on-Wheels）的貨車去分送食物給老人。

諮詢師機敏地打斷她滔滔不絕的談話，「妳在葬禮上唱歌，多有趣啊。那是什麼情形呢？」

「哦，我忙壞了。這個夏天我一共在三場葬禮上獻唱過。而且，我還有合唱的練習。一個是教友的葬禮。我必須要照顧所有的人。當我小弟死的時候，我照料他的財產；而當我妹妹死時，她的先生當然不知該怎麼辦才好，這可憐蟲。在葬禮上唱歌是我奉獻的方式。你看，我是一個好歌手。我媽常說……」

「M太太，」他說，「我想可能妳現在就像正在一場葬禮上歌唱。妳在引吭高歌，好像妳內心並沒有極為深沉的沮喪，彷彿就算妳說出了妳的沮喪，無論如何也不會有人聽見。」

她停了一會兒，然後很平靜地說：「是的，他是我們這一輩的第一個；然後同一年裡我的妹妹也死了。你知道，當老一點的人死的時候，是在預期內的；但當妳自己的兄弟姐妹們開始死的時候……」她沒辦法再說下去了，開始流下淚來。

MM的媽媽和爸爸在她七歲時就死了，她幫忙帶大其他年紀較小的手足。她二十歲時，正值世界大戰。她整個年輕歲月都在倫敦的傷兵後送單位裡度過。大戰後，她嫁給了一個年輕的士兵，

她照顧他、他瀕死的母親、他的四個年幼弟妹，還有她自己的四 149
個小孩。她把自己丟進無盡的勞動中，不斷地照顧別人。當同一
個夏天裡，自己的弟弟和妹妹先後死去後，她加倍努力地表現出
快樂，展現出她不需要任何人，而是其他人需要她。她無法接受
醫師的建議──她覺得自己不需要吃藥。然而，她覺得自己已經
被傾聽了，在她來找諮詢師的同時，她已經察覺到她的亢奮底下
潛藏著沮喪。

　　MM並不是典型的雙極性疾患患者。從精神分析的角度來看，
她運用躁型防衛機制來對抗憂鬱。自從童年早期，她就把自己依
賴、需要的面向分裂開來，並且把她自己的依賴投射到別人身
上。如此一來，她就不會感到無助。她是照顧的提供者，而且不
需要幫助。當她因失去弟妹而感到沮喪時，她並不哀悼。她否認
自己想要被擁抱和撫慰的渴望，而這會造成被放棄的感覺。如此
一來她必須加倍努力地否認感覺。很快她就沒辦法睡、沒辦法安
穩地坐著，也沒辦法把說話的速度慢下來。一直到她的醫師聽過 148
一遍又一遍她雜亂無章的故事，並介紹她去諮詢以後，她才開始
可以允許自己逐漸減少以誇大的防衛對抗憂鬱。在諮詢後，她回
去找醫師，再花了六次的會談討論她的失落。當她出院時狀況已
有改善。

　　雙極性疾患的個案，或更普遍但較不嚴重的躁型防衛，表現
出許多實踐期孩童的人際特質。他們否認自己的弱小，並建立起
一種全能感。他們試圖要自己做所有的事，且很難接受幫助。當
遭遇挫折時，他們可能會馬上發脾氣或是一陣惡罵。

【第十章】邊緣性人格疾患

149 　　過去二十年間，有關邊緣性人格的深入研究，在美國客體關係理論的發展上，扮演了關鍵的角色。邊緣性疾患所呈現的，是幾個和解期危機的議題（Mahler 1971, Kernberg 1975, 1980, Masterson and Rinsley 1975, Adler 1985）。

　　過去十年，「邊緣」意指一群同時擁有或反覆輪流出現精神官能症與精神分裂症徵候的個案。如同王（Wong 1980）的分類，有許多不同的診斷被囊括在邊緣的分類裡，包括彷彿人格（as-if personality, Deutsch 1934）、邊緣性精神官能症（Stern 1938）、暫時性精神分裂症（ambulatory schizophrenia, Zilboorg 1941）、隱藏的精神分裂症（occult schizophrenia, Stern 1945）、精神分裂性格（Schafer 1948）、偽精神官能症性精神分裂症（pseudoneurotic schizophrenia, Hoch and Polatin 1949）、發展不全的精神分裂症（abortive schizophrenia, Mayer 1950）、臨床前期精神分裂症（subclinical schizophrenia, Peterson 1954）以及精神病性格（Frosch 1964）。一直到葛林格等人（Grinker et al. 1968）針對這群個案進行治療工作，他們才開始在臨床上被研究。之後，柯柏和岡德森（Kolb and Gunderson 1980）引介了邊緣性個案的診斷式會談，進一步促成了未來的研究。

　　克恩伯格（Kernberg 1967, 1975）針對他所稱的邊緣人格組合（borderline personality organization），提供了最完整的精神分150 析取向的理解。正如他所描述的，這群個案有一些特定的症狀、

性格結構以及發展特徵。除此之外，他宣稱邊緣性個案的人格，雖在某些領域裡功能失常，但卻特殊而穩定。他們並不只是處於精神病和精神官能症之間擺盪的暫時狀態而已。

就如同克恩伯格描述的症狀，這些個案常衝動、憤怒、易於成癮、性濫交或性倒錯、有身心症傾向、恐懼並且長期受到廣泛型焦慮的折磨。他們也易於發生解離狀態、多疑思考以及強迫思想。

結構上，[1]邊緣性個案有自我的弱點、特殊的防衛機制（分裂、投射認同、理想化、貶抑）以及分裂的內在客體。自我的弱點是指類似奈特（Knight 1953）最先發現的那些問題。這些機能障礙包括無法調節焦慮或其他情感、缺乏控制衝動的能力、太差的昇華能力（指把性和攻擊衝動轉到其他社交上適當的活動中）。昇華需要自我的功能來整合衝動的需求，或順從更複雜的社會標準。

根據克恩伯格的說明，性格上的發展加速了攻擊驅力的增強。若不是因為他們先天傾向於攻擊，就是因為他們過度挫折。這些人需要分裂機制和過度投射壞的（攻擊性）客體，以保護內在的好客體。這種分裂和投射的結合，導致在和解期的時候，無法整合好與壞的自體和客體形像。

從人格的精神分析理論去了解邊緣性人格組合，拓展了這個分類系統。它包括了大部分其他嚴重的人格疾患，比如類分裂性（schizoid）、妄想性（paranoid）、反社會性、被動攻擊性以及嬰兒性人格，因為所有的這些疾患都表現出類似的內在客體關

1　精神分析理論中的結構指的是原我、自我和超我功能的結構（Freud 1923）。一般來說，
　　結構可以被定義為一組改變速度緩慢的功能。

係。從精神內在課題來診斷，鑄造了這個廣大的網，因為所有的人，多多少少仍然存有他們所跋涉過的每一個發展階段的遺跡。151 因此，每個人，不論是較整合或較崩解的，都有一些自我弱點和原始防衛機制的跡象，像是分裂、投射認同、理想化以及貶抑。

現行的診斷準則，已經變得沒有像克恩伯格的概念（Gunderson 1982, Hamilton et al. 1984, Fisher et al. 1985）那麼廣了。定義的窄化之所以會發生，不是為了丟棄克恩柏格的想法，而是將其從精神分析式的抽象概念，轉譯成更能敘述行為取向的措辭方式。密集的實驗工作（Spitzer et al. 1979, Sheehy et al. 1980, Kernberg et al. 1981, Kroll et al. 1981, Soloff and Ulrich 1981, Gunderson 1982, McGlashan 1983, Hamilton et al. 1984, Fisher et al. 1985）促成了這個演變。

《精神疾病的診斷與統計手冊》第三版（DSM-III）裡頭包括了衝動、強烈不穩定的關係、不適切的憤怒、認同障礙、不穩定的情緒、無法忍受獨處、自傷行為以及長期的空虛感和無聊感。上述的症狀都可以在克恩伯格的概念中找到源頭，可從分裂的內在客體關係和未能達成客體恆久性來理解。這種分裂，伴隨著糟糕的客體恆久性，是和解期孩童的特徵（如第五章和第六章所述）。在開始看邊緣性疾患的可能原因之前，我必須指出，《精神疾病的診斷與統計手冊》第三版裡，這個狀態的每條診斷準則都反映出整合的失敗，造成了糟糕的客體恆久性和分裂的內在客體關係。

許多青少年和成年的邊緣性個案，他們的衝動與學步中的孩童類似。他們會不考慮後果，衝向看起來像是使人滿足的客體，而忘卻目前令人挫折的客體。

　　DL的老闆把他拉到一邊，建議他學一套更有效率的
程序來寄送郵件。他的老闆重視他，也想幫他忙，但DL
在必須要承受被批評的挫折的同時還要去學一些新東西，
這使得他沒辦法感受到老闆的幫助。他忘記自己是一個受
重視的雇員，最近才剛獲得升遷。他衝動地把工作辭了，
開始喝酒、聽音樂、找朋友。幾天以後，他又回去，想找
回他的工作。他覺得孤單、無聊、一無所有。遠離工作的
生活成了令人挫折的客體，而工作又再度被當成好的客體
了。

　　像DL這樣的個案常會轉而把藥物或酒精當成令人滿足的客
體。當藥物造成痛苦或有損自尊，他們會很突然地戒掉不用，但 152
總會再犯。這很像和解期的孩童跑近和遠離母親的舉動。這種去
與回的往覆行為也擴及治療。

　　DD是一個二十五歲的邊緣性個案，她尋求治療以逃
離「孤獨和空虛」。一開始，她在治療中感到安全，而且
比較不孤獨。幾個禮拜過後，當治療變得令人挫折時，她
忘了它的好處而中止了。兩個月後，她又回來了。

　　醫院裡的工作人員會發現，邊緣性個案剛入院，但隔天就又
出院，這特別令人煩惱。

　　在這些衝動的例子中，個案無法對基本上還不錯的關係維持
一種穩定的客體形像。當有某件事情使人挫折時，很快就變得像
是什麼都是壞的，此時，這個因為恐懼而要避免的東西會使自體

也變成壞的。當藥物或一段新的關係被經驗成好的，它們就暫時像是全好的並被追求，只是很快就會被丟掉罷了。邊緣性個案的衝動，來自於這些游移出現的全好和全壞的分裂，他們沒有能力涵容某種有好有壞的東西之穩定形像。

自體和客體世界裡，相同的游移會導致關係裡的衝動行為。因為邊緣性個案可能經驗到新關係是令人滿意的，這時迷戀可能到了極度令人興奮的程度，像一種全好、共生的依附。這種界限模糊而全好的自體—他體經驗，因為缺乏客體恆久性，可能會迅速變成全壞的自體—他體怨恨。也就是說，一旦面對挫折，便無法記得好客體的存在。

當這些個案感到孤單或不被喜愛時，他們會試圖操縱其他人，以改變自己的感覺。透過投射認同，他們相信唯有靠別人，他們才會覺得舒服。沒被滿足時，他們就發脾氣、威脅、哄騙——甚至企圖自殺，來努力召回全好的客體，並懲罰全壞的客體。他們沒有能力去形成這樣的概念：某個時候忽略他們的人，就是先前他們覺得受其所愛的同一人。這般強烈的情緒常常導致他們進行性雜交，或如第三版《精神疾病的診斷與統計手冊》裡所描述的其他各種關係。

邊緣性個案的憤怒，同樣也來自內在的分裂，並且容易在忘了某些客體的愛時，進入全壞的自體—客體狀態。他們因為自體—他體的界限發展不良，而易於捲入負向的投射認同。

　　JA，三十三歲的邊緣性女性個案，到我這裡來諮詢時，剛結束了一段失敗的心理治療。我問她出了什麼差錯，她抱怨她的心理治療師「總是一直」生她的氣，然後

她就會生他的氣。她試著要他平靜下來，但他難以撫平，所以她最後被逼到不得不離開。我進一步詢問有關她自己的憤怒，她承認自己確實有一點這類的困難，但覺得治療師也有相同問題時，她自己就沒有辦法得到改善。在進一步的會談中，我發現憤怒和自體—他體界限模糊，是她所有關係的特徵，結果造成了一種全壞的自體—客體經驗。

在治療情境中，正如同她的其他關係一般，JA無法在受挫時忍受她所經驗到的敵意。這麼一來，她便投射這個敵意到她對治療師的形像和感受上，然後再內射回她自己的自體形像上。她說：「因為他生氣，所以我生氣。」因此，她分裂了自己的憤怒。透過投射認同的使用，她進入一種全壞的自體—客體狀態，造成強烈而不適切的憤怒，如第三版《精神疾病的診斷與統計手冊》裡有關邊緣性疾患的描述一般。

邊緣性人格的認同障礙來自不良的客體恆久性，以及沿著全好全壞的主軸所進行的分裂機制。事實上，一些個案會說他們自己有一個好的自體和一個壞的自體。雖然邊緣性個案並沒有多重人格，但他們常常像是截然不同的人，端賴他們覺得自己被接受或被放棄。

RO說，獨處時，她會沉入黑暗的深淵，彷彿臨近死亡的時限。她被孤單嚇壞了，害怕自己會失去自體感、失去自己的認同。換句話來說，當她和別人在一起做一些積極的活動時，她會覺得有自信、有創造力。

許多邊緣性個案病情嚴重，無法持續工作，這導因於

　　他們游移的認同感。也有一部分個案，如果他們的角色被
　　清楚地定位了，就可以在工作場合中表現得很好。

　　　　如果RO的工作很清楚，督導也支持她的話，她可以
　　在結構化的機關環境裡當一名醫師。到了週末，她為失去
　　認同感所苦，絕望地在藥物濫用、性濫交、危險活動以及
　　強迫的運動中找尋接觸和慰藉。

邊緣性個案的情感相當依賴外界的環境，以至於總是在游
移。因為缺乏好的客體恆久性，所以如果關係暫時令人挫折的
話，這些人就無法維持一種幸福的感覺。他們沒辦法記得其實生
命大部分是令人滿足的，況且有人在他們失去親情或孤單時曾照
顧過他們。和一個優雅和善又支持他們的人在一起，他們會覺得
很棒。接著，邊緣性個案這種極端的全好或全壞的自體—他體狀
態，造成了自身情緒的不穩定。

這些個案依賴著令人滿意的外在客體，才有辦法使內在也感
到愉快。他們很難忍受孤單，不像大多數人那樣，可以享受獨處
或自己一個人去完成某件事，而不會覺得被遺棄，就像是有一個
照顧人的好客體在心中似的。邊緣性個案在獨處時，缺乏一個恆
久的、令人滿意的內在客體來陪伴他們。他們沒有那種「平靜、
細小」的聲音，在耳邊輕聲告訴他們一切都很好。孤單時，他們
就忘了所有曾經陪伴過他們的人。

　　　　我一個同事的病人告訴他說，在週間，她認為他是一
　　個會幫她的好治療師；但週末的時候，她卻覺得他冷淡而
　　心不在焉。每個週日，她總是下定決心，下週一治療時一

定要告訴他，她將離開治療；但等到週一她真的看到他之後，她的不滿就消失了，同時也想起她曾經覺得自己在治療裡得到幫助。

這便是缺乏客體恆久性，好客體必須實際出現，才有辦法提醒他們：自己是有用的。這就造成了DSM-III所說的無法忍受孤獨。

全壞的自體─客體狀態可能會導致嚴重的刺激式自我傷害行為。

　　住院醫師描述著一個二十七歲女性，覺得自己被男友拒絕。他們吵了一架，她告訴他：如果他不再愛她、不照顧她，她就要離開，甚至自殺。她打包了行李，然後在雨中不停地走。她越過威廉密特河（Willamette River）上的馬里遜橋（Morrison Bridge），想著自己多麼氣男友，同時感到一股衝動想跳下橋去。然後她在心裡想像著自己沉入黑色的河水中，不再回來。就在此時，男友驅車前來，在車陣中把車停了下來。她仍然繼續往前走，但他搶下她的行李，強拉她進車內，把她載到大學醫院的急診室。

　　住院醫師發現她在類似的情形下會吃過量的藥物。在檢查中，醫師發現她手腕上有自己割的幾道疤痕。住院醫師在討論會上對這個案的客體關係做綜合論述。當孤獨以及對男友的憤怒增強時，她的自體─他體界限融化，進入了一種全壞的自體─客體狀態。她確信自己不是被愛的，覺得自己被遺棄了。為了報復，或者因為自體─客體的混

155

203

亂，她放棄了她的愛人。黑暗、空虛的感覺與夜裡黑色的河水顯得很難區分。她成功地威脅了男友，如此，他又回復到原先那個全能好客體的外觀，所以她便不再需要傷害自己。

許多邊緣性人格的個案學到他們可以藉著割傷自己來排除壓力，並解除身體的界限。

之前提到的RO告訴她的治療師，她感到惡劣、空虛而沒有價值。她的身體界限消融於無形。在自暴自棄中，她會捲起袖子，消毒前臂，然後用一把解剖用的小刀在皮膚上割出一道細線。輕微的疼痛以及血液從雪白皮膚上滲出的情景，實實在在地提醒了她自體—他體的界限。

長期的空虛和無聊，也和易於進入全壞的狀態並且無法記起好的自體與客體有關。感到空虛也就是感到自體是耗損的。空虛的外在相等物便是無聊，也就是說，覺得這世界已耗損而缺乏興緻。相對地，一些已經完全建立客體恆久性的個案，即使是在極端匱乏的狀況下也不會感到無聊厭倦。在殖民地時期的印度，稚齡的拉迪亞德·吉卜齡（Rudyard Kipling）從一個溫暖有愛的家庭和母親身邊，回到英國去求學（Pollock 1985）。他被迫和一個嚴厲的女人住在一起，她常把他一個人鎖在空盪的房間裡很長的時間，於是他創造出精采的幻想故事，既不屈服於被遺棄的無聊空虛，也不至於出現妄想，誤以為幻想為真。邊緣性人格疾患的個案就沒有這種能力可以回憶起各種內在資源。他們總是在外在

世界裡找尋共生母親（symbiotic mother）來排除空虛和無聊。

　　DSM-III中邊緣性人格疾患的所有標準，都可以被看成是缺乏客體恆久性和分裂的內在客體關係。因為這些邊緣性個案的特徵，正是典型和解期階段孩子的特徵，所以邊緣性人格疾患在客體關係系譜學上，位在和解的位置上。這些問題的成因最常是和內在先天過剩的攻擊（Kernberg 1975）、愛意衝動的相對缺損（Federn 1952, Rinsley 1968），或是缺少父母一致、保證以及調和的照顧有關（Masterson and Rinsley 1975, Adler 1985）。

　　如果攻擊衝動過剩或愛意衝動有缺損，和解期的孩子就必須用更多的投射機制來保護內在脆弱的好客體，以免其被敵意壓垮。這個年齡層的孩子無法整合好和壞的自體和客體形像，且無法建立內在夠好的穩定客體形像；他們必須不斷地在外在環境中找尋溫暖和關切的供應來源。

　　孩子們會內化他們所感受到的，但那不必然是外在客體真正的特質，即使他們的父母事實上很好，他們仍然可能會先把自己過剩的攻擊投射到外在客體上，而後再把這敵意的客體內射回來。之後，他們必須分裂且投射出這些新近再內射（reintrojected）的敵意客體。如此，根據這個理論，擁有過剩攻擊衝動的孩子便進入一種惡性循環裡，投射出敵意，結果必須分裂且投射出更多的敵意。

　　另外一種看法認為，邊緣性疾患肇因於母親撫慰能力的缺損。如同阿德勒（Adler 1985）所說的，無法提供足夠同理、撫慰和認可的父母，他們的孩子沒有機會去內化這些能力。如此，他們也就沒有學到如何去傾聽自己、撫慰自己，以及如何去調合複雜的正負情緒。馬斯特森和林斯利（Masterson and Rinsley 1975）　157

過去曾經描述過有些母親為了自己先前未被滿足的依賴需求，而必須黏著孩子。這些母親對共生、依偎的行為予以肯定、支持和感情，但卻會對分離感到威脅。而「在面對孩子任何分離─個體化的努力時，變得具攻擊性、批評、懷有敵意、憤怒、收回供應與肯定」（p. 169）。這加強了嬰兒的全好和全壞分裂客體關係，使得孩子在他行為成熟時即會感受到被遺棄，因而持續找尋著好的共生客體。

對邊緣性個案來說，分裂而缺乏客體恆久性，並不必然是內在或外在客體世界中敵意增加、愛意減少的結果，也可能是導因於不完善的整合性自我功能。如果自我無法在認知上整合、比較並對照好與壞自體和客體的形像，那麼分裂的客體和不良的客體恆久性將會持續。這個因素導致一個迄今仍未被充分探討的臨床現象：智能不足與微小腦損傷和邊緣性人格疾患有關。

過去曾經發展出人格整合得相當完整的成人們，在腦部受傷後，整合的自我功能可能會受損而導致某種人格改變。結果這種器質型傷害所導致的受損人格，伴隨衝動、長期憤怒、強烈而不穩定的關係、不穩定的情緒，甚至自我傷害的行為，可能和邊緣性人格難以區分。如同前面提到過的，這些個案常常可以詳細而統整地記得他們過去的關係，因為他們的長期記憶並沒有受損。他們目前的關係卻反應了他們分裂的全好和全壞客體，以及他們在整合經驗上的無力。

並非只有腦傷才會讓人回到和解期式的功能狀態；出現在人生某些階段中的極端經驗也會造成類似的退化。有目共睹的例子是：創傷後壓力疾患的越戰退伍軍人常和邊緣性疾患難以區分。布蘭德（Brende 1983）曾經描述戰爭，尤其是越戰，明顯導致了

以分裂和投射認同作為防衛機制。

　　許多在越南作戰的士兵都是十八到二十二歲。在這個青少年晚期的人生階段裡，成年的認同已經鞏固，而新的親密感也建立了（Erikson 1950）。和解期分離的課題，也作為這個過程的一部分，而再度被重新啟動、修正。此時正當青少年離開父母並開始獨立工作與建立社交生活。先前的分離課題又出現了。大學時代的晚期階段青少年常常藉著重複地搬進搬出父母家，而重新修正這些分離和依附課題。他們有時仍然依賴著家人。 158

　　這個年紀的年輕人，在認同再鞏固的人生階段被送上戰場，置身於一個惡劣的環境裡。他們的任務是模糊的；因為是游擊作戰，所以並沒有要控制的基地領域；對戰爭以及對軍隊領袖在政治上和情緒上的支持粉碎了。除了遺棄之外，缺乏支持也會造成失落感。尤有甚者，如同所有戰爭一樣，分裂和投射認同常被使用──伙伴是好的而敵人是壞的。自己的敵意被投射到敵人身上，唯有透過攻擊行動方才得以控制並約束。戰爭重新開啟了這個年齡層過去已經部分解決的和解課題。分裂和投射認同可能會造成這些人內在客體世界的斷裂，如此一來，他們的人格可能會受到永久性的顯著損害。

　　邊緣性人格疾患可以被看成是內在分裂的全好與全壞的自體與客體展現，以及不完整的客體恆久性。因為這些因素是和解期的重點，所以這個疾患被放在客體關係系譜學的和解期位置上。這些困難可能在和解期即已開始，或在後來的發展階段中再度被喚起。

【第十一章】自戀性人格疾患

159　　　自戀性人格疾患的個案被自大的想法盤據著，他們渴求注意，宣揚自己的完美。在這個外表下，他們感到不安而依賴。他們可以在自體和客體之間做出清楚的分辨，但在一些關係重大的領域裡仍有某些不確定性。尤其，他們傾向於將維持自信的自我功能歸因於周遭的人，並且與他們所理想化的人進入部分融合的狀態。在整合上，他們很難把自體的誇大和貶抑這兩面放在一起。自體誇大（好）和貶抑（壞）的兩面並不是被當做同一樣東西的不同部分。根據寇哈特的用語，他們擁有一種「不足夠堅固的自體」（Ornstein 1974, p. 137）。

　　　自戀性個案有時會好幾天、甚至長達幾個禮拜都維持著自滿的感受。他們會感覺自己重要而獨特。當這個自大的自體占優勢時，他們對所有自己可能仍然保有的受傷、憂愁、貶抑的自體形像幾乎沒有察覺。而一旦攻擊或挫折穿透他們自戀的甲殼，他們便會感覺被擊潰、渺小、不足和無用。他們並不記得先前對自己較好的看法，也無法將其與現在正經驗到的差辱整合在一起。當
160　感覺又好了一點之後，他們就又忘了他們渺小、受傷的自體，而再一次投入更進一步的自大企圖。

　　　自戀性人格的個案在理想化和極端貶抑他人之間擺盪。他們會崇拜及模仿某個名人，並且把他的缺點看成是迷人的優點。「他真好」，他們會這樣談論偶像，「他根本不用去掩蓋任何對別人來說會是缺點的事。他真是一個天才，一切都那麼恰到好

處。」一旦真的經驗到對完美明星的失望，他們可以即刻認為那個人沒有價值，「丟到垃圾桶裡算了」。對於先前擁有很高評價及崇拜的人，和他新近被發現的壞處之間，他們幾乎沒有辨識和整合的能力。

在診斷的系譜學上，邊緣性和自戀性的範圍重疊；許多自戀性個案有一些邊緣性的特徵。然而，自戀性個案的人格結構階段在邊緣性個案之上。有跡象顯示自戀性個案的自體—客體分化較為高級，較少出現邊緣性個案常常容易出現的短暫精神病狀態（Kernberg 1975, Kolb and Gunderson 1980, Chopra and Beatson 1986）。幻覺、妄想和現實感喪失組合成精神病發作，表現出嚴重的界限障礙，而自戀性個案不像邊緣性個案那樣，並不常出現這種嚴重的界限障礙。心理上，他們分離得更好一些。

自戀性個案也比其他整合得較不好的個案能忍受挫折。他們不像邊緣性個案那麼衝動，並且可以區分自己和他人的不同，對人們有清楚的概念，並不斷操控他們。不像邊緣性個案，自戀性個案不會無止盡地找尋作為物理性主體的客體。他們渴求的是客體的關注和讚美。他們尋求讚賞，一如藥物成癮者渴求藥品。一旦有人不給予奉承，這些個案為了避免自己自尊失落，便會將自己的無價值感投射到客體身上。於是那人就變得沒有價值而受到鄙視。「我一點也不需要他，」個案這樣告訴自己，「一個笨蛋的意見有什麼好在意的呢？」等到連這個防衛也失效的時候，自大的自體就塌陷了下來。

自戀性個案很難同理，因為他們沉溺於自己的誇大自體。無視於他人的完整性使他們看起來特別獨立。然而，此一表相卻和他們自尊的調節點不在自己身上而在自身之外的情形相違背。因

161

為評估自己表現與目標的自我功能被歸給身邊的人，他們仍然依賴讚美。雖然他們的自體和客體形像有清楚的界限，但在自尊調節這個部分，他們的界限最為模糊。所以，他們依賴外在的人們為他們做自尊的調節。寇哈特（Kohut 1971）稱這種幫自戀性個案維持自我價值的外在客體為「自體客體」。[1]

自戀性個案通常無法同理和撫慰自己，一如他們無法同理別人。一旦受到批評或貶抑，他們無法認真面對困難以及指認自己的悲傷或痛苦。他們無法告訴自己：「你在這個部分失敗了，但你確實已經做了相當的努力，而且你在其他的部分做得很好。」無法同理自己使得他們需要外在的讚美。適應能力更好的個案常努力讓自己得到讚美，讓誇大的自體全然掌控，忽略休息和友誼的需要。他們會是自己嚴苛的工作支配者，要求完美。適應能力較不好的人則必須以各種方式來吸引別人的注意和稱讚。

以下用一名個案來說明一些誇大和貶抑自體的整合問題，以及自尊的調節和自我慰藉。

DC是一個二十三歲的男士，從加州的貝爾艾爾（Belaire）來醫院，因為使用古柯鹼、魯莽開車，以及為了一些粗暴的玩笑而破壞了自己才正要起步的演藝事業。

最近的一次災難，發生在他正要接下一部電視影集裡重要的小角色之前。他不但沒有休息準備隔天的工作，還狂歡終夜，找尋古柯鹼的貨源。當三個拿著武器的毒販搶了他的朋友，往他臉上吐口水，並拒絕交出先前講好的古柯鹼時，他認為自己理當糾正這個狀況——他將解救這

1　請見第六章註5。

一切。他高估了自己的本事，打了其中一個流氓。就在他
準備移位到另外兩個毒販面前的時候，一根鐵棒落在他臉
上，打斷了他的顴骨。他受到重擊後跌坐在地上。

　　DC回絕了急診室醫師的建議。第二天他硬拖著身子
到試鏡處去。或許臉傷可以阻擋某些演員，但他不是這種
人。

　　第一次拍片後他陷入憂鬱之中。這個角色不夠好。知
名的演員們都忽視他。他覺得自己什麼也不是，只是個無
名小卒。

　　DC住院接受外科手術的期間，他一直很消沉。出院
後，他整整六個禮拜沒有出門。他不要任何人看到他的
傷。這時他接受了家人的施壓，去看精神科，但只是為了
如此一來他可以更了解自己，並發掘出自己必定是個潛在
的偉大演員。

　　到他赴院之時，臉傷已經好了。外科醫師精湛的鼻骨
復原手術，使得他比以前還要帥。他不再是那個受傷、無
用、消沉的年輕人。他大搖大擺地走進醫院，吹噓著自己
在電影裡的角色，嘲笑其他病患「病態」，勾引護士，屈
尊地遷就醫師。即使是同理式的評論，他都會覺得是對他
人格的當眾汙辱——他不需要別人溺愛。當醫師在會談中
看著他時，他覺得被挑戰而必須拿出優越感來作戰。

　　最後的決定是DC住院期間應該要接受精神分析。當
他既沒有使用毒品，也沒有沉溺於自大時，他可以反省自
己。因為精神分析治療有一定的名望，所以他願意一試。

　　治療師不在DC的視線之內，所以他不會覺得受到挑

162

戰或感到被怠慢。分析師主要只是傾聽並偶爾做點評論，也因此，企圖幫他或給他洞識並沒有讓他覺得受辱。他沒有失去自體感，也沒有因為投射太多在治療師身上而把自己的界限弄混。謙遜的分析師扮演了自體客體的角色（Kohut 1971），作為另一個個體，供應著自體的撫慰、肯定以及自尊調節。

幾個月之後，DC開始能夠整合他的誇大自體與受傷、受貶抑的自體。他慢慢獲得自己的形像：一個必須在所選職業上努力工作的聰明年輕人。體認到自己需要休息、正常的生活、友誼以及熱情之後，他變得較有能力同理了。他不再需要把貶抑的自體投射到其他個案身上。他可以協助他們建立自尊，而不是去嘲弄他們。

在有關自戀性自體形像的新理論洞識出現之前，DC這種在行動之前就已經受傷的狀態，過去會被詮釋為一種伊底帕斯衝突。他的受傷可能會被認為是來自罪惡感，因為自己為了超越父親，成功地公開展示自己以獲得讚美，如同他小時候想要母親欽佩他的生殖器甚於父親的生殖器。這樣的理解顯示，他為了要避免作為處罰的罪惡感以及閹割幻想，因此暗中破壞自己的成功。後來的分析確實看到了這個結論的證據，如同DC在夢中和幻想中所顯示的，但這不是重點。

分析的早期，傳統的詮釋大概是沒有用的。客體關係取向則可確保必要的進展。伊底帕斯式的詮釋也不夠，因為他分割的自體——誇大與貶抑——比任何他對競爭奮鬥的罪惡感更加重他自我挫敗的行為。他的誇大自體太占上風，以至於他真的以為自己

可以打敗那兩個惡徒，要不然就是以為自己即使遭到襲擊，仍可以有所行動，好像他的意志可以克服生理上的界限似的。基本上他不是在處罰自己，因為他不認為自己會失敗；反倒是他的自大使得他以為自己會贏。

這人有足夠的決心、意志力和魅力，所以他可以在相當長的時間裡讓自己的外在看起來和內在的誇大自體形像相符。這些自體形像必須先被描述出來，之後對競爭奮鬥的罪惡感進行分析才會有用。他或許會把早年伊底帕斯的詮釋當成是一種對他完美自體形像的攻擊。針對伊底帕斯衝突的分析，必須在誇大和貶抑的自體形像較為整合之後才可以進行。

從自戀性個案的客體關係輪廓來看，他們介於和解期與完整的客體關係之間。這個時候全好、全能或誇大的自體，正從全好、全能或理想化的客體裡分化出來；全壞、被貶抑的自體，也從全壞、被貶抑的客體裡分化出來。自我還沒整合誇大和受貶抑的自體。如果這兩種自體經驗仍被彼此隔開，自戀的個案就很難在自大的狀態中察覺到自己的脆弱。

三到四歲的正常孩子，常表現出這樣的客體關係輪廓。比如，這個年紀的孩子開始玩太空超人（He-Man）。　　164

> 一個三歲半的男孩衝到房內大叫「太空超人」，然後得意地把手舉起來。
>
> 「哦，你在假裝自己是太空超人。」他父親說。
>
> 「不，爹地，我就是太空超人。」他糾正爸爸後，又衝到隔壁去了。

這個小孩想像自己和一個誇大的客體形像——太空超人，是相同的，一點也不怕真的失去他的自體。他同時也曉得自己是爹地的小男孩。他可以部分地區分自己以及內在與外在客體，但他仍需要將自己看成是全能的。在這個自大的遊戲中，他讓自己的盔甲毫無縫隙，直到誇大的自體被打敗，或許是因為跌倒；那時他會覺得被擊潰，而哭著找爸爸來幫忙。

先前精神分析將這些好出風頭以及自戀的行為，以心性發展中的尿道期（urethral phase）來稱之，這和將自戀課題放在和解晚期—客體恆久性早期是相符的（Tyson 1982）。這時期處在肛門期和伊底帕斯期之間，接近三到四歲的年紀。

寇哈特（Kohut 1971）以自戀性人格的研究作為他自體心理學的根基。他認為自戀的根源比三到四歲更早得多。他宣稱最早年的生活裡，父母親的同理失敗會使得他們的孩子不容易放棄誇大的自體形像，也不容易承認脆弱並與之妥協。托品（Tolpin 1971）說這種同理失敗在不同的發展階段有不同的意義。在我看來，最後的結果是：這樣的孩子在和解期過後，自體形像準備要癒合時，無法內化他們父母的同理能力。所以，他們無法執行自我撫慰的功能，於是便罹患了自體調節的疾患（Grotstein 1987）。因為沒有能力去同理自己心理的困難狀態，所以這些孩子必須將弱點分裂並加以否認。然後，他們自大的自體形像便能抵抗襲來的無助及脆弱感。

165　　不只是先前的困難會造成和解晚期—伊底帕斯早期的失敗，後來的問題也會回過頭來造成這樣的問題。托品（1971）澄清了這個問題，他引用安娜·佛洛伊德（Anna Freud 1965）有關發展路線的概念，指出自尊調節的課題持續一生。更早在孵化和實

踐期，兒童需要認可的讚美和鏡映（mirroring, Kohut 1971）。
在和解期，他們需要同理的理解、包容以及限制。當客體恆久性
在發展以及伊底帕斯課題浮現時，孩子必須有能力去認同他們仍
然將之理想化的雙親。在潛伏期，他們需要老師和同儕的認可和
讚美。到了青春期，孩子需要理想化以及認同老師、運動員或明
星。在成年的生活中，不同角色仍然有賴於他人的認可。突出的
自戀行為在實踐階段的孩子身上會很明顯，在和解晚期和伊底帕
斯期也是如此；但自戀性疾患可以因為任何發展階段裡的失敗而
發生。孩子必須長期暴露在橫跨各個發展階段的雙親同理失敗，
才會變成真正的自戀性人格。當缺少撫慰和同理的雙親客體，他
們無法透過正常轉變內化作用（transmuting internalization）得到
自我慰藉的能力（Kohut 1971, Tolpin 1971）。

　　和寇哈特不同，克恩伯格（Kernberg 1974a, 1975）強調孩子
攻擊性的羨慕和貶抑是自戀性疾患發展的重點。他認為內在過多
的攻擊驅力導致貶抑父母形像，所以父母實際上的支持孩子不會
體驗到。他承認這個攻擊也可能和父母長期的挫折所造成的失望
有關；但他並不強調這個可能，他只是不斷指出，無論孩子的攻
擊來源為何，在自戀問題上都占有重要的地位。寇哈特和克恩伯
格在理論上的不同至今仍未解決。不論真實的、外在的父母是否
在個案的早年生活裡做了什麼，臨床上，尤其在治療的早期，偏
向寇哈特同理地理解個案所經驗到的失望似乎較為有用。而在治
療晚期，治療師必須同時記得克恩伯格的看法，他認為這是孩子
自己的攻擊和嫉羨所致（治療課題將會在第十三章和第十四章中
再討論）。

　　考慮自戀性障礙時，不可以忽略整合性自我功能不佳，以及　166

環境問題或增強的攻擊驅力，都可以導致緩和中的誇大與貶抑自體形像的困難。如果孩子不能比較和對照形像，並同時擁有互相矛盾的概念，那麼即使有足夠的父母照顧和正常的驅力強度，他可能仍然保有整合不全、誇大以及貶抑的自體形像。這類問題會造成失敗、批評、自尊降低、以自大來代償、失敗等惡性循環。整合性自我功能不佳的孩子在學校會難以整合各種觀念。整合與分化的困難往往是全面性的，影響抽象思考與問題處理的能力，也影響自體和客體形像的發展，其所造成的學校生活的失敗以及父母的指責，將可能導致自尊降低。已經在比較和對照各種自體形像的能力上出現問題的孩子，會企圖彌補羞愧的感覺，而這個企圖可能又會導致更多的各種自大幻想，交替地影響著專注。

父母同理的失敗作為自戀性疾患的病因，有著各種根源。努力、向上的父母可能有能力同理他們的孩子，但沒有花足夠多的時間讓孩子知道他們了解。他們會因為沒有為小孩提供夠好的環境而覺得罪惡，結果父母雙方可能都長時間工作，把他們理想化的小孩放在托嬰中心。如果獲得成功和經濟安全的壓力，無法和孩子對父母照顧與肯定的持續需求平衡的話，自戀的問題就會出現，即便孩子有良好的天賦而父母有同理的能力亦然。

自戀疾患在所有社會階層中都很普遍。拉許（Lasch 1978）和林斯利（1982）都指出，過度放縱卻又同時忽略的孩童養育使我們處在一個自戀的時代之中。塔奇曼（Tuchman 1978）曾描述十四世紀時，歐洲廣泛地出現伴隨自尊快速變化的剝削和利己行為。鍾卡（Drinka 1984）描述過十九世紀歐洲變質的天才崇拜。如果研究各種文化的話，可能會發現自戀是一種特質。它或許是二次大戰後美國一種罕見的突出現象。

　　並不是所有的自戀課題都表示有發展或人格上的問題。所有的人都有可能一時過度看重自己，其他時候又過度貶抑自己。精神分裂症、躁症、憂鬱症、邊緣性疾患、強迫性精神官能症的個案，全都有自尊調節的問題。只有當一個人有嚴重而持續整合不良的誇大以及貶抑的自體形像，而仍然有清楚的自體—他體界限時，我們才會說他是自戀人格。此時他會熱衷於自大的幻想，無法同理他人，並且依賴他人的欽佩和讚美。

　　渴望關心、愛、讚美以及肯定，並不一定是任何疾病。這些自戀的渴望幫助我們對他體影響力保持開放——不像自戀性人格疾患個案，他們任由自己的自大幻想阻斷有意義的關係。努力爭取成功、認可、甚至傑出或一定的名聲並不是病，而是某種適應功能的表現。驕傲未必一定狂妄自大。每個人人格中的自戀表現和自戀性疾患不同之處在於整合。沒有自戀性人格疾患的人，可以認清自己的能力，並且同時接受自己的弱點。成熟的個體可以敏感地了解周遭人們的需要。

　　邊緣性人格的人找尋好客體的滋養。自戀的人找的是客體的關心和讚賞。正常以及官能性的個體則主要是渴望客體的愛。人們成熟之後，他們愈來愈渴望能去愛，也渴望他們的愛能被另一個人接受，就如同他們渴望被愛一般。

　　診斷也有風潮。佛洛伊德的歇斯底里研究發表之後，大多數的個案都被當成是歇斯底里。前不久，邊緣性狀態幾乎無所不在；而現在，四處充滿了自戀。

　　自戀性疾患的個案常常是聰明、迷人而成功的。但他們不良於整合他們誇大和受貶抑的自體，使得他們沉溺在沒有節制的自

大幻想和剝削行為當中，並且伴隨著潛在無意義和空虛的感覺。
雖然好與壞的自體與客體形像整合不良，自戀性個案仍有清楚的
自體─他體界限。因為他們比邊緣性人格的個案有更好的分化與
整合，所以他們在發展階段上被放在更高的位置，也就是介於和
解與完整的客體關係之間。自戀性疾患和官能性以及邊緣性疾患
都有重疊之處。

【第十二章】精神官能性以及正常的人格

　　精神官能性[1]以及正常的人格在診斷系譜學上位於完整客體關　169
係的位置。所有的個體都必須滿足於自體與客體分化的課題，整
合好與壞，並維持有意義的人際接觸。那些主要問題是官能性或
正常的人，在內心裡有一種正在解決問題並且建立時間連續性的
感覺。

　　官能性的問題，如同邊緣性和自戀性障礙，周旋在愛與恨的
調整之間，但症狀較少混亂行為，而較多罪惡、憂鬱以及悲傷。
一旦了解到一個人想要傷害、處罰或毀滅的客體，都是複雜的所
愛之人的一部分，罪惡和悲傷便會出現。

　　官能性性格結構的人有時也會變得異常失去功能，但是和邊
緣性和自戀性的模式不太相同。他們不會將世界分裂成好與壞、
理想和貶抑，他們可以同時經驗到好與壞的情緒，但有些感覺
被留在無意識裡。他們潛抑不要的感情，只在夢中、說溜嘴時或
在症狀上顯現，而不是在沒有任何不想要的情緒同時顯現的狀況　170
下，將它們分裂開並投射出來。

　　　　JG是一個四十三歲的精神科社工，在藥物的幫助
　　下，剛從嚴重的憂鬱症中得到部分緩解。在心理治療之
　　初，他面臨失業，婚姻也頻臨破裂邊緣。他和太太計畫分
　　居幾個月，希望彼此的反控能停上一段夠長的時間，以讓

1　譯註：精神官能性（psychoneurotic），與官能性（neurotic），是同一意涵。

他們再重燃一段令人滿意的關係。

個案相當精通認知治療，也了解自己正經歷自我挫敗。他告訴治療師，他想盡全力找尋所有可能的協助，暴露了他的自我貶抑與合理化。他說他可以躺在沙發上一整天，讀著討論自我貶抑和憂鬱的書。當他的太太下班回來，他會告訴她，他已經知道自己的問題所在，現在他了解為什麼自己沒辦法有一份工作了。他太太總是會變得很沒耐心，提醒他說，如果他去找工作，而不是光讀為什麼不去找工作的書，他才可能真的找到工作。

個案整個會談時段裡都在講類似的解釋。他把他的理解從認知的架構轉成精神分析的架構。一開始，治療師因為個案在洞識上的進步，知道自己的合理化作用以及對成功的防衛，而大受鼓舞。然而幾個月過去了，JG的洞識並沒有形成更有用的功能。治療師變得無聊而喪氣，最後終於發現自己想要直接鼓勵JG展開行動。治療進到了絕境之中。

僵局一直持續到治療師說出自己的意見，認為他們走入一條死路，並開始回顧這個過程。JG詳細描述了這五年來，從三個孩子的爸爸負責養家活口的角色，變成一個家庭主夫，最後變成憂鬱性的官能症。他的描述包括一段有關他如何在社區心理衛生中心的公開場合被一個同事面質羞辱的過程。藉著公開討論的名義，他的同事讓他陷入困境。他覺得被羞辱，但也只能客氣地默認。

這個事件發生在他太太不顧他的反對，決定回去工作的時候。他變得愈來愈操控和苛求。她威脅如果他不體認

到她需要不同的生活型態的話，她就要離婚。他後來說他了解了，為自己的有欠考慮道歉。他沒有就一些角色上的轉換提出討論，而全然接受她的要求。他的工作表現持續下降，最後終於被辭退。到這個時候，他經驗到一次又一次的憂鬱和性無能。

治療師在個案開始無止盡地解釋之前打斷了他。一反治療師一向不面質的態度，他面無表情地問：「你為什麼要忍受那個同事的面質？你為什麼參與自己的枷鎖？」

令人驚訝地，JG突然滔滔不絕地罵起他的同事來。他陷入狂怒。當他的不滿愈來愈高的時候，他說事實上他對治療師的面質感到很不快樂。雖然這是為他好，他還是覺得自己被嚴屬地對待，並且暴露在羞愧中。後來他自己鎮定了下來，這次會談如常地結束。

下次的會談裡，JG為他不得體的表現道歉。他擔心自己讓治療師覺得不被感激。治療師並沒有讓個案繼續做一連串的聲明，而指出JG對別人的幫助感到生氣，因為他經驗到的是支配。JG想要自己變成支配者，但他以虛假的順從掩飾自己的願望。於是治療又開始向前。

當JG體認到自己的憤怒，他過度地表達對太太的生氣。她並沒有嘗試反駁他，倒是對他可以改變原本順從、自責的行為，並且在家裡扮演更積極的角色感到寬慰。他變得比較不那麼憤怒，而且比較有信心。他堅持要用家裡的儲蓄買第二輛車，以讓他可以開去面試。他找到一個替醫院病患找療養院的工作，然後僱了一個人幫忙家事。

171

在這個進步之前，JG對他人的武斷行為表現出順從的行為模式，先是感到憎惡，然後覺得無力，無法報復。這造成更憤怒的情緒。他同時以不工作來挫折他太太，並為戰勝太太而以免除自己在家中的積極角色來處罰自己。同時，他在治療中以得到洞識但不實行所學來反抗治療師所做的努力。如此，他顯得對治療有興趣，但被動地證明治療師的技術是不管用的。他為了這樣的反抗，而以長期憂鬱、失業以及性無能來處罰自己。他看來好像很順從而且努力嘗試，但在這個模式沒有被面質和詮釋之前，他一點也沒有好轉。

這裡的衝突並沒有被分裂開來。JG經驗到憤怒與得意，但他潛抑了這些感覺。當他在無意識裡透過決定怠惰來尋求報復而不自知時，他在意識上感覺到無助和被動。邊緣性個案則更傾向於會對自己感到滿意，也覺得太太滿足於自己照顧自己；但當他感到被拋棄、被拒絕的時候，他卻會感到全然的惡劣與消沉，這時他可能會找尋其他的滿足，像是藥物、酒精或外遇。JG不同，他同時有好與壞的感覺，同時表現出建設和破壞的行為。這樣的行為代表他視自己配得成功，也應受懲罰。

即使JG的發展程度較高，但他的行為無能的程度和許多邊緣性或自戀性個案一樣。他不能工作、不能有性生活、不能從生活中得到快樂。他的症狀表現出比大多數邊緣性個案更為統整良好的自體與客體形像。同時對太太、同事以及最後的治療師尋求報復，然後為了這個報復而處罰自己，這顯示他將人看成既有害又有用。他也同時把自己當成受害者和加害者。一種感覺是意識上的，而另一種則在無意識裡。當他在意識上體會到自己的憤怒，他感到負擔消散了。

　　這種在無意識裡對關係舉棋不定的模式，根源於個案早年與父母的互動。這些衝突與完整客體關係的發展同時或緊跟於其後出現。因為嬰兒期的官能性衝突已經在古典精神分析文獻裡得到廣泛的說明，所以在此就不再多說。

　　具有完整的客體關係發展，而且問題傾向為官能症者，先前未必就沒有發展障礙。比如說，JG有一個潛藏的嬰兒期信念，認為他太太、同事和治療師應該神奇地理解他，並全能地滿足他的要求，他不必做什麼努力。這種自戀的態度一直被擋在意識範圍之外。這種早期自戀的問題可能促使他日後出現官能性的衝突。

　　雖然JG用潛抑來維持負向情緒不被察覺，但是有些人會顯現相反的傾向。通常哀傷反應會因為對失落客體的負向情緒被潛抑 173 而不會過去，但有時在意識上無法被察覺的反而是正向的情緒。

　　　　TF是一個二十九歲的法律系學生。她來治療，抱怨生活無力而缺乏樂趣。這個迷人且聰慧的女人有一個三歲的兒子，她在孩子快出世前離了婚。她沒有要求或接受子女撫養費。她有工作，社交生活也很活躍，自己付法學院的學費。她很努力讓孩子受到特別好的照顧，也讀很多有關單親撫育的書。

　　　　她說孩子的父親是一個自我中心的廢物。她不需要丈夫。男人扮演不好父母的角色，她自己一個人會過得比較好。

　　　　在學校中，她覺得老師們逼得她長時間工作而疲憊不堪，這些老師們大多是男的。她並沒有找指導教授求助，反而花很長時間和他們爭辯有關法律的問題以及不公平的

分級制度。她和指導者爭辯的傾向，使得她開始在學習能力上出現困難。她在班上的地位陷入了險境。

在一次典型的治療時段裡，一陣抱怨之後，她會轉向她的男性治療師說：「我真的看不出來你要怎麼幫我。」然後她會駁斥他所說的任何話。即使在經濟困難的狀況下，她仍然每次準時出席並付費。

治療師注意到她對治療的矛盾，認為或許她並不想要獲得來自他或任何人的幫助，藉以不讓自己察覺到她內心深切渴望有人來照顧她。畢竟，或許她甚至希望自己有一個婚姻伴侶，來幫助她照顧小孩和家計。「或許，」治療師說，「妳甚至還愛著小孩的父親，並要他來照顧妳和小孩。妳一定曾經愛過他。」

TF靜靜坐著。她的焦慮爭辯停止了。她後來說，她努力地告訴自己，孩子的父親是多麼不可靠，好讓自己可以克制住對他的思念。她在懷孕前和他一起生活好幾年。他有無數的缺點。她沒辦法太依賴他，但記起自己曾經愛著他且渴望依賴他，讓她鬆了一口氣。她顯然為了避免哀悼失去他，而潛抑了對他的正向感受。同時，她也避免掉為了另外一個失落的幻想悲傷——希望能有一個夠好的伴侶來當孩子的爸爸。這個幻想是一個內在客體展現，一開始其實和父親有關。意識上她告訴自己不需要悲傷，因為她並沒有失去任何值得留念的東西。無意識裡，她繼續高估她的丈夫—父親內在客體。為了要處罰自己對理想客體的背叛，她用否定他們的可能性的方式，剝奪了那些對自己有幫助且令人滿足的關係。

174

這樣的衝突也發生在健康的人身上。

　　WB是一個五十五歲的保險經紀人，在治療中討論他太太兩年前左側大腦中風。三十年來，他和太太互相扶持地住在一起，即使是在艱難的歲月中，仍彼此為對方著想，深深地在意著對方。他們有兩個健康的小孩，並準備退休後搬到最近剛買的海邊新家去住。

　　但她太太中風後，一切都不一樣了。WB並不在意幫忙她走路、穿衣、脫衣以及各種復健工作。但他不喜歡那些多出來的家中雜務，期盼著太太能趕快好起來，可以再做那些工作。過去他在成年生活中一直受到太太的幫助，現在他提醒自己她的關心以及如何回報她的體貼。

　　時間過去了，她確實恢復了一些生理上的功能，只是說話仍不清楚。她也無法控制自己的情緒，開始會對他吼叫。有時，她甚至拿一些家裡的小東西丟他。他說：「當我也跟著發飆時——我知道我不能這麼做，但有時我會這麼做——我覺得很丟臉，也很憂鬱。」

　　對這樣的痛苦處境，WB在意識上維持著正常的混合感覺。雖然他用「憂鬱」這個字來描述自己的心情，但他比較是感到悲傷，而不是臨床上的憂鬱狀態。最後他發現自己需要更多來自於女性親人的協助來照顧太太。他也開始較常和朋友去打高爾夫球。因為他一直處在如此困難的處境裡，所以那些混雜了憐憫、關心、悲傷、挫折和易怒的情緒從來沒有消失過。

175　　　高功能人格的人有時會誤導治療師，因為他們可能表現得比真正的狀況還差。為了脫離罪惡感，他們會藉著加重他們比較不好的特質來處罰自己，讓自己看來像是自戀性、邊緣性，或甚至反社會性人格。

　　　SG是一個三十歲的心理師，她認為自己有邊緣性人格。她告訴她的精神科醫師說，她在工作的結構中確實很好，但一下班或週末時就會「情緒不穩」。她被丈夫激怒，勾引其他男人，有時喝得爛醉，而且「什麼也不在乎」。她預測自己可能無法承受挫折或孤獨，而一直需要別人的關心。

　　　當她為邊緣性個案做治療的時候，她可以了解他們空虛和絕望的感覺。她有時也有這樣的心情。她可以了解他們的脾氣，因為她也是這樣。他們對親密的渴求、他們的行動化（acting out）都和她很像。她也吸大麻並嘗試迷幻藥（LSD）。她二十多歲時也曾經雜交過。

　　　雖然SG是一個整合得相當良好的女人，只是有一點歇斯底里和強迫的現象，她還是描繪出一幅相當失序的自畫像。她並沒有特別的人格疾患。

　　　這個女人在一個正常的中上階層新英格蘭家庭裡被撫養長大。她母親投入小孩的照顧和社區的活動。個案小時候是一個快樂活潑的孩子，有很多的朋友。她深愛並且崇拜她冷靜而有自信的父親。他和自己的父親一樣，擁有並經營鎮上最大的百貨商店。七歲前，她最愛在鄉村俱樂部的游泳池裡和他戲水，這時母親通常在池畔和其他家庭的

朋友社交。SG覺得自己是爸爸最寵愛的人。

當她七歲時，她父親死於心臟病發。她母親必須離家重返職場。過去SG對珍愛她的父親和體貼的母親感到自豪；她現在開始感到喪氣。在八歲到十歲之間，她開始想：她和她的家裡一定有什麼不對勁，因為每次她從學校回家，都看不到任何人。那是處於困境的下層階級家庭會遇到的情形，而不是好家庭會有的生活方式。

SG以表現得更好來因應這個情境。如果她沒有父親是件不對勁的事情，她會克服。她使自己比其他女孩都更可愛、伶俐、也更有禮貌。她服從母親，清掃家裡，她的衣櫥整潔，衣物燙得筆挺。高中時，她是最受歡迎的女孩之一，和最受歡迎的男孩約會。她有時會喜歡上和她約會的男孩，甚至親吻他們，但她從不讓事情再進一步。她一絲不苟地準時回家。

176

大學的時候，她努力讓自己達到最高的學術和社交水準。當學生們開始抗議越戰，她加入運動之中。她同時自願到貧民區去幫助窮人。她開始懷疑起自己過分拘謹而有點假正經的標準是否具正當性。

她尋求指導，尤其是男性的指導，而迷戀上一位她崇拜的年輕教師。他帶領她進入一種新的行為哲學中。她開始覺得以靈魂、性和攻擊去表現自己，是她的責任。她對自己過度控制、因循、尋求認可的行為進行反動，於是嘗試使用藥物，以及進行性的試驗。

他和老師分手，去探索自己的新自由，直到後來變成強迫性的習慣。她又堅持起另一個新標準，一種自我表達

的道德。她仍然希望當一個夠好的女孩，以使父親能回到
她身邊。沒有任何一個她遇到的男人符合標準。她也不覺
得好像自己也符合標準。

在研究所裡，她讀女性主義者的作品，認識到自己可
以當一些傳統上陽性的角色。如此部分地認同她失去的父
親，使她可以平靜下來，把男人看得更清楚，最後結婚。
有幾次她因為先生和過去的父親不同而暴怒，並迅速投向
別的男人懷裡。受到對這些過錯的罪惡感折磨，她責備自
己，診斷自己是邊緣性人格疾患。

她的心理治療師並沒有加入這場嚴厲的評估當中。
他協助她處理罪惡感。她以過度處理自己的問題來自我鞭
打，而他並沒有加入。他也沒有宣布她正常，然後趕她
走、放棄她。她需要有人聽她說話。

臨床上，醫師常將正常和官能性的問題過度診斷為邊緣性或
自戀性。他們常常把個案情緒的強度誤認為達到了病態的程度。
強烈的情緒不見得一定是病態的。正常的人也可能有極端的愛。
嫉妒的情緒會導致暴力；人們在商場上互相競逐權力和金錢；戰
爭被發起而人們被屠殺，這些常常都是正常人幹的事。情感的強
度不是任一發展系譜學的指標：是那些情感的整合程度，決定了
人們成熟或不成熟、健康或不健康。

有完整客體關係的人也會有心理上的困難。有些人有深層的
矛盾關係，並且潛抑矛盾情緒的其中一半。潛抑和分裂不同，潛
抑者的行為、症狀和夢想顯示了他們同時經驗到互相衝突的兩種

情緒，但努力地要讓其中一部分不被覺察。至於分裂，其中一種
情緒在這個時刻被經驗到，而另一種相對的情緒則在另一個時刻
被經驗到，兩者間很少有衝突的感覺，不論是意識上或無意識上
皆是如此。有完整客體關係且能察覺自己混雜情緒的人，在面臨
難解的困難時，在心理上也可能會受苦。

第四部
治療
TREATMENT

當人們在別人身上再度找到自己，
他們便開始知道自己的存在。

——歌德（J. W. von Goethe）

引言

181　　客體關係理論並沒有根本地改變傳統精神分析理論，而是微妙地轉移了傳統理論的焦點。它的影響來自一個演進中的理論架構，而種種的技巧過去則在偶然的機會中被運用。對於人際互動與精神內在成長的洞察力，讓我們對自戀性、邊緣性甚至於精神病患者進行治療探索時，有更好的圖解。再者，這些洞察也能協助解釋治療師與患者關係中（甚至包括精神官能症患者）的某些層面。

　　本書這一部分會仔細回顧傳統的澄清與詮釋無意識衝突的技巧。雖然這些為了治療精神官能症患者而發展出來的步驟仍然十分重要，也會被提到，不過，我要強調的是新的治療技巧，或者治療的概念與態度。這種取向對位於自體—他體診斷光譜上早期的疾病特別重要。

　　雖然關係本身並不足以幫助患者，我仍會先討論這部分，因為這是個人元素，而且提供技巧介入的背景。再來，我會描述促

182　進洞察力以及促進分化與整合的技巧。最後兩章，我會提到晚近關於瞭解治療師對於患者情緒反應的貢獻，同時討論團體與機構對於治療情境的影響。

　　理論與技巧形成一種相互輝映、豐富彼此的循環。理論影響臨床工作；反過來，在會談室所觀察到的，則提供我們進一步反省思考的素材。荷納（Horner 1984）、布蘭克與布蘭克（Blanck and Blanck 1979）提供了理論與技巧如何互相交織的例子。

　　在這些章節中，會對許多客體關係文獻裡的概念加以定義，
而且呈現為相當獨立的工具。特殊的概念或是態度如果被認為有
效時，有些臨床的準則會被提出來。可是，絕大多數時候，我會
拋開抽象的理論辯證，只涉及治療師逐漸瞭解到自己在與他人的
關係中會如何演變，這種瞭解是我們所仰賴的直覺之基礎。這種
取向容許我們討論複雜的觀念與態度，而不至於強迫我們對爭議
性的話題過早做出結論。

【第十三章】技巧當中的治療關係

183　　心理治療是談話治療（talking cure）。但是，字詞本身並不足夠。書本、錄影帶和電腦程式或許對有些求助的人有所助益，但是要對自體與客體表徵造成有意義而持續性的影響，必須有真實的人和另外一個人互動。

　　一段個人關係（personal relationship）本身不足以改變持續已久的思考、感覺與行為模式。當一個患者進入心理治療時，善意、鼓勵、建議甚或漫罵與壓迫並沒有幫助，至少是不夠的。

　　患者所需要的是治療關係，在一種專業脈絡下包涵著技巧與個人元素。專業安排的重要性再怎麼強調也不為過。它提醒患者與治療師必須為患者的利益著想，而不是為了治療師個人的滿足。治療師可以收費，可以有限度地沉浸在科學好奇裡，並且享受看著患者成長與成熟的滿足感。這些滿足感是治療師可以合理期待的。其他的滿足，例如：稱讚、主導、保證或是確認某種世
184　界觀，這些都必須擺在一旁。治療師可以堅持所有的互動必須都是文明的，而個人隱私與身體安全必須獲得保障，正如所有的專業安排一樣。可是，在這種脈絡底下，為了患者的利益，治療師必須願意傾聽，並且試著去瞭解他所聽到的一切。

　　當治療師傾聽時，他會知道患者對他有興趣，而且會對他形成意見，形成感覺。患者對治療師的經驗是幻想與知覺的混合物。幻想的部分稱為移情（關係）或投射，而知覺的部分稱為

「真實關係」[1]（real relationship, Greenson 1971）或「個人關係」（personal relationship, Lipton 1977, Adler 1985）。過去認為當治療師保持中立，可以避免個人關係，而且讓他可以自由地詮釋幻想。晚近則比較強調治療中的互動。

　　在本章中，我會著重在治療的關係層面，而下一章，我會著重治療技巧。當然，這種劃分相當獨斷。

歷史

　　當佛洛伊德（Breuer and Freud 1895）學習藉著傾聽來治療歇斯底里症（hysteria）時，他發現患者會對治療師發展出強烈的感覺。患者通常會愛上治療師，並且對他會產生愛欲幻想；有時則會對他有憤怒或破壞的衝動。佛洛伊德瞭解到這些感覺並非衝著個人而來，而以專業的抽離看待它們，並且發現這些強烈的情緒原來是針對父母形像的。這就是精神分析的起源。他建議：「醫師應該完全不透明，像鏡子一樣，就只是反映出他所看到的。」（Freud 1912a, p. 118）他必須將自己的情緒放在一旁，像個技術人員一樣地工作。他應該安靜而謙遜地傾聽。治療師個人的特質愈不明顯，患者對他的幻想就愈可以顯示出患者本人的特質。分析師因此可以詮釋來自患者本人的幻想。

　　後續的精神分析師進一步地貫徹這種技術傾向，主張詮釋是治療中唯一合理的介入。[2] 1961年在愛丁堡會議（Edinburgh　　185

1　葛林森（Greenson 1971）所用的字眼，「真實」個人是代表外在客體。關於真實性與主觀知覺的相對性會在十八章加以討論。為了方便並且顧及傳統說法，**真實**（real）與**確實**（actual）會用來代表外在客體，雖然這會造成這些字眼在哲學意涵上的混淆。

2　在這本書中，我並沒有區分精神分析和精神分析式心理治療或是精神分析師與心理治療

Congress）中，這種觀點使得小組討論者排除了許多由吉特森（Gitelson）所提出（1962年出版）關於精神分析中發展出雙親般關係的想法（Friedman 1978, Horowitz 1985）。晚近，對這種技術的強調已經轉變。許多作者建議，雖然詮釋是治療的主流之一，其他因素也會涉入，而且有些時候其他介入方式也是恰當的（Eissler 1953, Kernberg 1984, Adler 1985, Horowitz 1985）。

「中立」不再被認為足以描述治療師面對患者時的情緒狀態。像是治療聯盟（therapeutic alliance, Zetzel 1965）、治療工作聯盟（working alliance, Greenson 1965）、治療共事（therapeutic communion, Goldstein 1954）、真實關係（Greenson 1965）與個人關係（Adler 1985）等等的名詞，都被提出來用以描繪治療師與患者間所發生的事。

佛洛伊德雖然在關於技巧的文獻中強調專業的冷靜，但他對患者並未嚴格地保持中立。齊傑爾 （Zetzel 1966）描述佛洛伊德與被分析者有著個人與技術上的關係。比如，有一次他邀請被稱為「鼠人」（Rat Man）的患者與家人共進晚餐（Freud 1909），而另外一次，佛洛伊德借給他一本左拉（Zola）的小說《生之喜悅》（*Joie de Vivre*）。佛洛伊德似乎認為那是精神分析以外的互動，不過隨後卻在治療中分析患者的反應。

就算治療師採取最安全的路徑，限制不與患者產生治療以外的關係，並且保持友善卻不與之親近，但技巧的介入本身就具有個人的意涵。我們總是做為外在客體而影響患者，而不只是像個空白銀幕般，任患者移情或投射內在自體與客體形像。接下來的

師。關於專業政治學或專業經濟學的問題，對治療所關切的問題造成許多混淆，此時，最好把這些區分擺在一旁。

章節提供一個例子，說明雖然治療師主要是試圖去詮釋，但他仍然會成為外在客體，亦即一個真實的個人，而影響到患者。

技巧當中的治療關係：臨床案例

　　PH，一位三十四歲女性，在勞累一天精疲力盡後，前來接受心理治療。她在一家大型國際貿易公司從事一份嚴格的工作。她是個單親媽媽，自己覺得不由自主地過度嬌縱她五歲的兒子。這次治療，她顯得特別疲憊。

　　她開始敘述自己感到有多麼焦慮、壓迫和急切。她覺得很煩躁，害怕自己快要精神病發作──或許她需要住院。她想放棄一切讓別人來照顧她。「我很沮喪，我希望你能對我多說一點。」她說道。

　　「妳很難安撫自己，妳希望有人可以對妳說話來安撫妳。妳曾經說過，在小時候，妳被期待是個理性、負責的小女孩。或許是因為妳沒辦法安撫自己，造成妳睡不著。妳今天看起來很累。」

藉著詮釋患者希望治療師中斷治療步驟，以滿足患者要治療師安慰她的期望，治療師確實也提供了患者安撫的功能，這是這時患者自己做不到的。他以一個真實個人的角度對她說話。接著，她會把這種詮釋當成養分、關心與抱持，而不是專業中立的技巧。治療師不可能做到詮釋這些要求，而不同時滿足它們。不說話就不會有任何作用。這表示治療師很固執且過度關心規則，這部分終究會被患者內化成經驗的一部分。這時候，不可能避免

成為一個真實的外在客體。治療師可以選擇滿足患者要求他說話的期望，或是挫敗它，兩者都會是真實的行動。隨著治療進行，在技巧中隱藏著更多的個人關係元素。

> PH繼續說：「哦，我也有這樣的困擾沒錯，不過昨天是我小孩睡不著。我沒辦法讓他入睡。他一直叫醒我，我氣瘋了並對他大吼，送他回床上去，可是他繼續哭著說他被惡夢嚇壞了。我覺得好內疚。後來，我想如果讓他睡我旁邊會好一點。我知道我不應該這麼做。每個人都告訴我，只要幾個晚上他就會習慣睡自己的床，但是他沒有。我該怎麼辦呢？」

187
> 「在妳讓我知道妳並不理會別人給妳的建議之後，我不太確定妳為什麼要我給妳建議。妳怎麼看待這點呢？」
> 「我不知道。那你覺得呢？」她相當試探性地問道。
> 「或許，妳希望我以給妳建議的方式來表達對妳的關心。妳希望我對妳例外，如此一來妳就不會覺得孤獨，正如妳的孩子對妳要求的。當我讓妳自己獨自一人處理時，妳變得激動且更大聲地抗議說妳做不到。」

在這裡，治療師不傾向給患者她所要求的建議。他仍然持續詮釋患者對他的反應，但是不給她建議。做為一個她生活中外在的真實照顧者，他提供了一個示範，教她如何不對孩子的要求讓步。治療師的角色是協助她變得成熟。治療師提供了這種外在的雙親功能，不管他是否這麼認為。在這個治療會談與下一次的治療會談裡，治療關係的這種元素變得更清楚。

剩下的時間裡，PH花了很長的時間談及她的父母期望她表現得比她的實際年齡更成熟，以及對不被允許依賴，她如何覺得被拋棄並感到氣憤。當她長大後，她決定依照她希望父母照顧自己的方式來照顧自己的孩子。如果孩子覺得被剝奪，她會提醒自己小時候被剝奪與氣憤的感覺。雖然有這種洞察力，她仍然不知道該怎麼辦。在治療最後，正當治療師要提醒她時間快結束前，她又說道：「我該怎麼辦？我不能忍受過兩天再來處理。」

「我們的時間到了，」治療師說，「星期五再談。」

PH皺起眉頭，舉手投降。她站起來走到門口時說：「我星期五會來見你。」臉上露出一絲笑意。

這次治療PH有得到幫助。正如後來看到的，詮釋本身似乎對她沒有用，反而是做為外在客體的治療師（有人稱之為「真實的個人」，與她個人的互動幫助了她。下一次治療會談中，她把這部分說得很清楚。

她看起來平穩多了。她的小孩在這個月第一次安睡了兩個晚上。「當他跑到我房間來，我起身，然後帶他回床上，要他告訴我怎麼了。當他說完，我告訴他那只是個夢而已，他會沒事的。如果他又做了另外一個夢，他可以在第二天早上吃早餐時再告訴我，不過，現在他是個大孩子，可以睡在自己的床上。」

PH已經聽過上次的詮釋，不過她所內化的是治療師對待她

188

的態度與行為。正如治療師先是以聆聽她和對她說話來稍微安慰她，她聽小孩說話，並且安慰他——在小孩床上，而不是她自己的床上。她的治療師堅持在時間結束時結束會談，她因而能夠堅持地對待孩子。她提醒孩子早上會見到他，類似治療師提醒她星期五會再見面。雖然治療師做出在技巧上中立的評論，然而卻是他與患者互動的真實態度與行為、他個人安撫與維持結構的功能為患者所內化了。

以技術用語來討論關係

　　各種互動的關係層面，可以用技術上的精神分析術語來理解，雖然，這些無法根據非人的技巧原則來加以事先計畫。瞭解治療中個人化的元素與其他的元素是有用的。

　　精神分析的技巧，必須靠治療師將治療中出現的所有事情都考慮成來自患者內在生活，也就是內在自體與客體形像。當治療師做為患者生活中的外在客體，個人關係就浮現出來了。移情、投射與投射認同是用來找出內在與外在因素的必備技術用語。

　　佛洛伊德（Breuer and Freud 1895, Freud 1912b）首先發現，患者是如何把自己對早期生活中重要人物的感覺轉移到分析師身上。以客體關係的術語來說，移情就是將內在客體形像投射到一個外在客體上。多數的治療師不認為移情是一種投射。他們有時候以移情這個字來暗指像是投射認同的一種現象。我以移情來表示客體形像的外在化，而以投射來表示自體形像的外在化，投射認同則表示自體—客體形像的外在化或是其他部分的投射。這種區分會使人誤以為各式各樣的過程是可以清楚區辨的，然

而，實際上觀察到的互動總是更為錯綜複雜。

用這樣的術語命名，我們現在可以再次檢視PH和治療師的互動。她以自己對早期重要客體——她的父母——的經驗看待治療師。她希望得到他的安慰，然而她又預期他不會滿足自己。她對預期的拒絕感到挫折。她抗議說自己沒有生氣，不過覺得無助而且渴望協助，如同對父母一樣。在治療最後，雖然到了要離開的時間，她仍向治療師要求更多保證與建議。如此一來，她對待治療師的方式，和自己還是小孩時對待父母的方式一樣。當治療師指出她小時候被期望過早獨立時，他部分地詮釋了這種移情關係中依附與放棄的部分。他把其中關於就寢時間明顯的性暗示，留到以後的治療時段再處理。這種移情的評論是一種技巧上的介入。

PH把醫師當成內在客體形像，同時也把他當成自體形像。移情與投射認同在互動的不同層次同時發生。她不只是以對待自己父母的方式對待治療師，同時也用自己的孩子對待她的方式來對待治療師，要求他給她多一點時間。藉由她的孩子對待她的方式來對待治療師，她投射自體形像的某部分到治療師身上。她把治療師擺在自己的母親角色上，然後激起治療師感受到類似於自己的感覺。這些感覺是她要離開時希望留下來給治療師的：挫折、內疚與煩惱。如他在移情關係中做的，治療師詮釋這種投射認同，他說：「或許正如妳的孩子對妳要求的，妳希望我對妳例外，如此一來妳就不會覺得孤獨？」若是要做更完整的對投射認同詮釋，可以再說：「當妳要我給建議，妳看起來很期待，而且似乎相當瞭解，我本人可以提出解決妳困境的答案，而不是讓我幫妳自己找出解決之道。」治療師並沒有將所有可能的詮釋一次

全部說出來，先不考慮其他，如果他這麼做，他會讓患者確認她的確需要很多幫忙，而且自己沒辦法找到解決方法。

治療師在患者心中，不只是個內在客體形像或自體形像；他同時也是一個真實的外在客體，和她一起坐在會談室裡。當他保持冷靜，細心關注她，但是拒絕滿足她所有的需求，她會內化這部分的行為，認同它，並且以類似的方式行動。她把治療師的行為納入內在世界之中。

以技術用語而言，她轉移了自己的客體形像，並且將她的自體形像投射到治療師身上。因為她同時感受到他做為一個真實的外在客體，這部分被轉移與投射的內在形像也吸納入治療師做為個人的部分。如同一張幻燈片投射到另一張圖片上，然後再被拍下來，一個合成圖像就形成了。這種新的合成有多少意義，就必須視洞察力而定，也就是說，自我對於合成圖像進行整合與分化時有多徹底。當她再次內化這個已改變的新客體形像並且認同它時，她內在的自體與客體世界就改變了。

角色示範本身是否足夠，是值得懷疑的。過去已經證明沒有治療技巧的個人關係是不夠的。PH以前一定遇到過關心她的人，而且可能既堅定又具撫慰性；但是她不容許自己接納這種新的關係，因為她害怕自己投射到他們身上的內在形像。因此，她必須保持距離。在她內化這些經驗之前，她的投射與移情至少有一部分必須被詮釋。她對於早先客體——父母——的憎恨轉移到新的客體上，而干擾到她內化新經驗的能力。如果這些憎恨沒有以詮釋的形式被辨識出來，她可能沒辦法接納在治療中「真實」的元素。她對治療師（如同她的父母）的移情性感覺是他會徹底遺棄她，讓她自生自滅，或是過度溺愛她，這些都會扭曲她對治療師

的知覺，以至於沒辦法感受到治療師的幫助。如此一來，她可能不會將治療師的態度與行為，認同為自己有益的新部分。所以，我們會看到，個人關係與對移情與投射的技術性詮釋兩者之間彼此互相增長與加強。

涵容者與被涵容者

191

治療師提供PH一個可以包容自己的焦慮之架構。英國的客體關係理論者畢昂（1962）發展出在治療與養育孩子時，涵容者與被涵容者的概念。在他看來，嬰兒常常被極端而未調節的情緒所淹沒，並且會在臉部表情、哭泣、喃喃自語中傳達出來。藉由傾聽與觀看，照顧的雙親接納這些感覺，調節、轉變它們，並賦予它們意義，然後反映給孩子。小孩們最後內化這些過程，並且學習到包容自己的情緒。

早期，嬰兒會不舒服地尖叫。父母聽到小孩哭時會感到苦惱。如同他們接受了孩子的不舒服，他們被迫要做些什麼。由於父母比孩子更能調節情緒，他們會將苦惱轉變成有益的行動：將小孩抱起來、撫慰他、說些話、搖晃他。「噢，噢，你很不高興。」他們會溫聲細語，將痛苦轉變成話語，而且同理地安慰小孩。然後，小孩會對自己喃喃自語一段時間。

在接下來的發展階段裡，學步兒會大發脾氣、踢東西、尖叫。父母會接納小孩的憤怒，將其轉變成話語，然後評論：「噢，你好氣。你很失望。」有時候，小孩都還不需要這麼多幫忙，他只是需要父母注意到他，讓他平靜下來。有時，他會想要傷害自己或是破壞東西。在這種情形下，父母必須把四處揮打的

小朋友抱住，用他們的手臂確確實實地涵容他以及他未調節的情緒。就算父母動作十分強硬，他或她的身體介入仍遠比小孩在地上翻滾的力量來得更為調節。這樣，孩子就學會「抱持住自己」（get hold of himself）。父母不只是包容孩子不悅的情緒；孩子也需要關心的人觀看他們遊戲，分享他們的快樂，而且回應喜悅和稱讚——這對父母與孩子雙方都會是更令人愉悅的涵容功能。

在心理治療中，安靜傾聽的架構、不被打擾的時段、調節與關心的反應都提供了涵容功能，這是個人關係的一部分。治療師可能有項主要的工作，就是涵容一些患者的感覺。例如當PH暗示自己會精神病發作而必須住院時，她的精神科醫師就必須體會她的焦慮。她是商場上的職業婦女，也瞭解醫療法律問題。她知道治療師必須考慮是否要改變心理治療的步驟。或許他會需要建議住院，開立藥物，或是轉變治療為給予建議與保證。治療師接納她的恐懼，涵容她的焦慮，以對她過去的瞭解評估目前的狀況，而決定不必像患者一樣對於快要精神病發作如此焦慮。相反地，他將她的苦惱轉化成相當長而具安慰性的詮釋，然後回應給她。

自從發展出客體關係對邊緣性疾患的治療取向，治療師比較瞭解為何要涵容和轉化患者憤怒與無助的全壞感覺。

> 在晨間報告中，值班的精神科醫師描述一位令人沮喪的患者。「她提出一個接著一個的問題，」醫師抱怨說，「不管我做什麼評論或建議，都沒有用。什麼也幫不上忙。」
>
> 精神科醫師被患者過度要求的依賴所激怒。「我很想勒她的脖子，」他說，「不過精神科醫師應該表現出好的

樣子。」

　　精神科醫師接受了患者的情緒。他必須涵容他自己
的挫折，反省其來源並賦予它意義，然後回應給患者。幸
運的是，他可以這麼做，而說：「妳一定對這麼多問題覺
得很挫折而無助。妳一定對我很失望，因為我的建議一點
也幫不上忙。」當他做出同理的評論時，他的患者不再覺
得那麼孤獨而不被瞭解。她似乎從她全壞、被拋棄的自體
—客體狀態中轉變了，因為她現在覺得她和一個瞭解她的
人在一起。幾分鐘內，她可以計畫在明天再見到她的治療
師之前，她要如何度過這個晚上。值班醫師可以回去休息
了。

　　這位醫師運用了涵容者與被涵容者的觀念。他假設患者讓
他覺得無能為力，以便明白地表達患者覺得多麼挫折和無助的
感覺。這個過程藉由人際間的投射認同而發生。患者想要擺脫掉
自己不想要的感覺，因此透過如此的表現來引起治療師同樣的感
覺。他因此有機會涵容這些感覺，並且將它們轉移為有意義與安
慰性的理解。這種介入不是技術上的技巧，而是真誠的個人互　193
動。

抱持性環境與夠好的母親

　　涵容者與被涵容者的觀念類似於溫尼考特（Winnicott 1960）
關於抱持性環境的觀念。在佛洛伊德發現早期生活中口慾滿足
（oral gratification）多麼重要之後，許多精神分析師過度強調哺

餵是人類出生後第一年最主要的母子互動。當溫尼考特提出**抱持性環境**這名詞，才提醒精神分析社群逐漸察覺到：在發展的共生階段，身體上的抱持有多重要。

抱持會逐漸地演化。小孩很快就需要母親以注意力而不是只用雙手抱持著他們。父母看著小孩或是和小孩說話就已經足夠了，而不一定要真正碰觸到。到了學童時期，對孩子來說，知道母親曉得他在學校或是在朋友家裡，已經就足夠了。所謂的「夠好的母親」，如溫尼考特所說的，是提供足夠的抱持，但是又不會太多；她既不忽略，也不會多管閒事、過度干涉。

溫尼考特強調抱持的程度與種類不必完美，只要夠好就可以了，並且質疑有關父母養育文獻中完美主義的傾向。一般對理想父母的強調可能是來自於將孩子理想化的傾向。當父母要求自己不能犯錯時，就會造成問題。這種理想化會造成貶低小孩。理想化意謂著這小生命比實際上更沒有能力適應父母的要求與更正錯誤。在治療師想要成為一位完美的治療師時，同樣的傾向也會發生——過度重視或是貶低患者。事實上，患者通常只需要一位夠好的治療師。

客體關係文獻中有許多關於夠好的母親與夠好的治療師，以及關於抱持性環境與治療之抱持性功能的類比。雖然治療師並沒有在身體上抱持患者，他們會保持自己對患者的注意力。依據他們有多健談、多同理、多引人注目，或多或少也都讓患者知道他們的存在。夠好的養育方式與夠好的治療互動這些概念，幫助治療師改變了一些態度，使他們容易有彈性一點，而不至於完全放棄他們的技巧。

客體關係理論者並不鼓吹治療師應該成為代理母親。他們並

不在身體上抱持患者，修補舊傷痕，或是以其他方式取代患者原來的父母。他們主要是運用對發展的理解來提供一個治療環境，引導患者更充分地運用在治療中所得到的洞察力，然後由自然的成長過程中解脫出來。個人關係形成了心理治療的脈絡。

同理

同理是治療脈絡的另一個重要成分。它對治療關係裡抱持與涵容的部分有所貢獻。同理是溝通的雙重工具：它提供治療師深入而敏感地瞭解患者的方法，而當治療師做出同理的評論時，它也提供了隱微而不顯眼的詮釋功能。同理的第三種功能是在個人關係中所扮演的角色。下列案例可以顯示同理的這三種層面：獲悉患者（communication from the patient），向患者傳達（communication to the patient），與個人關係（personal realationship）。

　　AK是個十七歲的女孩，在違反她的意願之下，由養母轉介來接受治療。她第一次來時，一開始就表示心理治療師看起來有多可笑、沒用、沒能力。「你和其他人一樣，」她說，「不過我會讓我母親在你身上浪費錢，直到我十八歲。然後我就可以免了。」
　　「如果妳拒絕看我的話，會發生什麼事？」他問道。
　　「她可能會把我送到醫院——我打賭你會同意她這麼做。你們一模一樣。」
　　治療師仔細地傾聽患者的抗議。雖然情緒並沒辦法真

正越過個人的界限，但他已感受到自己接收到她的氣憤。更準確地說，患者的話語、聲調與舉止讓他感到惱怒。他想幫這女孩的忙，而她卻拒絕他，更糟的是她還貶低他。治療師也很想拒絕這個患者，讓她自做自受。他不想要再費任何苦心，腦海裡想著：「等她準備好了再來接受治療，或許是五年以後。」

他沒有隨衝動行事，反而運用人際間投射認同的概念，理解到患者無意識地激起他的情緒。治療師把自己放在患者的位置上，想像她會如何感受；他同理她。他投射自己的自體形像到患者身上，認同這投射出去的自體形像，這個自體形像目前暫時和患者的客體形像融合在一起，而且試著深入地瞭解她所感受到的。同理和投射認同類似，雖然有些作者認為它比較不強烈，也比較沒有那麼不由自主（obligatory）。

她繼續生氣地長篇大論。治療師插話：「難怪妳會生氣。妳被迫來看我，如果妳留下來，妳會覺得被打敗、被控制；如果妳走，妳怕會發生更糟的事。我也是進退兩難。如果我接受妳這個患者，我就參與壓迫；如果我送妳走，就像是我放棄了妳。或許妳會覺得被拒絕、被拋棄。」

AK的確深深地感到被拋棄。在她三歲的時候，她因為母親的疏忽而被帶離開家。她有一個安穩的寄養家庭，直到她十四歲時，她因為行為叛逆而被公立學校退學。她的養母送她到「治療性」的寄宿學校，同時接受心理治療。兩年半後，她回到家。接下來一年，她功課、約會都

很順利,而且一般表現規規矩矩。當男友和家人搬到另外一個城市後,她開始忽略課業、吸食大麻,而且拒絕遵守宵禁。

同理是一種獲悉患者的方式,可以用科學思考裡常用的歸納過程來分析(Hamilton 1981)。它依靠治療師對患者的觀察,對自己情緒的觀察,以及對於其他人(包括嬰兒)情緒如何反應的知識,比較並且對照這些觀察裡的對應關係(parallels)。我稱這些對應關係為關聯性(relatedness)。

治療師的同理取向使得他可以貫徹他的歸納過程。他花費很久的時間,以理智的過程觀察患者與自己,記錄過去的觀察,有意識而且深思熟慮地比較、對照這些觀察。像其他歸納過程一樣,同理作為一種獲悉患者的工具,只能形成假說,而非事實。患者的憤怒是觀察得到的。比起憤怒,她似乎更無法忍受被拒絕的感覺,而且無法直接表達感覺。同理提供了治療師一個線索。他懷疑患者是否是要激起他被拒絕的情緒,以便於掩飾自己的情緒。

在互動的這個點上,同理從獲悉患者的層面轉變成向患者傳達。治療師做了一個同理的評論。陳述中的第一個元素很明確:「妳很生氣。」第二個元素更深入:「妳會覺得被打敗、被控制。」最後的元素更加深入:「或許妳會覺得被拒絕、被拋棄。」

治療師的同理替往後的詮釋鋪了路。「現在妳不是對我生氣,因為妳確信我會拒絕妳,然後送妳走,就像妳生母一樣送妳走,接下來是養母,現在論到妳的男友了。」治療師目前不能做

196

這樣的詮釋，因為他還不知道她的個人史。就算他知道這些必要訊息，他還是不能做出這麼完整的詮釋，因為治療關係還沒有建立。

這讓我們回到個人關係的層面上，同理AK覺得被拋棄與拒絕的感覺。她需要被接受與瞭解。當AK的治療師仔細傾聽而讓她知道他瞭解時，治療師了提供這種功能。如果他只是給予她理性上的詮釋而非同理的評論，她可能又會再度覺得自己的感覺沒有重要到被認真對待。當她的治療師指出患者的困境也造成治療師進退兩難，然而也表示出他願意並且有能力接受她的投射，但是不會拋棄她或是報復她時，治療師提供了一種很重要的抱持與涵容功能。

現在，讓我們重新思考第十一章所描述的一些寇哈特的想法，這次著重在對治療的意涵上。寇哈特（1971）提出關於自戀性人格源自於母親的同理失敗（failure of maternal empathy）的假說。小孩需要成熟而有所回應的父母來同理他的需求。有時，父母會對於孩子誇大的表現感到愉悅。過了一會兒，如果這種表現欲過度刺激這位學步兒，他那同理而合調（empathetically attuned）的父母會藉著採取現實的態度來阻止這些表現（Greene 1984）。經由一個寇哈特稱為轉變內化作用（transmuting internalization）的過程（Kohut and Wolf 1978），小孩接受這種同理的回應，並且以健康的自體形像形式使它成為自己的一部分，而且也有能力去同理自己以及自我安撫（Tolpin 1971）。

父母同理若持續失敗，會造成所謂的自戀脆弱性（narcissistic vulnerability），而後治療師必須提供同理的回應來協助患者克服。自體心理學的文獻並沒有完整地討論患者可能在自主性整合

自我（autonomous integrative ego）上有先天缺損的可能，造成無法達成整合內化作用，也沒有完整地考慮過患者是否有可能防衛地排斥治療師所給的同理評論。

臨床工作者發現寇哈特對於同理的想法，對於治療自戀性患者與一些具自戀脆弱性的強迫性患者或歇斯底里患者很有用處。典型的邊緣性患者常常感受到同理的評論是種用以避免敵意的引誘，或者他們害怕它是一種融合；當治療中沒有明白直接的面質，他們很少會改善。同理的治療師在這種情形之下，會運用他的能力瞭解患者，而不會過早直接地傳遞他所理解的。不像邊緣性患者，自戀性患者似乎在同理之下成長茁壯。在他們可以接受相當溫和的面質與詮釋之前，通常需要長期同理地反覆重述。

滴定親密感與需要—恐懼的兩難處境

注意到技巧的關係層面，也有助於調整心理治療以適應治療精神病患者。我已經描述過精神病患者如何傾向模糊掉自體—他體界限。他們如此渴望共生的整體，因此很容易感受到融合（fusion）。如果自體形像沉沒在客體形像裡，或是客體形像被吞噬，他們會覺得自己逐漸消失在客體之中。這種自體的喪失是災難性的——不再存在，一種崩解。結果，雖然精神病患者尋求融合，他們也會害怕它、避免它。伯恩罕與同事（Burnham et al. 1969）稱精神分裂症患者的這種傾向為需求—恐懼的兩難處境（need-fear dilemma）。

心理治療師發現自己對精神分裂症患者的這種「意向矛盾」（ambitendency）感到困惑（Mahler et al. 1975, p. 107）。一方

198 面，這些患者要求協助、藥物與保證；另一方面，他們會爽約、拒絕吃藥並且退回到疏離的狀態。如果治療師不回應這些要求，患者可能會覺得被拋棄、無助與無價值。如果治療師果真反應了，患者則可能覺得被侵犯、被控制。由於這裡沒有「正確」答案，治療師沒辦法找到一種適當的情緒立場或態度。中立當然沒有幫助，客觀沒有辦法合乎要求，平緩而延遲注意也沒有作用。建議則太過於干涉，而且會被認為是過度要求。同理則會像是融合。在這種情形之下，治療師必須隨著患者的情緒狀態而有所變動。我稱這個過程為滴定親密感（titrating the closeness）。

　　當治療師開始治療精神病患者，他可以藉由問問題、做同理的評論以及將比喻翻譯成抽象語言等等方式，在人際互動上和患者更親近。當他和患者更契合（engaged）時，他會注意到焦慮的徵兆——聲音變大、沒有目光接觸、轉頭或是沉默。這時候，患者是在表示對親密感的需求已經轉變成害怕融合或失去自體。這位合調的治療師會注意到這種轉變並且後退，直到患者覺得彼此的關聯比較恰當時。如果患者想要維持客體關聯性而使得治療可以繼續下去的話，這種來來往往的過程會一再地重複。

　　滴定親密感可以用真實的身體距離來做到。治療師可以向患者愈來愈靠近，直到患者表現出焦慮。然後他退回去。治療師可以在椅子上向前或向後傾。多數精神病患者需要治療師表現得更溫和，而且比一般進行心理治療時坐得更近一點。不幸的是，治療師常常會有點害怕患者，而且錯把自己的焦慮當成是患者的；他們從未建立理想的距離。治療師必須尊重自己對距離的要求——這沒有什麼不對——只要他們不把自己的需求歸咎於患者的「冷漠的精神病」（aloof psychosis）。

　　理想的身體親密感或許不是對所有的精神病患者都很實際，因為有些人需要在身體上被抱持住。住院患者有時需要約束帶或床單捆綁；護士有時會抓住手或拍打他們。對心理治療師來說，通常最好和這些患者坐近一點，溫和地互動，密切地保持注意，但是除了輕拍與握手之外，不要碰觸他們。

　　滴定親密感並不是要彌補假設中的不充分養育抱持，而是要 199 充分地進入精神病患者的客體世界，以建立有意義的接觸。一旦這種接觸達成，治療師就可以準備溫和地協助這位患者去澄清自體─他體混亂，而且讓患者較好地瞭解到是誰與他發生關聯。

正向投射認同

　　投射認同最常被描繪成患者將自己的敵意投射到治療師身上（Spillius 1983）。比較少見的是，它被用來描述患者投射愛意或具生產性的感覺給治療師（Klein 1946, Grotstein 1981a, Ogden 1982, Hamilton 1986）。如果我們接著下一步考慮到治療師（像患者一樣）運用正向投射認同，我們會看到這在治療關係中扮演了重要角色。

　　我以一個支持性心理治療的例子來描述這個過程。在某些地方，會稱這種治療為個案管理（case management）。

　　　一家公立診所的接待員把新來的指導者拉到一旁。「RJ又在閒逛了，」她說，「他在這裡一年了，沒有人負責他。他約談不來，也不吃藥，身上味道很難聞，會在一旁冷眼旁觀或是說些淫穢的話。我們很怕他，有時得叫他

離開或是叫警察。」

　　指導者在他旁邊坐下。「J先生，」他說，「我想幫你，而且我想這間診所裡有些治療師也可以幫你；不過，我想如果我們要幫得上忙的話，你必須要出席會談。我會幫你約一位執業護士，叫做CM小姐。明天早上十點，接待員會幫你寫下來。現在，你要確定明天早上十點會來。」

　　在兩個月之內，CM小姐讓這位患者套上鞋子，穿著乾淨衣服，梳好頭髮而且展示著刷乾淨的牙齒。他對接待員以及許多認為他沒辦法治療、常在大廳說他閒話的工作人員相當恭敬友好。護士的同事更是印象深刻。CM小姐成為診所裡的明星。她感到驕傲、高興，而且覺得自己的能力很神奇。

　　有一天，指導者把她拉到一旁，問她怎麼辦到的。她說，她只是假設這個髒兮兮的傢伙——這個大家都想把他扔到診所外面的人——還是個值得幫助的人，雖然有許多否定的證據。她只是照自己的期待對他；而他也回應了。

　　以客體關係的術語來說，她敘述了投射自己對於一個有價值的人類的自體與客體形像，到一個表現得不太像人類的人身上。她企圖以自己的態度影響他，把他當成她所想要的有價值的人來看待。她參與了正向投射認同，他也依此回應。

　　可是RJ並沒有像他的治療師那麼整合。他終究會投射自己無所不能的誇大內在幻想到M小姐身上。他愈是認為她無所不能，就愈不會幫助自己。他開始退步。這時候，治療師必須提醒患者，

她的能力有限，而事實上是患者自己的努力而不是她的魔力幫助了他，她只是讓他對自我的感覺好一些，如此一來他可以改善自己的狀況。如果要保持進步，他必須自己努力。

正向投射認同對治療師的問題之一，在於這顯得有些神奇。治療師與患者雙方有時會相信對彼此感覺正向就夠了，任何的努力或衝突都沒必要。不過，這個問題是可以克服的。如果不是因為治療師努力地維持一個非理性的信念，即認為患者真的是個不錯的人，雖然他的情緒難以捉摸而且有時表現得像是件物品一樣，否則患者根本不可能被治療。

精神分析的文獻中，包括了許多治療師的態度中透露出正向投射認同的例子。喬凡契尼（Giovacchini 1975）對一位很難處理的患者有下列評論：

「他描述自己是『超級笨蛋』；私底下，我同意他的說法。不過同時，我知道我正面對一位有趣而複雜的人，他有某些特質，迷人而值得。」（p. 23）

當然，這種態度包含著正向投射認同，認為患者的價值就在 201 於他生而為人而且認同這個信念。喬凡契尼指出他沒有明顯的知覺證據，證明患者不只是個「笨蛋」。他相信內在的說服力——一個有趣而複雜的人類內在形像，而把這形像投射到患者身上。

克恩伯格（1977）也描述過類似的態度：「治療師必須相信患者處理自己問題的能力，相信患者某些人性面確實存在，並仍有可能觸及。」（p. 295）

可是，克恩伯格隨後做了很重要的限制，在運用正向投射認的同時應該謹記在心。他接著說，當治療師很有把握地相信患者有能力成長，而且不否認患者有能力去破壞時，他可以有效地處

理移情的負向層次。治療師如果防衛地否認患者的攻擊性，試圖維持患者友好與善良的形像，將會造成許多困難。也就是說，當運用能力投射好的特質到患者身上時，隨後也會自患者身上引發這些特質，治療師必須小心地同時運用自己的整合性自我功能，並且避免去否定患者不好的部分。

有些作者——或許就是克恩伯格與喬凡契尼本人——會爭論這兩個精神分析師所描述的現象根本不是投射認同，而是完善的自我功能。他們會聲稱治療師是在提醒自己某個現實因素，而並非藉由投射認同創造現實。我的回答是，關於一般的人類價值與信仰的問題，總是投射了我們以為是外在世界特徵的內在信仰。他們也會爭論分析師並未試圖在患者身上誘發治療師的感覺，或是去控制患者。我會認為分析師的技巧可以是中立的，他的努力也相當謙遜，不過他的目的就是要影響患者，正如所有的治療師都是要以某種有益的方式影響患者。此外，我懷疑他們試圖去幫助患者增進自我評價，正是因治療師自體的這個特質被投射出去。如果我們研究治療關係中真實或個人的層面，我們必須願意將治療師以及患者本身非理性的功能納入考慮。我們也必須對自己比較不合邏輯的心理功能之有益層面，保持著健康的看法。

202 態度與技巧

提供一個抱持的環境、涵容與轉變情緒、同理、滴定親密感並且著眼於患者生而為人的價值，這些都是心理治療互動裡的個人關係之面向。然而，當某人試圖要教導其他人治療的這些「真實」面向時，就突然顯得不切實際起來。基本上，我們討論的是

態度，而不是行為。

　　佛洛伊德與後繼的傳統分析者，著重以詮釋作為改變患者的方法。中立原則（neutrality）與維持廣泛的注意力（free-floating attention）這些態度上的要點幫助治療師達成詮釋，並且清楚地傳達出去，也就是治療師言行舉止要遵循技巧上正確無誤的方式進行。不過，很快地，許多作者注意到，患者會認為詮釋是種養分，感受到分析師的關心，而且在面臨混亂與焦慮時，會受到自己穩健的治療工作所鼓勵。沒有這些元素，患者不會改善。我們很難不懷疑，或許治療師的態度，即使是傳統的分析師，亦會直接影響到他們的患者。

　　有時候，心理治療師太過於著重這些態度，而發展出治療的擬神祕觀（quasi-mystical view）。有些人相信患者與治療師進入一種同理的溝通狀態，彼此跨越個人界限轉移情感。其他人強調投射認同作為轉移情感的交通工具。遵循這個話題，我曾經聽過一位受人崇敬的資深精神分析師對住院醫師說：「她內射了我的好母親。你看，我內射我的母親，所以我的病人可以內射在我裡面的同一位好母親。」聽起來好像這位精神分析師認為他的母親真的在他裡面，而他的內在客體可以跨越個人界限。我們只好假設他只是運用治療的簡語，而不是在助長一套神祕的信仰體系——從字裡行間，我們其實不太確定。當一名初學的心理治療師對患者獲得新的洞察後，一週後向他的督導者說：「你曉得，我沒做什麼不一樣的事。我只是想法不一樣，然後患者就改善了。這真是神奇。」這種說法聽起來也是一樣神祕。

　　我們並沒有辦法完全否定情緒、內在客體表徵與態度可以跨越個人界限的神祕想法，但是更有可能的是，治療師與患者間隱

203 微的溝通傳達了治療師對患者的情緒狀態。這種溝通藉由聲調、說話的頻率和長短、比喻性的言詞、字詞選用的潛在意涵、衣著、臉部表情、姿態、甚至於肌肉張力以及目光明亮或遲滯來傳達。在進行治療工作時，我們無法有意識地將自己行為的所有層面控制在純粹的技術形式裡，更比不上一位棒球打擊者有意識地揮動著球棒，運用彎曲和放鬆各群肌肉來計算時間與向量。就算我們理論上可以推演出應該如何表現和行動，我們只是成功地傳達出外表而已。我們該做的是傾聽患者，得到新的理解與態度，而這些會從我們的行為傳達出來。

精神分析師所表現的中立，總是混合著對患者的熱忱與真誠的人性關懷。中立本身是一種態度，而態度是關係的一部分。它代表安全、感興趣、不責備，以及對於患者自發治療能力的一種信任。

治療的技術面向與個人面向彼此重疊。技術上來說，治療師提供了一個背景，好讓患者可以投射他內在自體與客體形像的幻想於其上。移情這個字傳統上是用來表示客體形像的投射。詮釋這些移情與投射是治療師的工作。

治療師如果不考慮患者不只是把他當成幻想，也把他當成生活中的外在客體兩方面的話，他便沒有辦法進行他的工作。不論治療師多麼謙遜，他總是個真實的個人，他的行動與不行動對患者來說都有意涵。患者藉由內射與認同而接納治療師的個人特質。有一些概念是用來描述治療的這部分，如涵容者與被涵容者、抱持性環境、夠好的母親、同理、滴定親近感和正向投射認同。

　　這些治療的關係層面必須與促進洞察力與成長的技巧合併，
這部分會在下一章討論。

【第十四章】在治療關係中的技巧

205　　雖然客體關係理論提供了新的概念來理解治療互動，和往常一樣，技巧的介入仍然是基本的要求。這些技巧包括治療情境結構裡的澄清（clarification）、面質（confrontation）與詮釋（interpretation）。運用它們，仍然是為了相同的目的：促進洞察力與成長。

洞察力與成長

洞察力遠超過理智層面上的理解，而是象徵著對於自體與客體整合與分化在意識與無意識上的進展。我已經在前面說明，這些是建構心理成長與其他各方面的心理過程。在以下的例子中，顯示藉由洞察力獲得整合。

　　　一位喪偶的六十歲憂鬱女性談到自己的依賴。她慢慢
　　地領悟出她是用懊悔在鞭笞自己，因為她對丈夫很惱怒，
206　　因此在丈夫過世前一年並沒有好好對待他。最後，她理解
　　到她不只是因為自己對丈夫很嚴苛而懲罰自己，還因為她
　　仍然愛著他。如果不是因為她還在意丈夫，她就不會認為
　　自己漠不關心的態度該受到懲罰。由於這種洞察力，她自
　　己的各部分整合在一起。後悔取代了憂鬱。

　　一位三十五歲的自戀男性以極度哀傷與痛苦的方式體驗到自己誇大的感覺。當他開始重視自己微小、受傷的部分，他必須不斷地受到注意與讚賞的情形減少。他不再需要利用別人的稱讚來防衛自己的不完美。他的自體表徵轉移，而得到心理成長。

　　一位濫用藥物與性關係混亂的二十八歲邊緣性女性，逐漸在治療中學習到，即使她和別人都有缺點，人們仍然可以持續地關心她。她開始瞭解，就算她的男友必須去工作或做其他事，還是會持續關心她。在她退縮或感覺很糟的時候，他的男友依然愛她。她對自己與他人關係的觀點變得更穩固，不斷需要找尋立即的愉悅和興奮的舉動減少了。她發展出安全感，挫折容忍度也改善了。

　　洞察力和運用某種智性理論去思考和行動完全不同。它是把在與他人互動的過程中，對自體的各式各樣感覺，以嶄新而有意義的方式結合在一起。

澄清、面質與詮釋

　　澄清、面質與詮釋是用來達成洞察力與成長的主要技巧。
　　澄清代表著詢問更進一步的訊息。治療師可能提出直接的問句以達到澄清的目的，例如，他會說：「你能不能詳實地告訴我，當老闆批評你時究竟是怎麼說的？」含蓄一點，他可以問：「多說一點」、「繼續說」、「嗯，是的」，或是許多其他表示

207　他很想對這個主題多聽一些的方式。一位精神分析師不斷地對個案表示：「我聽不太懂。」這樣一來，他要求患者對他澄清這些事情。

　　面質作為一種技巧，意謂著向患者提出治療師的觀察。不幸的是，面質有種攻擊的意涵，而這部分並不是運用這種技巧的目的所在。面質有時可以給人壓迫感，有時則可以很溫和。治療師可以對啜泣的患者說：「是的，這對你而言是很大的失落。」這種同理的評論，以一個旁觀者的角度把患者的失落呈現在患者之前，雖然她已經意識到了。事實上，她不太會把這種面質的經驗視為敵意的。一位患者描述她在考試中拿到「甲」，而引發治療師提出一個同理的面質，「是的，妳對自己的成就非常引以為榮。」藉由外來的肯定，這種很快被接受的面質，促使她在情緒最高張時自我反省。這樣可以幫助患者克服這種傾向：在某個時間有強烈的感覺，隨後就忘得一乾二淨。這種介入不必然要破除阻抗，或是造成對患者的攻擊。

　　其他面質可能會讓患者感受到批評和敵意，即使治療師試圖不帶批判地表達。指出相互矛盾的陳述常常看起來具有批判性。一位治療師向患者說：「一方面你覺得同事會支持你的立場，但是，之前稍早，你提到自己完全不信任他們任何人。你的意思是怎麼樣呢？」有些患者會對這樣的觀察有興趣，進一步加以探索；有的則會覺得被批評，試著解釋或辯論自己的邏輯。在這兩種方式中，面質本身都不具攻擊或批評——是患者的反應造成如此感受。

　　有些面質是一定要做的，而且的確隱含著批評或要求，不管是用什麼方式說出來。例如，治療師會評論：「我注意到這兩個

月你沒有付賬。」這意謂著患者必須付賬。

　　阿德勒（Adler 1985）認為治療師有時必須直接質疑患者。然而許多患者會誇大來自臨床工作者的任何攻擊暗示，我寧可不去強調這部分的介入。我界定面質是對患者指出某件事，不論是以令人有壓迫感或溫和的方式述說。它字面上的意義是把兩件事面對面擺在一起，在這裡就是指病人和他自己的一部分。

　　詮釋就是指出目前的感覺、態度或是行為重複了以前的感覺、態度或是行為。詮釋常常被認為是解釋因果關係，不過其實 208 指出平行的關係也同樣有效。一位治療師評論道：「妳害怕我拒絕你，正如妳對我很生氣一樣，這很像妳害怕母親因為妳做出無禮的行為後，把妳留在房間裡。當然，她的確真的這麼做了。」這種詮釋並未論斷因果關係。它只是把患者生活中的兩個層面放置一起，因此，它引發了整合。

　　最有效時，詮釋會描述出嬰幼期的生活、目前的生活與移情關係間的相似性。為了更加完整，前面提到的詮釋有些時候會包括這樣的陳述：「妳同樣害怕，如果妳向丈夫表達妳的不滿的話，他會離妳而去。」

　　有時詮釋意謂著把無意識的事情放到意識層面來。對於把經驗世界分裂開來而非壓抑掉的患者，意識層面的議題無關緊要。心理治療師仍然做詮釋。當治療師詮釋分裂，對於這兩個已分裂的事件就形成一種連結。當他詮釋壓抑，他正在誘發患者回想對已然存在之連結的記憶。傳統對詮釋的定義是指：意識與無意識以及因果關係所涉及的未解決之陳舊衝突。然而藉著定義詮釋是指出目前與過往思考、感覺與行為間的對應關係，這個名詞就可從傳統定義中跳脫出來。有時候，我會用「描繪出對應關係」來

代替詮釋。

在本章中，我並未舉出在精神官能症患者中，澄清、面質與詮釋用來達成洞察力與成長的例子；這些主題早在現代客體關係理論形成前就被廣泛地討論過。在此，我集中在這個理論的某些觀念，對於自戀性、邊緣性與精神病患者之治療技巧的應用上，所獲致的成效。

對結構的破壞加以面質

結構是對心理治療的安排，它提供了澄清、面質與詮釋的架構。結構是一組或一系列的期待，期待治療師抱持住自己與病人。治療的頻率與時間是結構的一部分，其他元素包括關於付費、休假與失約、甚至於座位和是否使用躺椅的安排。結構更明確的部分，通常是未明說的協定，例如：患者與治療師不應該以攻擊或虐待的方式對待對方或是發生性關係，而患者要約束自己自殺或危險的行為，並且在會談之前不可以吃藥或喝酒。

治療師可能在初始時和患者討論或溝通這些安排，同時對自己的期待負起維護責任。對一些精神官能症患者而言，討論這些安排並且隨時溝通，可能有幫助。對邊緣性與精神病患者，他們的自體─客體分化是如此薄弱，因此通常沒辦法忍受這種彈性。因此，治療師必須負起設立結構的責任，對治療關係提供穩定性。這樣可以協助患者體驗一個可預測的人。

對結構造成破壞的對抗行為，在邊緣性患者身上是相當活躍的（Kernberg 1975, Masterson 1976, Rinsley 1982, Adler 1985）。治療師應該把這樣的行為當作對自己堅定態度的一種提醒。如

此的取向是用來澄清自體—客體界限，並且強化客體恆定性。一種常見的破壞結構是在治療初期失約，通常患者會打電話取消會談。

　　LB是個二十五歲的男同性戀，他抱怨無法維持穩定的工作，而且一直更換性伴侶。在開始的兩次治療時段中，他說明自己多麼需要幫助。第三次他失約了。下一週他又出現，然後開始說明他一直在找工作。他說了二十分鐘自己是如何下定決心找工作。他沒有提到失約的事，而且看起來似乎沒辦法繼續接受治療。治療師質疑他對結構的破壞：「我注意到你上星期四失約，你對這什麼也沒說。」

　　「噢，你知道，我認為工作更重要。」這患者說，繼續討論工作的可能性。

　　治療師溫和地打斷，提醒他忽略了自己的治療會談。「或許我們可以仔細看看你無法遵守約會的困難在哪裡。是怎麼回事？」

　　「真的沒什麼，我只是太忙了。我不認為你會在意。那對你造成困擾嗎？」

　　治療師得知，這患者不認為治療師會比自己還認真地許下承諾要遵守約定。「我不認為你會在意。」患者說。這個陳述隱微地暗示著患者不認為治療師會在乎他這個人。當治療師質疑患者對結構的破壞，提醒了患者自己對治療師的態度。他認為治療師不守承諾而且不在乎。這位患者才是真正這麼以為的人。「我只是太忙了。」

210

治療師可以接著提出患者對會談不以為意的另外一種可能原因。他提到患者顯然無法記得有好經驗的可能。

「顯然，」治療師說道，「你並不期待我或任何人對你足夠在乎，真正想和你見面，或是猜測你到底跑到哪裡去了。你一定覺得非常孤獨。」

這樣的陳述對負向移情加以面質（Kernberg 1975），也面質了對結構的破壞，卻同時維持著同理的態度（Kohut 1971）。當一位患者違反治療師的期待時，他其實是顯露出自己期待的負向觀感，因此，至少也是對治療師維持結構的態度抱持著負向觀感。由於他的感覺是轉移性的，他在破壞結構時也顯露出負向移情。因而，面質對結構的破壞，同時也是面質負向移情。這位治療師假設LB會破壞結構的部分原因，是來自於他在移情關係中覺得不被在意、不被關心。

在LB治療過程中的這一點上，治療師還不知道患者早年對於父母的經驗。他可以假設患者認為他父母對他漠不關心，而且不守承諾。這正是他對治療師的感覺，雖然這個治療師事實上對患者感興趣，信守允諾而且保持接納的態度。當治療師說到患者背離了架構時，他把自己視為一個真實的個人。他補充說，LB覺得沒被關心時，一定感到相當孤獨。治療師這麼做，又顯示自己是相當同理的。

治療師有時必須以面質對結構的破壞以及其他負面題材進行治療工作，同時又不能看起來具攻擊性或冷漠。一個可以這麼做的方式是，在面質患者時，同時又同理患者。然而，為了在這種情況下維持同理的態度，治療師必須提醒自己對患者的關心，不

論當時患者是如何看待治療師。在這個過程中，治療師的面質可
以顯示出患者扭曲的知覺，而非傳達苛求或批評。這種努力可以　211
避免治療師被吸納入全壞的自體—他體狀態，特別是當患者屈意
順從或貶抑治療師時。在LB這個案例裡，他以一種屈意順從的語
調如此暗示他的貶抑：「那對你造成困擾嗎？」治療師必須找出
分裂的全好自體—他體狀態，假定這狀態一定存在，並且同理患
者在被拋棄的狀態下會有的感覺。

　　同理地面質對結構的破壞是種重要的技巧。治療師以此來維
持自己作為一個患者可以預期和信賴的人，然而同時，也指出患
者無法感到可以依賴其他人的痛苦。治療師會將患者感到挫折與
感到受照顧的部分整合在一起，並且在結構中維持穩定，好像是
在說：「沒錯，治療是令人感到挫折，而且你必須努力使自己可
以參加治療；不過，這同時也會讓你覺得有一個可以信賴而且試
著瞭解你的人，是令人滿足的。」治療師不需要直接說出來。他
對結構的關注，就已經用行為表達了這個訊息。

設限

　　有時候，對結構的破壞加以面質並不足以改變一個患者的
行為，而他的不確定性持續威脅著治療的效果。治療師必須要設
限；這建構了一種上限，也就是表明持續破壞結構的後果。這種
介入不是澄清、面質或詮釋，[3]不過，為了讓治療可以繼續下去，
這是必須提供的基本條件背景之一。

3　艾斯勒（Eissler 1953）將詮釋模式以外的技巧稱為治療的「參數」（parameter）。他認為
　如果要讓治療得到最大效果的話，之後必須對這些參數本身加以詮釋。

就像所有討論領域的上限一樣，設限要保留到最後才用。首先，治療師必須確定他已經充分地說明這種安排，而且有時候，要確定已經說明背後的理由。其次，患者超越界限時，他必須提醒患者。接下來，所有的解釋必須按部就班來做。通常，這樣的技巧可以在設限時一再重複。

對大多數患者來說，限制是隱含的而非明說出來。治療師通常不用說：「如果你不付錢，我們沒辦法繼續。」大多數患者會付賬，因此這個問題不會發生。對邊緣性患者，限制的設立應該維持在最小程度，因為這對他們意謂著放棄。

治療師唯一可以強制去執行的是中斷治療與破壞保密原則。如果患者威脅要自殺，治療師可以建議住院，但是無法強制。他可以通知患者的家人來保護患者，這會破壞保密原則而改變治療關係的性質。更極端的狀況是治療師要提出召開住院會議[4]的程序。這時，並不是心理治療師具有要求患者的權力——而是法庭。治療師提供隱私性的個人訊息。有時，法院會釋放病人，不同意醫師聲稱患者會自殺。在這種情況之下，治療師必須決定是否要繼續這危及信賴感而可能有危險的治療。

保密原則的限制與繼續治療與否通常是實際的問題。如果患者會有自傷、傷人之虞，在生命安全的考量之下仍然堅持維護隱私便是愚蠢的行為。[5]如果患者有一半的會談沒有來，治療的效果

4　譯註：住院會議（commitment meeting）是依法定程序召開的會議，決定患者是否需要住院，有時必須違反患者的本人意願。

5　危險性是個複雜的問題，而沒有辦法在這裡充分討論。例如，在某些情形下，治療愈密集時，患者愈容易傾向自殺，或許是因為有人替他的生活承擔起責任，造成自體—他體混亂，而強化了被挽救的幻想。這種情形下，可能最好尋求另一個人的諮詢，並且考慮不對危險行為設限的可能性。在這種情況下，必須安排其他的限制。可是，通常我們必須對危險行為設限。

就相當有限。如果患者在藥物中毒的情形下出席，他的整合性自我功能已經受損，而無法獲得洞察力，繼續下去也沒什麼用。如果患者習慣性地要脅他的治療師，那治療可以提供什麼協助呢？如果治療師沒有因為他的專業服務得到償付，繼續下去則很不實際。

　　　　BG——在第二章已經描述過，不斷地轉變身分認同的男性——對設限反應良好。他在出席了開始幾次的會談後，兩次會談沒有來。為了建立設限之前的結構，治療師說：「為了讓治療對你有幫助，你必須規律地出席會談。」

　　　　患者之後兩次規律出席，然後又故態復萌。治療師溫和地質疑患者對結構的破壞，不過沒什麼用。

213

　　　　幾週後，BG繼續零零散散地出席。精神科醫師提出一個詮釋：「或許你對治療相當矛盾。一方面，你可能希望來；另一方面，你可能不太確定。這可能重複了以前的行為模式。以前你生活中，當你向別人求助時，他們都怎麼了？」

　　　　「我媽媽很嚴厲，」他很恭敬地說，「如果我有問題找她，她會處罰我，或是更糟，她嘲笑我。可是我真的不知道為什麼老是失約，我真的有時候就是忘了。」

　　　　「你希望我幫忙你，不過或許你很害怕我會像你母親一樣嘲笑你或批評你。如果忘了約定的話，這種感覺會好過些。」

　　　　這位患者改變話題而繼續討論別的事。他在剩下的治

療時段裡對他的治療師視若無睹，就如同他完全忽略治療
約定而不出席一樣。

幾週以後，治療師嘗試另一種方式：評論患者的客
體恆久性不佳，而非他在移情關係中呈現的矛盾。「有時
候，你似乎完全忘記了你是多麼重視治療。治療對你而言
完全不存在，所以你不來，也不打電話。」

BG有禮貌地聽著，接著描述上次他缺席時認識的新
朋友，自己開始對一些音樂感興趣。他似乎忘了正在討論
的話題，而熱切地討論他所聽的音樂。他要把這些事全部
說出來。

他的精神科醫師原本可以靜靜地聽，可是忘了治療
將會影響治療的效果，他決定繼續討論這個問題。他可以
藉著評論患者似乎完全忘了自己本身正在接受治療，以繼
續話題。這樣的評論可以再度集中在此地此時的移情關係
中，患者的客體恆久性不佳上。可是他決定這個患者或許
可以接受自體評論而非客體評論。

「是，你自己有一部分十分重視治療。例如，你正在
告訴我關於音樂的事情；但是你有時候會忘記自己重視治
療的部分，當你必須要放下手上的事情而來參與治療的時
候。」

BG相當贊成這樣的觀察，而且討論了幾分鐘。他在
接下來幾週都準時出席。但是不久，他又回到老樣子。這
時，治療師決定要開始設限。治療師向患者表示，澄清結
構、面質與詮釋並沒有改變患者讓治療變得無效的行為模
式，這時候必須面對這個問題了。

214

他說：「如果你不能規律地出現的話，我恐怕沒有辦法再幫助你處理你面對人際關係、工作與信仰的困難了。」

「你的意思是什麼？」患者問：「這是最後一次嗎？」

患者對於被拋棄相當敏感，而且對自己與別人的看法也一直不穩定。他預期與治療師的關係會立刻結束。

患者邀請醫師澄清他所設的限制。治療師接下做更仔細的說明。「不，這不是最後一次。我仍然認為治療可以幫助你，如果你規律地出席；但是如果你沒有打電話就缺席，我們就花一個月來結束治療，然後我們暫停六個月，讓你想想你想要在治療裡做什麼。如果你從現在開始不缺席，我們就可以繼續而不中斷。」

這種以暫停治療而非中斷治療的設限方式，可以避免過去患者一再地被拋棄的老問題。洛德曼（Rodman 1967）回顧了許多文獻，然後提供許多這種設限的例子。

BG變得憤怒。「我記事情有困難。這是我為什麼來這兒尋求協助的原因。我完全是為了這原因來的！」

「很不幸，在你得到幫助之前，你必須改變一些你正需要協助的行為，不過我想這真的必須如此。在這方面，我們的知識不足以應付，無法以其他方式幫助你。」

「哦，我想我以後最好還是出席。」患者說。他現在看起來很順從，幾近謙卑。「我會來，我會做到。不過我

可不可以問，如果我自己可以改變我的行為，那治療又能
為我做什麼呢？我不是挑剔你，我只是問問看。」

　　在這時候，治療師抗拒著自己由設限轉變成詮釋的誘
惑。在BG感受到威脅被拋棄時，如同對他的母親一樣，
他就變得謙卑。治療師看到了，不過他抗拒自己想要詮釋
的誘惑。相反地，他提出患者所要求的解釋：「你想要某
個人幫你找出為什麼這麼難堅持某件事情。不過，有人提
醒你可以做到，而且必須自己持續地去做到，這種提醒對
你也很有幫助。畢竟，力量是來自於你自己，而不是外來
的。」

　　在這個例子中，治療師的設限並未涉及到強制力。事實上，
它清楚地呈現治療師接受了自己無所不能的侷限，而且沒伴隨著
攻擊性。設限時，對治療師相當重要的就是承認自己的侷限。如
此一來，患者就不會認為治療師是無所不能而完美的，或是以為
治療無效是由於治療師的惡意或尖刻；也並不表示患者做錯了。
很自然地患者常常會對治療師有無所不能的幻想，但是如果沉
陷在這種幻想裡，就不可能成長。同樣地，承認侷限也不表示治
療一點幫忙的能力都沒有，正如有些患者會讓我們自己也這麼認
為。不過如果治療師很極端地向患者表示所有的責任都在他身
上，這就是以治療的虛無主義（therapeutic nihilism）放棄患者。
治療師必須設限，同時不把患者理想化或貶抑的投射當成治療師
自己的。

　　在精神科醫師告訴患者如果他缺席則治療會暫停之

後，患者在幾個月內表現得完全相反。他沒有缺席，而且通常會提早半個小時到一個小時抵達。他開始以鮮活的字眼描述他的治療師，似乎完全地把治療師理想化。BG表現得像一個完美的患者，或是很快可以結束治療。幾個月後，他回到這個問題，而且記得他母親威脅他說，如果他做出或說出傷害母親尊嚴的事，她會把他丟到街上去。他覺得似乎自己不斷地要滿足扮演照顧者一職之人的自戀。他企圖以理想化治療師來達成這點。

設限不是澄清、面質或詮釋，而是治療師所採取的真實行動，而且常常重複了患者父母以前所做過的行動。它總是對患者有嚴重的效果，這種效果有時候無法預期。在之後的治療，必須進一步地探討這種介入，通常是由治療師來開頭（Eissler 1953）。患者很少把治療師的真實行為提出來。

光是設限並非總是足夠的。有些患者無法留在限制裡面。如果設限時清楚而小心，接替的治療師可能受益。新的治療師可能不必加入被患者貶抑的行列。許多患者，特別是病情嚴重的人，在穩定下來進入一段有助於他的關係之前，已經經歷過許多治療（Katz et al. 1983）。

向患者描述限制，促使患者與治療師面對面討論彼此的關係。這種介入提醒雙方彼此的個別性，以及他們互相發生關聯的架構。它有助於患者與治療師抗拒期望無所不能的誘惑，並且提醒他們，任何人類的互動，包括心理治療，所創造出的可能性都是有其侷限的。

216

對負向移情加以面質

自從佛洛伊德（Freud 1905b）回顧他對朵拉（Dora）未成功的治療後，精神分析師向來十分熟悉，如果在治療早期要讓治療進行下去，辨識和解釋移情關係非常重要。治療師在治療嚴重的患者，有些時候必須在最初幾個治療會談中，就針對這個問題討論。克恩伯格（Kernberg 1975）受到克萊恩在治療早期就詮釋移情的影響，強調在治療邊緣性患者時，這種技巧特別重要。

負向移情是將壞的、貶抑的、拋棄的或是至少令人失望或排斥的內在客體投射到治療師身上。這種「壞的」客體形像通常伴隨著憤怒、敵意或是驚恐的情緒，而必須帶到治療中加以討論，如此它們才能被調節與整合。如果它們被忽略，憤怒或失望會導致治療過早終止。

> 之前在第六章描述過的二十九歲接待員WJ，在一次治療中，顯露出負向移情。她說：「我覺得糟透了而且很孤獨。不論怎麼樣就是沒有人瞭解我。有什麼用？我甚至不知道我為什麼來這裡。」
>
> 治療師可以把焦點放在她的士氣低落上（Frank 1974），或是強調外在的壓力因素造成她的沮喪。不過，他選擇對移情進行治療工作。
>
> 「妳一定對我失望，」他說，「妳請我就是為了要瞭解妳、幫助妳，但是妳仍然覺得沒人瞭解妳。」

這樣的面質並沒有增加新的訊息，它只是改寫成白話而已。

然而，它的確突顯了對治療師的負向感覺，同時作為同理性的溝通。有技巧的、恰到好處的面質有同理的成分在，因此當前對於治療師是否應該面質（Kernberg 1975）或是同理（Kohut 1971），通常是沒有意義的爭論。

　　對邊緣性患者負向移情的面質很少會突顯其敵意。事實上，這麼做通常會降低其敵意。在WJ的情形裡，她覺得孤獨而且不被任何人所瞭解，包括她的治療師。當治療師面質並且同理患者對他的失望時，她不再覺得自己是被放棄的自體—他體狀態，因為她現在被治療師瞭解了。這種介入——治療師理解到患者有多麼不被瞭解，所以患者不再覺得被誤解——看起來有點矛盾，而且是有點玩弄小聰明的說法。不過，如果它是真誠的，就會有幫助，特別是對感到憤怒與被拋棄的患者。

　　　　當WJ感受到治療師和她有同理的接觸時，她轉變成
　　　　全好的自體—他體狀態。「噢，不，」她說，「不是你。
　　　　你是唯一關心我的人。來這裡後我覺得好多了。是我那混
　　　　帳丈夫——還有我母親。」

　　就在之前，她才表示不被瞭解，然而她似乎不會覺得那和現在感受到被關心的感覺有什麼矛盾。這種對矛盾情緒的健忘，其實代表自體—他體狀態的改變。這時，如果治療師接受他被理想化的新角色，並且容許所有不愉快的感覺分裂開，投射到她丈夫與她母親身上，治療或許暫時會平靜下來。同時，患者的家庭生活可能會惡化，因為所有她誇大的全壞部分都投射到家庭中。既然治療的目標是要協助患者處理她治療以外的關係——而不必然

要與治療師處於舒適的狀態——治療師必須再度面質這種負向移情。

「是的，」治療師說，「我明白妳現在感受到被我所瞭解，而且這很重要。不過才不久之前，我以為妳覺得不被瞭解，正如你告訴我的。有時候，我沒有支持到妳。」

如此，溫和地質疑負向移情——當患者認為治療師是個好的客體時——幫助她以自己的自我去整合客體的好與壞的部分。我把這一種對負向移情加以面質的方式，稱為並置好與壞的客體關係單元。在本章稍後會進一步討論這種促進洞察力與成長的技巧。

雖然早期面質負向移情對邊緣性患者非常重要，然而強調這種技巧有時會對治療強迫性、自戀性或精神分裂症患者有害——全部都是有害的，只是理由有點不同。有明顯強迫性的患者會批判自己可能有的任何傾向，而不敢反抗權威。他們低估自己獲得溫和與依賴關係的能力。在早期去面質負向移情，會使他們確信自己最害怕的事：他們是不順從且難以駕馭的人，應該予以處罰，而且要進一步控制。他們會以自行合理化的自責來回應。因此早期最好聚焦於他們自己的高標準，以及想要獲得快樂與協助的期望上。他們會太快指出自己的敵意。

自戀性患者如果在早期就被面質，會覺得受到傷害。寇哈特（1971）曾顯示對自戀性患者而言，在很長的一段時間裡，他們多麼需要將治療師理想化。如果治療師找到理想化背後的敵意徵兆，並且加以面質，自戀性患者會深深地覺得被誤解而且受傷。

的確，他們會遭到另一次自戀性傷害（narcissistic injury），因為他們沒有辦法認為自己是理想化治療師所治療的理想患者。同理性的評論，是他們在早期還可以忍受的面質。可是，克恩伯格（1974b）認為需要對患者的誇大與貶抑加以探討，或許他是對的。耐心與敏感，而非過早地面質負向移情，是治療這些患者的關鍵。

在治療早期溫和地探討負向感覺，有時會讓精神分裂症患者感覺獲得保證。通常針對這群患者的負向移情或投射，會以澄清來代替面質。當一個精神分裂症女性提到她害怕被下毒時，她的精神科醫師問道：「妳會擔心我嗎？」她否認對醫師的懷疑。在這問題上，他聰明地接受她的答案。

精神分裂症患者通常自我評價低，而且和他人的關係緊張。他們會認為對自己負向感覺的任何評論都證明自己不被社會接受。最好是在他們的話中找出正面的部分 （Hamilton 1986），然後晚一點再討論敵意的部分。這種方式容許他們先進入全好或共生的自體—他體狀態。希爾斯（Searles 1961）描述他們在分化之前，必須要和治療師有親近的經驗。面質會粉碎他們共生的幻想。面質這種介入方式，必須等到他們發展出更穩固的自體感時才能用上。

我們必須小心不要運用治療邊緣性患者的技巧去治療精神病患者。邊緣性患者與精神病患者的心理治療涉及不同層次的自體—客體分化與整合，任何一種都需要不同的取向。面質負向移情是個好工具，不過並不是任何用途都用得上。

對行動化加以面質

行動化，在精神分析文獻中，有許多不同的意義。它通常是指在治療時段中，患者把內心衝突用行動表現出來，而不是用語言表達（Freud 1914b）。它也可以指混亂或是各種有害的行為。有些治療師把衝動行為稱為行動出來（acting up），而把行動化用來指治療中，患者無意識的題材以象徵性的表徵浮現出來。我相信一旦患者尋求臨床工作者協助，所有在治療時段以外的行動化都對治療具有象徵性的指涉，而所有的行動出來都是行動化。治療師必須面質這些行為，而把它們納入治療的影響底下。

JG是一名二十四歲的大學生，在一次治療中，因為治療師打了個呵欠，讓她對治療師感到失望。她沒告訴治療師她的感覺，反而在接下來的週末濫用藥物與濫交。她低估自己逃避的行為，而說自己很無聊且想找樂子。

「妳很久沒這麼做了。」治療師說。

「六個月一次不算很頻繁。」她回答。

她的治療師再度質疑她：「妳曾經提到妳要停止做這種事，因為結束時妳會覺得自己很糟。妳改變主意了嗎？」

「沒有，」她說，「我只是想找找樂子。我的男友是這麼沒趣的人。他打電話給我，我太累了不想出去。然後我就去找了一家酒吧。」

過去八個月她和一位相當穩定的男人交往，他真的對她有興趣。現在，她把他丟在一邊，然後回復到以前混亂

220

的行為。她的治療師再次面質這行動化。「妳一直說妳喜歡他，而且也覺得他喜歡妳。現在妳說那不重要。」

「換個話題，現在談這個很無聊。」她說，並且打了個呵欠。

這個呵欠提醒治療師，在前次治療時，因為他前晚在急診室幫忙了很久，因此沒什麼精神。他準備詮釋這行動化。稍早，他還不清楚這行動化和治療裡的什麼事情有關。經過一再地面質她不一致的行為，他現在可以詮釋行動化與治療的關聯了。

「上一次我很累因此打呵欠。」他說：「我一定傷到妳的感覺了。正如我太累而沒辦法注意妳，因此妳告訴妳的男友說妳太累了；可是妳很寂寞，所以妳轉向藥物和別人，讓妳好過一些。」

如果治療師沒有一開始就對行動化加以面質，就會得不到這些詮釋所需的訊息。一旦這些行為與治療的關聯透露出來，負向的移情就變得很明顯。

行動化通常和負向的移情有關。一名患者以自虐的方式尋求滿足，暗示他並不覺得治療師提供足夠的關心，正如他覺得自己的父母沒有提供足夠的照顧、注意與指導。在這個例子中，患者對治療師這個真實、外在的客體——當治療師打呵欠時，她覺得受到傷害——有負面的感覺。這些可以理解的感覺被患者對父母的移情感覺所增強，她的父母對女兒通常漠不關心，而且高高在上。孩提時候，她就必須轉向任何她能投入感情的人。在患者的 221 行動化被帶到治療中處理後，這些問題只能之後再討論。

我們之前討論過BG，在他第二年一週三次的治療裡，當治療師休假後，他取消了連續兩次的會談。這是他這一年來第一次缺席。接下來的治療時段中，他宣布他拜訪了一個宗教社區，而想要把所有財產貢獻出來並且搬去公社住。他說在那裡他可以得到他所需要的指導，而且可以繼續治療。

治療師面質這行動化。「當我出去的那幾週，你發現了一個可以照顧你的團體。」像許多面質一樣，這個陳述只是把患者說的話用口語化的方式再說一次。

「這和你一點關係都沒有。」BG說。「我只是想去那個公社。我知道你必須去渡假。」

治療師再試一次，這次加上對負向移情的評論。

「記得不久前，你在我渡假時想要自殺，我們把你送到醫院，以免讓你覺得完全被拋棄。我讓你留在那裡，可以理解你會有點被忽略的感覺——這一次，我甚至沒有送你到醫院住。我就這樣離開，這一定令你相當失望。」

「至少我不想自殺了；不過你知道我為什麼這麼熱衷於這個團體嗎？其實那不見得是個好地方。」

「我打賭，你是不是遇到什麼有趣的人？」

在這裡，治療師避免了把與治療師競爭的全好客體看成全壞客體的錯誤。藉由探討患者計畫中的價值，他未追隨患者把事情視為全好或全壞的傾向。治療師成功地將負向移情提出來討論。現在患者比較不會發生嚴重的行動化，而可以比較客觀地討論加入公社的可能性。

「我想，」BG說，「他們試著以古老基督徒生活的方式過日子。沒有私人財產，沒有貪婪。每個人都為了他人工作；不過，總是有些麻煩產生。你知道那彌賽亞團體中的執事們有多自負嗎？而且他們也很貪婪。他們要每個人把收入的一半奉獻出來。」

另外一個行動化需要進一步面質。「然而你想把所有的財產奉獻給這些剛認識的人們？」

「嗯，不完全是。我有這個想法，不過我不會做。我只想確定你會關心我。」

BG的治療師可以接著選擇是否要討論患者會不會因為治療師休假而覺得被輕視。他可能會以言語貶低自己的方式，象徵性地將感覺表達出來，比如說，把所有財產拋棄掉。面質過程已經把這個問題帶到患者的腦子裡了，他自己說：「我只想確定你會關心我。」已經不需要更多的評論了。

對行動化加以面質，是將分裂的自體—客體狀態帶進此地此時的治療互動之中，因為在這裡，這個狀態可以被影響。這個技巧並不常被用來促使無意識的感覺變成為意識層面能感受得到的。因為，這些表現出來的情緒，是在別的處境下被意識到的，所以患者沒辦法將這些在不同處境下呈現出來的感覺，在內心裡放置在一起，也無法在意識或無意識層面整合起來。對行動化加以面質，容許患者在與他人互動時考慮到新的自體，因而促成進一步的分化與整合。

將好與壞的客體關係單元並置

　　當患者將自體與客體世界分裂成混亂而轉換中的全好與全壞單元時，有時候這在治療師看起來是這麼不協調，以至於似乎難以動搖。由於患者的體驗非常戲劇化地轉變著，治療師很難找到一個穩定的起點。他們的詮釋也會被患者分裂。當治療師詮釋患者如何分化治療以外的生活狀況時，患者常會感到被治療師指控為是有病的。臨床工作者於是成為患者內在世界裡全壞單元的一部分。如果治療師什麼也沒做，患者會覺得被忽略，再次把他的協助者看成全壞單元的一部分。同情、鼓勵和建議會導致患者將治療師納入全好單元之中，直到這些努力失敗，而這些努力原本223　就一定會失敗。然後，方向一轉，治療師被貶謫到無價值的、沒有力量、不被重視的全壞客體世界中。如果患者這麼極端地看待治療師，治療師又要如何發揮調整的影響呢？

　　對這個問題的一種解決方式是：在治療中留意移情關係，開始將正向與負向情緒並置。在WJ這名個案中（二十九歲的接待員，患有邊緣性疾患），患者在治療開始時覺得不被瞭解。當她的治療師同理她時，她轉向全好的自體—他體狀態，而治療師成為共生的夥伴。她將自己與治療師的關係理想化，而把自己全壞的感覺歸於丈夫與母親，這些人象徵著內在生活中全壞的客體。如此一來，她維持了一個分裂、全好與全壞的世界。治療師並沒有沉迷在理想化中，反而提醒患者，雖然現在她覺得被瞭解，不過她稍早覺得治療師「沒有支持到她」，藉此將患者本身正向與負向的感覺並置。這種並置容許患者的整合性自我功能運作，讓她逐漸瞭解到，她對同一個人同時會有正向與負向的感覺。

　　這個例子說明了在移情關係中，如果患者對治療師的感覺是好的，比較容易的做法是將好與壞的客體形像並置。如果患者覺得被誤解，而他的治療師試圖去指出稍早患者怎麼看待治療師，這會讓患者覺得治療師正在評論自己的行為。患者會覺得更不被瞭解。如果患者對治療師的感覺是好的，將正向與負向客體形像並置這方法和派恩（Pine 1984）所說「打鐵趁冷」有關（p. 60）。當患者正處在負向移情或是情緒混亂的頂點時，很少會鼓勵他們去檢視自己的感覺。最好只是同理並且等待。

　　我們可以將好與壞的客體形像並置於治療外。治療師可以評論：WJ有時會以極端不同的觀感看待母親與丈夫，端視母親與丈夫是否滿足患者或是讓患者感到挫折而定。在某個時刻，必須對移情關係本身中類似的分裂，提出來加以評論。正如佛洛伊德（Freud 1912b）指出，打敗敵人不是趁「敵人不在或是只有芻像」時（p. 108）。要改變患者的行為模式，這些模式本身必須在治療關係中出現。

　　克恩伯格（Kernberg 1975）再次強調針對邊緣性患者，在此地此時的移情關係中進行治療工作的重要性。如果對患者移情關係中的分裂無法深入討論，那麼治療師試圖要並置全好與全壞客體形像的努力，都會捲入患者不斷轉變的好經驗與壞經驗之中，這些評論就不會有效。224

　　並置全好與全壞的自體形像，和並置全好與全壞的客體形像作用相似。治療師必須小心注意在指出患者正向或負向的部分時，不要表現得像這是治療師個人的評估，或是好像那是事實一樣。熟悉治療師個人對性格特質的喜好，對患者沒什麼幫助，對這部分加以評論，會傷害到患者的自我評價。相反地，治療師必

須自己反觀，哪一部分是患者重視的，哪一部分被患者輕蔑。患者必須整合自己矛盾的價值。

PH是在第十三章描述過的三十四歲商場女性，她對要讓兒子睡在自己床上有困難。在治療中，她敘述到如果自己焦慮而激動時，她會覺得自己恨她的兒子；另一方面，她憎惡自己是個「壞母親」，居然恨自己的小孩。她很想死了算了。她沒辦法理解心理治療會幫助她。她處於全壞的自體——他體狀態。

PH在人格結構上不是邊緣性，不過她有著整合不佳的全壞自體形像。當她處於這種心智狀態時，她沒有辦法聽進任何治療師所給予好的、有幫助的評論。

「當妳覺得自己這麼糟時，」他說，「妳忘了自己照顧孩子的能力。妳很看重這種照顧別人的特質；可是當妳氣餒的時候，就忘了自己負責任、關心和有價值的部分。」

當治療師將患者好的自體形像與壞的客體形像並置時，她看起來沒有注意聽。她是個壞母親，這就是全部了。雖然，她向治療師保證自己不至於沮喪得想自殺。

下一次會談時，她覺得好多了。在週末，有許多朋友打電話給她，邀她吃晚餐，幫她照顧孩子，告訴她朋友們都很關心她。他們說：她最近看起來很不快樂。當她說到週末時，她看起來比上一次輕鬆多了。

「可是，」她說，「我對卡拉有罪惡感。我一直抱怨自己的問題，而她快沒工作了，我卻沒注意聽。我太專注

225

在自己身上了。我真的很關心她。」

現在她不再處於全壞的自體─他體狀態，治療師可以比較有效地並置正向與負向的自體形像。他說：「今天妳比較能察覺到自己關心的能力。當妳覺得是個壞母親時，所有事情都失去希望，妳很難提醒自己有值得重視的部分。有時候，妳又會察覺到兩部分，妳的關心和妳的自私。」

「我希望自己可以記得這兩部分，」她說，「我對這反反覆覆很厭煩了。」

當她處於一個較整合的狀態時，她可以將自己覺得有價值與自己覺得沒用的部分並置。瞭解她關心別人，不過卻也會讓別人失望，她會覺得有罪惡感而不是失望。治療師利用機會提醒她最近全壞的自體─他體狀態。當她在那種情緒下，她忘卻自己的良好整合功能，而自覺是個壞母親，甚至於自稱是巫婆或怪物。當她好一些時討論這個議題，讓她有機會整合她壞母親自體影像與較成熟的自我認同。再次，治療師「打鐵趁冷」（Pine 1984）。

在投射認同中澄清自體與客體

處理投射認同和處理分裂一樣，需要特殊的心理治療技巧。

以精神內在來說，投射認同是將自體的一部分與相伴的感覺歸咎於客體，然後企圖在客體身上去控制這些感覺。這種控制別人身上的自體成分，意謂著部分界限的模糊。以人際互動來說，投射認同是指：患者如此行為，激起治療師產生患者不想要的感

覺，然後患者又企圖操縱治療師的感覺。精神內在的與人際互動層面的投射認同通常同時出現。

既然投射認同至少涉及一部分的自體—客體界限模糊，處理

226 它的技巧就包括澄清界限，而不至於拋棄患者。這種技巧上的介入必須在包容或「抱持」關係中進行，如第十三章已描述的。

一個澄清界限的例子如下：

> LR是一名三十二歲女性，她嚴重地毆打自己的三歲兒子。她尋求治療並希望在兩個孩子暫時被安置到別處後，仍能再度取得監護權。她開始和朋友與鄰居們減少來往。LR在治療中顯得退縮。她表現出一個完美的母親的樣子。她的治療師發覺自己在想法上對患者愈來愈嚴厲，「這麼退縮而沒反應的女人怎麼撫養小孩呢？」治療師心裡想著。「所以她會再度爆發出來。」治療師對於治療LR有無比的壓力，因為必須小心翼翼地預防下一次的兒童虐待發生。

> 經過一番思索，在治療師克服自己的害怕後，她說：「我不由自主地想到妳怎麼能照顧妳的小孩而平安無事呢？一個三歲大和一歲大的孩子會很麻煩的。」

> 「哦，當然。不過一切都在控制之下。」

> 「如果妳會怕當妳抱怨時我會批評妳，我是不會驚訝的，或者是妳會怕我向法庭報告。」

> LR接著娓娓道來，她的丈夫、鄰居與社工人員如何地不能原諒她的行為。

> 「或許妳會害怕我也會責備妳。」治療師說。

「嗯，妳會嗎？」LR問道。

這位治療師假設精神內在與人際互動層面的投射認同同時出現。患者投射她自己的自責到治療師身上，然後表現出完美母親的樣子，試圖去控制可能的批評。在人際互動裡，她的明顯退縮引起治療師產生責難的感覺。正如投射認同時常見的，患者投射到治療師身上的感覺，在某部分是與治療師自己的感受有關，而並非完全來自投射。這位治療師本身也是母親，她不會原諒以虐待兒童、退縮或社會孤立來作為處理的方式。

如果治療師企圖否認自己的厭惡而說：「我不會責備妳。」她就會和患者共謀，和患者一樣認為自己的衝突可以用外在的方式解決。她告訴患者：「撇開我或是其他人怎麼看待，我認為妳自己不會原諒自己這樣傷害孩子。」

在這樣介入中，治療師指出患者在治療師身上看到自己的自責。治療師並未聲稱原諒或贊同患者的虐待行為。她暗示治療的主題是在患者的自我責難。她澄清了自體—他體界限，幫助患者分化。當她並置患者表現出可以愛人與原諒他人的自體形像時，她同時也促進了整合。在深入討論投射認同時，治療師提供患者機會去重新整合投射出來自體壞的與好的部分，並且分化自己與他人。

只使用傳統的精神分析技巧，治療師比較會去詮釋移情關係而非投射認同。她可能會評論患者期待治療師嚴厲的責備與處罰，如同患者面對母親一樣，而不會強調現在已經不是母親責怪患者——而是患者自己責怪自己。她已經內化了她施虐母親的嚴苛部分，認同嚴厲的雙親內射而成為自己的一部分。要討論這問

227

題的第一步是要幫助她看到自己而不是治療師的嚴苛與自責。澄清界限有助於中斷投射認同，接下來的評論才會被聽成是不具批評性而有幫助的。如果不及早介入，患者體驗到被治療師批評與責難的經驗，這種經驗會日益加重而無法收拾。

一位兒童精神分析師（Boverman 1983）提供我一個他門診個案的例子：

> 「一位非常困難、邊緣性、厭食、說謊的年輕女孩，
> 在我第一次見她時，我評論說：『我想我現在瞭解妳了。
> 妳覺得妳內在是如此痛苦、混亂與迷惑，因此，妳想要把
> 這些全部拋給我。』之後她就平靜下來了。」

精神分析師以澄清界限的方式詮釋人際間的投射認同。當他說：「妳想要把這些全部拋給我。」他暗示患者的痛苦是來自自己，而想將這些痛苦拋給治療師。他做了自體—他體劃分，然後說：「我想我現在瞭解妳了。」而沒有傷害、拋棄或排斥患者。

投射認同會涉及自體好的部分，也會涉及比較不值得重視的部分。精神病患者常會投射他們誇大與無所不能的自體形像到治療師身上，然後試圖得到完美的照顧。

RJ是一位蓬頭垢面患者，對護士的期望反應良好（第十三章），他提供了一個好例子。

> 「妳好棒。」患者告訴護士。「妳比其他人幫更多。
> 噢，我甚至準備好要工作了。」他把自己的進步全歸於治
> 療師，認為所有的功勞都是她的，然而其實有許多功勞是

自己的努力。

「不過職能復健沒有用。」他說道。「他們把我訓練成電腦操作員，而我想要擁有一個加油站，這不在訓練課程中。我不知道他們怎麼了。我想妳必須幫我和他們直說。」

他顯示出他不只投射自己有效的功能到治療師身上，也把未整合的誇大部分投射給治療師。他似乎自信滿滿地認為治療師會要求機構做任何他想要的事。

她以澄清界限的方式回答，並且忽略誇大的部分。「我不認為在你幫助自己有所進步之後，你認定自己有足夠的功勞。你認為職能復健或是我可以讓你有生產性，事實上那主要是你自己的努力。」

他繼續說：「他們不聽我說。我開始對妳生氣了。妳可以對他們說，可是妳不做。我需要加油站。」他似乎認為她或是她安排的訓練課程，可以訓練他不只是當個加油站作業員，而且可以讓他擁有自己的加油站。他仍然投射自己無所不能的自體形像到治療師身上，而且試著去操縱她讓事情成為可能。

RJ的治療師說：「我認為你很想像變魔術般擁有一個加油站；當你領悟到你不能變魔術，你希望我可以。可是，我也不會變魔術。」在此，治療師澄清自體──他體的界限，同時面質他無所不能的幻想。她說道：「我也不會變魔術。」她維持她的關聯而避免拋棄患者；患者與治療師是個別的，不過是類似的。

「嗯，我想我是遭到阻礙了。」患者看起來可以接受

229

這個狀況，不過他仍然表示出無助，再度要求他的治療師接受無所不能的幫助者角色。

她說：「是的，你是遭到阻礙，不過，你可以做一些事，多賺些錢。」她再度調節他的無助，然後指出他自己擁有的力量。她仍然想要告訴患者，他投射出來那個發揮實際作用的力量，其實是來自他本身。

「像什麼？」他問。

他再度要求她接受他自己投射出來有效的計畫能力。

她再度試圖以澄清自體—他體界限的方式，將投射出的力量還回給患者。「我打賭你可以想出好幾種事情，而用不著我告訴你。」

「妳實在有夠固執。有時候我不知道要拿妳怎麼辦。」他搖頭。「妳真有一套，妳真有一套！」然後，他笑了。

RJ試圖投射他無所不能的幻想給治療師，然後獲得永無止盡的照顧，這需要不斷地澄清自體—他體界限。這是種冗長的重複工作。他的說法和咯咯地笑，表示在某個程度上，他最後重新整合了他所投射出去、然而其實是屬於自己的能力。事實上，他搖頭然後說：「我不知道要拿妳怎麼辦。」表示他覺得自己可以做些什麼，而且覺得自己即便沒有比治療師更有能力，至少也和治療師並駕齊驅。他不再視治療師為無所不能的自體—客體。

「你一定覺得很挫折，因為我只能幫你這麼多了。」她說。

　　她沒有把這位容易受傷的患者一個人單獨留下來，面對他無法藉由治療師魔術般地控制這個世界所感受到的挫折。治療師同理患者對失去一個無所不能之自體的失落感。

　　當澄清自體—他體界限以處理正向或負向投射認同時，治療師必須留意不要過度，也不要讓患者感受到被拋棄。治療師必須和患者維持有意義的關聯，以免患者出現被拋棄的憤恨，而必須 230 將之投射到治療師身上。

支持自我評價同時面質誇大的自體

　　藉由界限澄清促進分化，與藉由情緒並置以促進整合，在面對誇大時會有特殊的問題。大多數邊緣性或自戀性人格的患者有明顯的誇大自體表徵，而這很難整合。這誇大自體會隨著整合性差的、貶抑的或無價值的自體轉變。當誇大被面質或挑戰時，患者會突然地面對無價值與無望的感覺。他會因為突然失去自我評價與治療師背叛了他而勃然大怒。患者會以變成更誇大的方式或是離開治療來防衛自己。另一方面，如果治療師一直不面質患者的誇大，這樣仍然會對他們造成傷害。患者不斷地面對一個接著一個的失敗，因為他們不斷地期待這個世界——特別是和他們親近的人——去調適他們不合理的誇大期望。因此，治療師終究要協助患者認識到自己誇張的自體期待，同時支持他們的自我評價。

　　　　DC，這個二十三歲，曾在演出之前毆打別人的演員，在醫院中又重演類似的行為。一次他和其他患者外

出，遇到地方上的無賴，他們嘲諷這群患者其中一人。
DC被這種羞辱所激怒，因此攻擊一名嘲諷者，把他打倒
在地。一位餐廳老闆在這兩群人鬥毆前介入，DC毫髮未
傷地跑掉。

當他回到醫院，他立即成為病房的英雄。在滿懷驕傲
的情形下，他開始拒絕遵守病房的規定。他以一種高高在
上和優越的態度對待護士。他的治療出現困難，因為他覺
得治療對他是種冒犯，他應該受到愈少約束愈好。

「你的確成功做了一件事。」他的病房精神科醫師
說。「那一定感覺很好。」

231

「無庸置疑。」

「你幫助病友自我防衛，這正是我們社會重視的價
值，雖然做得過分了一些。不過你是想要幫忙的。」

治療師支持患者的自我評價，而且指出誇大的有益部
分。患者同時也感受到評論裡面有點不受歡迎的感覺。

「來吧，來吧。」患者說。「有話就說出來。」

「你的勇氣與力量讓你能夠充分地運用你的天賦，這
是其他人做不到的。所以你很重視自己的這些特色。」

精神科醫師並沒有照患者的要求，以冷漠或粗暴的方
式對待他。這是DC誇大的一部分，他認為自己不需要被
溫和地對待。

「我還在等你說出來。」DC有點優越地說道。

他很明顯地期望自己的自我評價被攻擊。自戀性患者通常有
明顯貶抑的內在客體形像，因此他們必須防衛自己。DC投射批評

性的嚴苛內在形像到治療師身上，而且試圖以認同它和採取更優越的態度來控制它。治療師與其他照顧者很容易陷入這樣的情境中，而接受患者投射出來的態度；他們必須有意識地加以拒絕。

「每當你成功，你總是會忘記自己悲傷與依賴的部分，而且你會要求自己比別人所能做到的做更多。」

「像是什麼？」

「像是自己負起全世界的責任，而不讓別人幫任何一點忙。」

「我需要的時候自然會找人幫忙。」

「現在你不肯讓護士幫你。你知道，這正是病房規則為什麼存在的原因。護士定下規則，以便一個人可以和另外一個人相處。你要和其他人相處，這樣你才能待在這裡，而不會感到孤獨、需要用古柯鹼、喝酒，並破壞自己很有希望的前途。你必須讓護士協助你遵守規則。」

「好，好，老闆，我會安定下來。」

精神科醫師指出患者誇大的部分是和社會價值一致的。他也討論他潛藏的依賴需求，而並未威脅到被稱許的誇大部分。仍有 232 更多治療工作需要進行。最後，患者仍然把精神科醫師當成他的老闆，而不是一個他可以求助以處理自己敏感自體的人。治療進行到這一刻，他受到羞辱的感覺已經依稀可近；這時需要更多的精神分析工作。

心理治療師通常會對他們自己的治療師呈現出具有挑戰性、自戀的表象（facade），不論他們是否有人格疾患。

　　WS是一位心理師，表現出有能力且令人愉快的患者模樣，而且立即理解她的治療師所做的每個評論。她有時會在治療師尚未做詮釋前，有點優越地先闡述出詮釋。她的母親是個精神分裂症患者，她的父親因憂鬱而無法照顧她。她在五歲以後是由養父母撫養長大。她覺得沒安全感，而且確信自己會隨時被拒絕。成人後，她藉著不斷轉變與人的關係來處理這種感覺，在男人沒拋棄她之前先拋棄別人。

　　終究，治療師感到必須碰觸WS的誇大部分，因為這影響到她接受幫助。有次患者說：「星期四在會談鐘點結束時，我覺得我應該留下來協助你處理那一疊的文件。我不瞭解為什麼我總是覺得應該幫助其他人。我知道，我知道，你會說這是我感覺的移情……」

　　「我很想知道為什麼，」她的治療師打斷她並說，「妳加入我的評論。顯然，這種天賦幫助妳克服許多障礙。生命中有些時候，當妳想要一些幫助卻得不到時，妳會自己幫自己。然而，這樣一來妳還是孤獨一個人，因為妳總是沒有聽到我到底怎麼說，而是妳認為我會怎麼說。」

　　WS安靜下來。她覺得悲哀，當她想起好幾次她多麼希望得到幫助，卻沒有任何人幫助她時。

　　WS的誇大並不十分明顯，治療師並未直接評論它。而且，患者的確有身為一位克服劣勢背景的自立專業人員的誇大自體形像。當治療師指出這些能力的適應部分時，他也有機會指出患者

233

對關係的這種傾向也可能是過度或不必要的。

　　支持自我評價同時面質誇大的一個相關作法是指出它的根源。患者便不會覺得被指控或被責怪。

　　　　BG（那位不斷轉換身分認同與宗教信仰的患者）常
　　常會對他的朋友相當傲慢。「法蘭克挑了這些可怕的毛紡
　　領帶。我想，毛紡領帶是很怪異的東西，而且我也告訴過
　　他了。」

　　　　「你不欣賞他的品味？」治療師問。

　　　　「哦，每個人都有自己的品味，可是……嗯，這真的
　　很可笑。在他身邊很令人尷尬，我總是要克制自己。你應
　　該看看我的公寓，它是這麼豪華。」

　　　　治療師說：「小時候，你被要求要做最好的，如果你
　　沒有達到最高標準，父母會嘲笑你。所以你和你重視的朋
　　友必須要保持最高標準，否則你會覺得被羞辱。」

　　　　BG接著討論到小時候，倘若他聽搖滾樂而非莫札
　　特，母親便會罰他坐在椅子上聽她責罵。她總是告訴他，
　　他會如何身無分文地、汙穢不潔、卑微而孤獨地死去。

　　BG傲慢的行為導致他失去許多珍貴的朋友，但他的行為並沒有被直接地面質，除了治療師評論到：「你不欣賞他的品味？」反而，治療師指出行為的根源來自患者父母優越的姿態。如此一來，患者可以理解和接受他自己的完美主義，而不會感到被羞辱。

　　我已經描述了澄清、面質與詮釋的技巧。重點在這些介入的種種類型，這讓嚴重病患的治療成為可能，而且為精神官能症患者的治療加入新的面向。這些類型包括對治療的破壞以及行動化加以面質、設限、將正向與負向情緒並置、澄清自體─客體界限，以及支持自我評價同時面質誇大。

234

　　所有這些用來促進洞察力的技巧，都是在助長性的治療關係脈絡下使用。提供一個充足的治療環境，這些介入會促進分化與整合。他們促使患者逐漸察覺到自體有個一致的身分認同，有力量，也有弱點。這些都能協助患者發展出更為完整、一致的客體感知。

【第十五章】反移情

近年來，反移情（countertransference）被視為一種愈來愈有用的治療工具。佛洛伊德（1910）原本定義這個名詞為治療師對患者無意識的、嬰幼性的反應。他認為這是要加以消除的事情。之後，反移情也被用來表示治療師對患者有意識而適切的情緒反應（Kernberg 1965）。在這種界定下，反移情是用來瞭解一個患者通常會如何和他人互動的線索。

治療師和其他人一樣會受到患者的影響。患者會引起周圍人們的情緒反應，而治療師的反應正巧是這些情緒反應的一個例子。如果治療師並未過度介入的話，那這些情緒反應比較會是患者帶進治療裡的，而不是治療師帶進來的。

> HJ醫師有前述比較嚴格定義下的反移情。他向督導者呈現一段與一位中年會計師GR的治療會談。
>
> 「R先生像平常一樣地告訴我關於他和老闆、妻子的問題。然後他告訴我……哦……你可以說我真的很驚訝、大吃一驚。他是毫不保留地告訴我，他和前任老闆有……我想應該說是，同性戀吧。我意思是，這個滿有男子氣慨的男人告訴我他有這種關係。我知道DSM-III[1]裡面說同性戀不一定是種病，不過……我想這個人的病比我原先想的

235

236

1　譯註：DSM-III是美國精神醫學會出版的《精神疾病的診斷與統計手冊》第三版的英文縮寫，第四版（DSM-IV）已於1994年出版，第五版（DSM-V）預計於2013年付梓。

還要嚴重。我想我是有點老古板。」

「不管這是不是病，我們需要知道那件事對R先生造成的影響。」他的督導者評論道：「不過聽到這件事讓你很驚訝，也很困擾。」

「我想說，他……哦，我實在很不能贊同這種行為。我想這有一部分是我的傳統教育造成的吧！」

心理治療師顯示出焦慮，這阻擾了他對並患者的理解，也影響他和督導者的溝通，因此他話就說得欲言又止，結結巴巴。對男性而言，對同性戀通常會表現出焦慮，特別是對一位他們感到依賴的男性權威角色。這種焦慮反映出對於依賴與渴望殘餘的嬰幼性衝突。如果治療師要保持仍有所作用的話，必須把這部分指點出來。這些感覺或態度同時也反映了人們所習得的關於同性戀的社會評價，應該被討論並放在一個更廣的情境下。HJ醫師對治療內容的焦慮和他的患者與人互動的方式無關——這樣的焦慮來自他而非患者。接下來是一個廣意的反移情例子。

DM醫師描述她對FB的反應。這個六十三歲男人的妻子在五年前發生中風，以致行動不便。他從此愈來愈憂鬱，最後工作丟了，更加深了他覺得活著沒有價值。

「這傢伙快把我逼瘋了。」M醫師坦白地告訴她的督導者。「每週都一樣——哭訴和發牢騷。我不知道要怎麼辦，我們一點進展都沒有，我也覺得毫無希望。我不知道我能不能幫這傢伙。或許我可以把他轉介給別人。」

「好挫折呀！」他的督導者說：「聽他每週講來講去

都是重複的內容，一定很痛苦。」

「我來這裡，你只是強調這些。別只是這樣，告訴我　237
怎麼辦。」她叱責著。

「妳對他覺得無助無望，就像他對妻子的感覺無助無
望一樣。或許這就是他和妳溝通的方式：把事情處理得讓
妳和他一樣僵在那裡。」

接下來的討論使M醫師決定，她可以運用自己被困住
的感覺來同理這位患者。她重新建立溝通。現在她會說：
「每天看到你的妻子，卻幫不上忙，對你來說一定很難
過；更糟的是，你一定覺得沒有人可以瞭解你的失望。」

在這個個案中，治療師的挫折並不代表她自己有未解決的無
意識衝突，而是治療師對患者典型的人際互動形式的適切反應。
企圖要幫忙FB先生，造成了治療師的無助無望感，因為患者痛
苦地陳述著，但是並沒有經過協助而改善。治療師的感覺和患者
的特質比較有關，而不是治療師個人的問題，這就是廣意的反移
情。這兩種反移情通常有重疊的部分。

投射認同與反移情

投射認同的概念一向被用來說明廣義的反移情問題。患者的
行為以如此的方式表現出來，而激起周圍人們不想要的情緒，包
括臨床工作者。調節與整合得愈不好的患者，愈容易產生呆板而
且強而有力的投射。精神病患者會比邊緣性患者激起更強烈的情
緒（Colson et al. 1985, Hamilton et al. 1986），而後者又會比精神

官能症患者激起更強烈的情緒。治療愈困擾的病患時，臨床工作
者可預期地會有強烈的情緒反應，而這些反應會超過治療師本身
所帶來的個人問題。

因為投射認同可以決定反移情，葛林伯格 （Grinberg
1965, 1979）將這種現象稱為投射反認同（projective
counteridentification）。克恩伯格（Kernberg 1965）注意到當患
者使用投射認同時，反移情可能會來自治療師的正常同理能力。
238　當治療師敏感地想要與患者一起感受時，必然會感受到患者投射
給他的混亂情緒。克恩伯格強調臨床工作者如果容許他們自己意
識到自己的反應，就得以獲悉關於患者內在世界的重要資訊。

如克恩伯格所主張的，DM醫師的個案提供了一個同理地運用
反移情的例子。當她瞭解患者也激起她同樣無助無望的反應時，
她得知她的病人有多麼無助與無望。DM醫師可以由自己所無法理
解的、未曾調節的投射反認同狀態，轉向去同理患者的困境，而
這個困境是治療師早已知悉的。

精神科住院醫師即使已經從患者身上得到足夠的訊息，而且
對診斷準則已經有足夠的診斷知識，也常常會向他們的督導者報
告他們的困惑。

　　　DD醫師表示：「這是我所碰過最讓人困惑的患者，
我不知道她到底是精神分裂症或躁鬱症，或者她是合併有
精神病症狀的邊緣性患者，還是個精神病患者合併有邊緣
性特質，我都搞迷糊了。」
　　　「或許，」督導者說，「她對自己也是這麼迷惑。如
果可以在我們看到她內在混亂的同時，把她所造成周圍的

混亂放一邊，可能我們會找到一些合理的東西。」

　　DD醫師接著描述他的患者是一個研究生，過著尋常而侷限的生活。直到一個月前，她開始覺得自己不再是以前的自己。她的課業表現退步，衣著也變得不整齊。進一步討論這個情形後，DD醫師假設她可能第一次精神病症狀發作。

　　當DD醫師再度接觸病人時，他讓患者知道，他可以理解患者對自己所發生的情形有多困惑。他可以幫助她停止為了迴避自己那些嚇人的內在經驗，而不斷轉換話題的狀態。當他們系統化地探詢她的症狀時，她表示她已經有好一陣子聽到奇怪的聲音。她的醫師下了結論，認為她是處於第一次精神病發作的混亂狀態。他知道有半數的這種患者會恢復而不再發病，而有半數的患者病情會持續下去，成為慢性精神病患。他還有一些診斷的工作要做，不過可以先開始協助他的患者面對問題。他自己的迷惑，是理解患者感到多麼混亂的關鍵，這幫他做出了診斷。

239

涵容者與被涵容者

　　把反移情有效運用的方法之一，就是使用畢昂（Bion 1962）所說涵容者（the container）與被涵容者（the contained）的概念。他認為小孩有強烈的情緒，威脅著要淹沒他們。他們將自己的苦惱外化，激起他們父母同樣的反應。這是一個人際間投射認同的例子——父母內化這些被投射出來的感覺，涵容它，調節並改變它，並且以抱持的行為或類似這樣的話：「喔，我知道，你

膝蓋磨破時真是痛死了！」把這些已轉化的情緒回映給孩童。這孩子可以再次內射已轉化的情緒，因此改變他的內在經驗。

當治療師仔細地傾聽患者時，他們同時承受了患者強烈的情緒，而形成反移情。藉著保持冷靜並且在患者的苦惱中找出意義，他們執行了涵容的功能。DD醫師在藉著患者傳達給他的困惑以進一步理解患者時，他執行了涵容的功能。然後他可以幫助她面對苦惱。

在急診室，照會者被期待在混亂中保持冷靜。有時候患者似乎陷入兩難中，只是因為他們想向照會者傳達緊急而且希望被重視的訊息。只要精神科醫師能像B醫師一樣向他的患者說：「我知道你為什麼沮喪，這對你真的很困難，你覺得今天晚上一定要處理，對你來說很難等到明天再解決。」許多危機便會被化解。

要讓這樣的陳述有效，照會者要承受患者急迫的感覺。如果他不允許自己對患者開放，他就沒辦法同理患者，而且話聽起來會十分刻意做作。如果他從患者身上感受到反移情性的急迫，他就要避免自己驟下決定，不然他自己會成為混亂的一部分。一旦他驟下決定，他等於隱微地驗證了患者的感受：焦慮是無法忍受且必須馬上驅逐的。如果他涵容了這樣的情緒，而且把自己調節過的情緒反映給患者，患者就會安心。當治療師使自己靜下來，他也會使周圍的人感到平靜，並且以行為和言語表達：大多數的問題都還可以等待。

要將反移情有效地運用，仰賴治療師對於自己情緒的察覺，而不會過於防衛自己所產生的不愉快情緒。臨床工作者會出於非治療性的私人目的而壓抑與扭曲他們的感覺。憤怒會轉變成罪惡感與無聊不耐；恐懼會轉變成漠不關心；性慾會轉變

成不屑一顧或想要幫忙的態度；哀傷會被樂觀主義所掩飾。置換
（displacement）也會造成干擾。當治療師對患者感到憤怒或過於
苛求，常常會表現為對一個破碎的家庭或怠忽職守的機構感到義
憤填膺。為了讓治療進行下去，必須指出這些反移情的扭曲與置
換。結果不必然是中性的——雖然曾被這麼認定為——然而會讓
治療師能直接覺察到在治療中患者所帶進來的強烈情緒，以及在
治療師身上所激起的強烈情緒。

無聊不耐

　　庫利克（Kulick 1985）回顧了關於治療師的無聊不耐這個問
題的相關文獻。這種感覺可能來自患者與治療師彼此迴避雙方的
攻擊與競爭。為了和這種情緒保持距離，就會造成所有的情緒接
觸都消失。同樣的反應會來自於對於患者、治療師或更常是雙方
皆有的愛慕或慾念感到不安。

　　造成反移情性的無聊不耐的另一個原因，是長期被當成自體
—客體或部分—客體的經驗（Adler 1984）。對於其自體與客體形
像整合與分化能力較差的患者，或者會把治療師視為一件物品、
幻想或是一種幻覺的患者，這種涉及到人際關係的經驗會讓人舉
步維艱。

　　　BG好幾個月來都把他的治療師當做幻想的一部分。
這位精神科醫師是混血的美國人，農夫與伐木工人的後
裔；但是患者把他想像成英國貴族的後裔。治療師住在一
棟木造小房子裡，鄰居是中產階級；然而患者想像他住在

一棟有著彩繪玻璃的都鐸式豪宅。他開平價的國產車；患者想像他馳騁著黑色的保時捷。BG想像他的治療師穿著優雅的晚禮服欣賞歌劇。他把治療師當成真的是那個優雅的貴族。治療師其實是個有點粗心大意而且多話的人；患者卻想像他是一個寡言而且恰到好處的英國精神分析師。由於患者把治療師當成幻想的對象，治療師常常覺得提不起興趣來。好像BG不是在和治療師說話，而是和他白日夢中的理想自體說話。幸運的是，一旦治療師明瞭患者不是把他當成外在客體，而是自體—客體時，治療師闡明自體形像與理想化移情關係便成為治療中有趣的工作。

241

貶抑

貶抑是另外一種常見的反移情。治療師偶爾會對他們的患者或同事發表輕蔑的評價。這種傾向常常出現在他們工作生涯的早期，而通常會某種程度持續著。輕蔑或毀謗的評論通常表示患者對治療師投射了貶抑的自體形像，治療師的反應則是反過來貶抑患者。這時治療師只是依照投射反移情回應患者，而不是理解他並且在治療中有效地運用投射反移情。

急診室以及去人性化的大型臨床機構都會助長這種互動。在這種地方，患者和臨床工作者都罕有機會體驗到對方是真實的個人。相對於大型機構，個人的微不足道助長了這種貶抑。

　　一位資深精神科醫師在週五下午幫資淺醫師代班，以便他們有較長的休假。在與一位海洛因成癮患者會談完

後，他走到一位同事辦公室門前。「我剛做了一件多年來都沒機會做的事，我告訴一個毒蟲我不會開任何藥物給他。」

同事咯咯笑著：「這些傢伙不好搞吧！」

「這狡猾的傢伙告訴我如果不給他一些鎮定劑，他會再去用海洛因，那就是我的錯。如果他繼續成癮，他的孩子會十分痛苦，這也是我的錯。」

「那你怎麼辦？」

「我打電話到藥癮治療部門去，發現他爽約。我告訴他如果把成癮性的藥物開給藥物成癮的人會有問題。我決定什麼都不給他，然後下週一轉介他到藥癮治療部門。他覺得那個部門爛透了。」

242

雖然這位精神科醫師對患者彬彬有禮，而且對患者做出適當的處置，但事後卻叫他「毒蟲」與「狡猾的傢伙」。他陷入了反移情性的貶抑。一會兒，他向同事說：「我不曉得為什麼這些傢伙這麼惹我生氣，雖然現在我已經很少看這些人了。」

就如同對話中表現的漠然一樣，大多數人貶抑藥癮者——並非這位精神科醫師反應特殊。患者貶抑醫師，讓他覺得如果不把患者想要的藥物開給他的話，自己便是不人道的。患者聲稱不給他藥，不只是因為情形會更糟，還會傷害到無辜的孩子。患者把自己與孩子的失望投射到精神科醫師身上，試圖以操縱醫師來控制自己的感覺和獲得藥物。他把醫師看成只是一個獲得藥物的管道，只是一件物品。他不把醫師當成一位有專業知識與熱誠助人

的人，而是視其為一個部分客體。

以嬰幼期心理發展的觀點來看，這位藥癮患者並不將精神科醫師視為養育者，而是個象徵化的乳頭，可以循此途徑吸取乳汁、藥物而已。精神科醫師非但沒有洞察到與剝奪性的部分客體相關的、受貶抑的自體之投射認同作用，反而藉由貶抑患者，展現並回應出自己的投射反認同。

後來，當他和同事討論了自己的反應之後，他才對自己的感受有所覺察。藉著自己處理患者隨意要求開藥的能力，及良好的專業態度，他有禮地對待這位患者，並且清楚地傳達自己的看法，而非他的輕視。在一個比較親切的情境，如心理治療時，他的態度無疑地更容易為患者所理解。

治療熱誠

治療熱誠（therapeutic zeal）有可能是由未辨識出的反移情所衍生。治療師會受到患者誘導，在英雄式治療的表面偽裝下再度
243 經歷舊創傷。這種互動曾經在治療師與精神分裂症患者的關係中被描述過（Searles 1967a）。在許多嚴重精神疾病中相當常見。

治療罹患創傷後壓力疾患士兵的方法之一，就是鼓勵他們談論自己的戰爭經驗。許多人害怕再回到造成他們痛苦的地方，就算只是回想也異常驚恐。大多數治療師或討論團體的領導者會逐漸地重新建立這些經驗。有時候，治療師會用洪水法（implosion technique）逼迫患者一次就把創傷吐露出來。其概念是透過不斷地質問患者，將他帶到記憶中最糟糕的地方，直到他崩潰，然後一次把情緒宣洩出來，不過這時是在安全的會談室中，而不是在

異邦的戰場上。不幸的是，以情緒的立場來看，會談室不一定安全。

　　雖然洪水法會有所助益，它卻是高危險的處理方式。許多患者中途就失敗了。患者和治療師都會做這種比喻：治療師好像一個步兵指揮官，帶領他的士兵向敵人的砲火挺進，無視於他們的恐懼與判斷力。再一次，患者必須把個人的判斷放在一邊，追隨領導者進入慘無人道的環境。在這種熱誠積極的方式下，他們可能會覺得被傷害而非被協助。

　　有些士兵在面對戰爭的惡劣情境下，仍然可以令人讚賞地完成任務。但是許多人必須依賴他們的誇大自體以及嚴苛而高度的自我期待才能完成。他們可能分裂並且將自己的依賴、恐懼、溫情、對行動合理性的質疑投射到敵人、政治人物、政府官員、未參戰的士兵與公民，或是其他他們認為是懦夫或官僚的人身上。誇大嚴苛的自體會投射到袍澤、特別是領導者身上。如果涉及投射認同，他們會部分地重新認同投射出的誇大自體—客體。

　　在團體治療中，這些士兵會再度投射他們那嚴苛、過度要求、誇大的自體到團體領導者身上，並且再度認同這些態度。在這麼強烈有力的投射影響之下，缺乏經驗的領導者會在反移情影響下變得誇大。無論有沒有經驗，領導者有時會根據自己的感覺行事，帶領成員突擊而陷入無法處理的情緒中。領導者應克制自己依著英雄式的衝動行事，而且察覺到自己反移情性的誇大，才能同理這些士兵在被要求從事令人害怕的危險事務時的感覺。 244

　　弗利克與鮑嘉（Frick and Bogart 1982）以及紐伯利（Newberry 1985）等人描述了治療罹患創傷後壓力疾患的越戰士兵時，心理治療師會遭遇到的反移情。

受害者與加害者的角色

受害者在我們社會中有特殊的地位，他們會激起周圍人們的強烈情緒。無辜的受害者使人們充滿幻想。

由於自體—他體的界限是可以滲透的，受害者雖然在創傷發生前並不是共謀的一份子，事後，他卻不再能維持無辜的角色，他會內化加害者，使加害者成為他自己的一部分。以下將以這種常見的現象與反移情的關係來加以討論。

兒童性虐待是一個引人關注的話題。女性治療師特別容易會有許多孩童時被性騷擾過的女性患者。通常這些治療師也會針對這些個案尋求專業諮詢。剛開始，這些女性會是令人滿意的患者。當她們察覺到自己已經遺忘的創傷時，她們的恐懼、憂鬱與解離症很快會消失，這個發現階段相當令人振奮。然後事情開始陷入僵局。

一位治療師表達她的挫折：

> EW以同樣的事情一再地打擊我。她告訴我所有的故事，但是她沒有改善。好像她把所有的不愉快都推到我身上，接著走出門，安靜得不發一語；我則發現自己整個晚上都在想著這些事。

治療師覺得被侵犯而且被加害，有點類似她的患者被性侵犯然後被棄置，留下一個孤獨的受害孩童。受害者內化了她的加害者，而且認同他。她在移情關係中加害她的治療師。[2]

2　有些時候移情關係也指涉投射認同，因為外化的東西有時候是個客體形像，而有時是自體

　　或許更常見的，被性虐待的患者不時透露出一點點零星的訊息來逗弄治療師，然後又模糊其詞。他們在誘發一種突兀的治療介入。臨床工作者會發現他們被迫使要強迫患者「敞開來」。245這樣的行為並不表示患者一開始主動誘惑別人，而是一旦被虐，她們會企圖將內射的加害者再度投射出去，以試圖控制情況。藉著投射或轉移施虐者到別人身上，她們希望如此可以控制不在自己身上的、不想要的內在客體。不幸地，這樣也沒有辦法控制狀況，反而會引起更多的施虐。在治療中，就算面對一位具支持性的女性治療師，同樣的行為模式還是會發生。這種移情─反移情的典型，把治療師當成強暴者，患者成為被害者，反之亦然，在成人受害者身上也是一樣常見（Rose 1986）。

> 　　一位心理師告訴她的督導者：「她好像故意要我粗暴地對待她。她讓我知道這裡有些事要討論，然後變得靦腆起來。我很想推她一把。」
>
> 　　「妳不想覺得自己在催促她。」督導者說：「妳覺得被迫扮演這種角色。妳希望表現仁慈而且願意幫忙。」
>
> 　　接下來的治療討論過程中，這位專長於婦女問題的心理治療師可以回應她的患者說：「妳說到妳的繼父對妳做了『這些事』，然後就變得模糊迴避。如果妳想要繼續進步的話，有時候我們必須詳細地討論『這些事』。如果我逼妳，妳會覺得我在強行以我的方式介入私人的事情。所以我會傾聽和等待，直到妳覺得準備好多說一些時。」

形像，視那個當下患者認為她本人是受害者或是認同加害者而定。我保留移情關係這個名詞，因為通常它被用來表示這種互動中的「彷彿或似曾相似」（as-if），同時也指出它源自於嬰兒期的起源。

患者開始啜泣並且覺得解脫。

　　治療師尋求協助以處理自己的反移情。她駕馭著這精靈，並且將其轉化成有力的工具。她現在可以更快、更深入地瞭解她的患者。

　　反移情並非總是可以處理得具有生產性。治療師可能會避免患者投射她被害的自體形像或是轉移加害者的客體形像。作法之一就是認同患者，而且把加害者的形像投射到現在患者生活中的人們身上——她們的家庭成員、醫療與法律系統，或往往投射到一般男性身上。雖然治療師可以是具支持性的，而且幫得上忙，治療師並無法讓患者克服她被害者的角色。這樣的治療師與患者的投射共謀，結果只是使事情平靜下來，同時讓患者一次又一次地認同受害者的角色。這些患者無法放棄被害者的錯誤認同，結果永遠都是被害者。

憤怒與罪惡感

　　在反移情中，憤怒常常置換到其他人身上：家人、同事或機構。它也會轉變成反移情性罪惡感，而使得治療師動彈不得。

　　根據一項對五位門診治療師的二十六次治療會談觀察研究（Hamilton et al. 1986），臨床工作者對診斷不確定、可能會傷害自己或他人的精神病患者，有著最強烈的情緒。家人、警察與機構都沒辦法處理這些具攻擊性或衝動的病患，許多人被要求離開精神醫院。他們要求治療，但是又不願意配合診斷步驟，也會造成治療上的困難。這些患者不是暗示就是明說：治療師

應該對他們會做的任何破壞或危險活動負責。可以預期臨床工作者面對這些患者時會十分挫折。有些作者會以反移情性怨恨（countertranference hate）此一名詞來討論這種現象（Winnicott 1949, Poggi and Ganzarain 1983）。可是，在這種治療下的治療師一點都不會表現出惱怒的情形。他們其實充滿了罪惡感。一位精神科醫師表示：「我或許有過失。」一位有經驗的護理人員表示：「我應該更努力一點。」一位精神科住院醫師在知道患者（而不是治療師）有性攻擊的傾向之後，認為治療是「一種心理上的強暴。」一位臨床工作者表示：「患者愈來愈像我，我不確定這是好事。」任何惱怒都會由患者轉移到機構或家庭。典型的評論是：「我對整個系統感到挫折，而不是對病人感到挫折。」

許多治療師，視自己為幫助者，認為他們應該照顧患者，而不該認為患者令人惱怒或氣憤。他們常常認為自己必須能夠協助任何一個人而且保持客觀。當患者激起治療師強烈的內在感覺時，他們會被自己的罪惡感弄得動彈不得，影響他們無法設立適當的界限。他們變得被動，什麼事也不能做。其他時候，他們把自己的惱怒轉移到其他同事身上，他們會覺得其他人都充滿敵意或批評，即便事實並非如此。

克恩伯格（Kernberg 1965）和其他人一樣，指出如果容許 247 自己察覺到反移情性憤怒的話，就可以從動彈不得的罪惡感中釋放出來，因此這是多麼有用的治療工具！當這個研究中的治療師開始更直接地經驗到自己的挫折，並且注意到這是來自患者未調節的原始攻擊時，他們變得更有效能。他們可以更加涵容自己的反移情性憤怒，並且協助患者同樣地涵容自己的感覺。他們開始期望患者可以依約前來。在使用藥物之前，他們可以維持住徹底

完整的診斷評估。他們要求患者以文明的方式對待治療師；換言之，他們使出渾身解數把患者抱持在一個合理的、有幫助的治療環境中。在察覺到自己的反移情性憤怒後，他們比較容易把注意力放在患者本身，接受患者的投射，並且同理地質問患者感受到的憤恨。

正向反移情

近年來，正向反移情並沒有像負向反移情得到那麼多的注意。可是反移情原本的定義就是指治療師對患者有性幻想（Freud 1915）。這種感覺可能十分強烈。在移情關係中，很自然地只有當患者私下談論到自己的感情生活或是性生活的細節時，才會對他們談話的對象產生愛慾的感覺。同樣地，在反移情中，只有當患者愛上治療師時，治療師才會感受到情愛與慾念。

對臨床工作者來說，通常很容易發現他們所感受到的基本上是患者激起的感覺，而且可以用移情的觀念來理解。然而，當患者或治療師的自體—他體界限問題或是攻擊、誇大造成干擾時，問題就產生了。對治療師有共生性依附的患者，會以為他們的親密是性的渴望。患者對治療師完全的愛慕令人喘不過氣來。如果臨床工作者感到孤獨、缺乏安全感、需要被理想化，他會被誘使去接受患者的愛慾，而且視為理所當然，而不是運用反移情去同理患者這麼深切的期望，以及這種慾望無法完全被滿足時產生的挫折感。有的治療師會被自己的感覺嚇到而變得無法同理並疏遠。面臨這種感覺的治療師可以從與同事討論得到幫助，同事可以協助他保持治療性的參與，防止他依著自己的慾望和期待被理

248

想化的誇大渴望做出行動。

　　有些患者藉著引誘來掩飾敵意。他們明白地表現期望，以便經由調情來取得主導。臨床工作者會被引誘以性剝削患者來重新取得主導。在這種情形下，一個最常見的狀況是治療師退縮到明顯的中立、孤立狀態。這可能是努力在對抗誘惑。治療師會持續地介入一場主導權的戰爭，一場意志力的戰爭。這種情況或許會滿足治療師——患者持續地誘惑，治療師假道學地避免涉入。比較好的過程是治療師反省到底有什麼情緒被撩起，試圖理解患者的行為，而且把這些行為提出來討論。當治療師評論患者的誘惑時，他們通常會感到解脫，因為這使他們從罪惡感與害怕過度親密的情緒中釋放出來。

　　我的女同事提到她在治療中，對於具有攻擊性的男性之性慾所產生的正向反移情：

　　　　MW醫師提到當一位男患者從一個會談到另一個會談，都在不厭其煩地描述他性虐待的幻想，她變得無法動彈。她試圖去探討他的感覺和意念，瞭解兒童時期的根源和思索其中的精神動力學。

　　　　起初，她覺得這些令人興奮。她告訴她的督導者，她從來沒有見過這麼令人有興趣的個案。他有令人感興趣的幻想，而且出乎意料地願意說出來。他看起來相當合作、有禮而且討人喜歡。

　　　　經過了幾個月，他的幻想愈來愈多，卻沒有獲得多少洞識。他開始用具脅迫性內容的想像攻擊治療師，而且愈來愈充滿敵意。她覺得困惑而且被陷害，但是不知道為什

麼，因為她滿喜歡這位病人的。幾個月後，他在一次治療中憤而離開。

經過反省，MW認為她起先因為獲悉患者隱密的幻想而感到興奮，這是她為什麼會覺得這個患者如此有趣而且喜歡他的原因之一。當患者決定把治療師納入他重複的性幻想中時，她覺得被患者的攻擊激怒了。或許，她推測，她是以確定自己喜歡這個患者的方式，避免自己察覺到患者對她的攻擊。她因此動彈不得。

不久，她又有一位類似的患者。這次她可以使用自己的洞察力來質疑他的行動化。她可以說：「正如你講的，你很想把這些想法講完，不過你似乎也從把這些事情告訴我的過程中得到樂趣。你甚至微笑了一下，似乎覺得我在你的支配之中。或許你也會覺得在生命中某段時間受到某人的支配。」她可以運用自己反移情的感覺──既興奮又覺得被害的感覺，來探討在這位患者小時候，母親強迫地磨擦他的生殖器直到破皮時的感受。

另一位女性治療師提到對一位憤怒的男患者產生的正向感覺。她為他感到遺憾，覺得他受到委屈而想要幫助他。

TE是位三十六歲的男性，一個月來他向女性治療師抱怨他對前妻多麼氣憤。他挺著上半身以命令的語氣說話。當他抱怨精神科醫師不肯幫多一點忙時，她覺得有點被威脅的感覺，不過仍然想幫助他。她希望得到患者的認同，而且希望做個好的治療師。

　　這位精神科醫師向同事表示她的患者表面上看起來有敵意，然而她卻感受到正向的反移情，而想要幫忙。她剛開始不太確定她的正向感覺是否是為了防衛自己的憤怒，還是她同理地感受到患者投射出來的自體形像。她推測患者很想從前妻身上得到認同與溫暖，而現在轉移到治療師身上。他可能經由人際互動的投射認同，企圖要激起治療師的反應。她決定藉由審視患者的正向感覺來探討這個主題。

　　她告訴患者：「我想，你在談論你的憤怒時會覺得最舒服。對你而言，察覺到自己很希望我瞭解你、照顧你，是很不容易的。」

　　這些評論導致重新開始，治療師運用她對正向反移情的察覺更進一步理解病人。

250

　　在本章中我們以廣義的方式定義了反移情，即臨床工作者對患者的情緒反應。它包括治療師對患者社會訊息的正常情緒反應，這同時也反映了其他人會有什麼反應。一個相關的現象是臨床工作者的投射反認同，感受到患者不想要的、經由人際互動投射認同作用而引發治療師產生的情緒。反移情不再被認為是個要消滅的現象；它成為理解患者的有效工具。

　　將反移情體驗為患者所投射出來的情緒時，可能會受到治療師內在衝突或偏見的影響。廣義的反移情提供了關於患者的隱微訊息，且會受到傳統上狹義的、來自治療師本身內在衝突的反移情所影響。

　　就像任何有力的工具一樣，反移情是個難以駕馭的工具。當理解到人們如何藉由投射認同而混淆自體—他體界限時，治療師必須確定永遠能夠重新恢復自己的安全界限；只是把情緒歸因於患者，及只運用投射認同的概念是不夠的。治療師必須夠瞭解自己，才能辨認出自己和其他人互動的反應，以及自己的心理防衛機轉。

　　感覺可以提供治療師關於一個人內在生活的線索。這些感覺可能會被患者的行為激發。患者或許會對治療師投射他的幻想。儘管如此，任何治療師的感覺都是他個人的情緒，雖與患者的情緒類似，但總是不同。察覺到反移情可以幫助治療師提出關於患者感受為何以及他們會把哪些情緒分裂開來的假設。其他的證據必須用來證實或否定這些想法。如果缺乏反移情以外的證據，治療師會在幻想之中迷失，在懷疑中不斷地懷疑。

　　反移情可以在與同事的督導中探討。在這麼艱難的工作中，治療師需要不斷地有人提點自己「他沒有什麼重大的祕密需要隱瞞，而他的體驗，正如他的患者的體驗一樣，都不過只是人性罷了。」（Will 1975, p. 954）。

【第十六章】團體、系統與平行對應過程

客體關係理論關注於內在與外在、自體與他體，以及這些二 251
元關係的界限有時會維持而有時會超越或模糊的過程。這些概念
可以應用在比個人更大的系統中，如家庭、系統與機構。在本章
中，我會集中在客體關係理論於工作團體的應用，如何使團體運
作對人有助益；也會提到家庭。

就理論而言，我們可以對團體運作提出一些預測。第五章已
描述如何在個人心理上運用投射與內射以跨越自體─他體界限。
被愛與被恨的、好與壞的自體與客體表徵被投射與內射。認同被
使用來將客體形像的某部分認定為自體表徵。投射認同則被使用
來認定自體的某部分歸因於客體身上，並且引發客體產生某些特
質。

如果這些原則可以運用在團體上，我們可以預測團體會將不
想要的壞特質外化到別的團體上。他們甚至於會企圖去控制被投
射到其他團體上的邪惡性質，和個人產生投射認同時採取同樣的
作為。他們也會分裂，將世界分成全好全壞的兩大集團。他們也 252
會吸納外來的特質，就如認同作用一樣。

一般系統理論

一般系統理論（general systems theory, Bertalanffy 1950,
Menniger et al. 1963）描述，建立界限與跨越界限是所有現存系統

的特徵。生物或心理系統是由它們的界限來界定的。系統的功能就是要維持自己的界限，同時將能量與廢棄物跨越界限轉送。克恩伯格（Kernberg 1980）運用系統理論與客體關係理論關於界限的部分，來檢視組織的功能性。

在現存系統中，養分必須內化，而廢棄物必須外送。內在或外在的能量過剩都會威脅到界限的破壞，因此必須避免、壓制或排除。在山間小徑，一位登山客用力地向一根二十三公斤的杉木枝大力地揮去。這支杉木是在一陣強風吹襲過一棵二十四公尺高的老杉木時所掉落的。他聽到樹枝向他呼嘯而來，因此舉起手猛烈地把樹枝揮到一旁。他只有一點擦傷，而沒有被打到頭。以系統的術語來說——有時候聽起來抽象得有點可笑——他偏轉了掉落木頭的能量，如此一來，木頭不能破壞他的界限，而有致他於死的可能性。他維持自己與周圍環境分化開來。

內在能量過多同樣要加以排除。當登山客爬得愈高，在哥倫比亞河谷（Columbia River Gorge）蜿蜒而行時，他開始流汗。他脫掉毛線帽然後塞到皮帶下。藉由脫掉帽子，他讓過多的能量以體熱的形式散發出去。當他脫掉帽子時，也是去除了一層界限。為了讓系統運作，界限必須讓通透性和不通透性維持在理想程度。

澄清界限

這些同樣的原則可以應用來運作團體。

RW醫師在一家精神科診所有個臨時的任務，他的工

作是要改善這個組織。由於大廳中有暴力事件發生，所以
最近很混亂。患者威脅臨床工作者；一個患者攻擊社工人
員，需要好幾人來介入。這造成士氣低落，工作人員都動
彈不得。

　　RW醫師觀察了好幾個星期。他注意到掛號桌設在辦
公室的中央，在有人招呼之前，患者可以進到任何的工作
空間。街上酒醉或中毒的游蕩者都可以侵入這個診所。他
的第一個處置很簡單：他把掛號桌移到電梯附近，然後在
候診室與辦公室之間做一道門來澄清界限。這個新的內在
─外在界限是象徵性的，因為門並沒有鎖。不過，診所的
混亂明顯降低，士氣也有所改善，而專業人員則重新建立
了自信。

253

　　正如個人較為確定自己的自體─他體區分後，更能約束焦慮
與混亂，這群臨床工作者澄清了他們的界限後，就變得穩定了。
其他改變，如澄清轉介程序，也是澄清界限，只是比較沒有那麼
直接。

　　如果已建立好的界限有所改變，即便是為了更好，一段適應
不良的非組織化現象（maladaptive disorganization）也可能會暫時
出現。

　　　　一個運作良好的精神科診所安裝了新的電腦，這個診
所隸屬於一個更大的組織。這些電腦會改善流程的速度與
正確性。

　　　　每個人都很高興這個變化，直到一群中階行政主管首

度訪問這間診所。幾個人評論到生產力。工作人員在大廳閒言閒語地交談，擔心這些營業行政主管，由於電腦資料的誤導，會在訊息錯誤之下做出不良決定，造成診所運作困難。或許臨床工作人員會被解聘，而診所的空間會被轉變成行政用途。時間與力氣都會浪費在討論缺乏行政支援這件事上，以至於沒有注意或照顧到患者。他們談論著或許營業員RS應被解僱。

帶著說明生產力的電腦資料，RS到臨床主任的辦公室去；主任是位精神科醫師。先前，只有這位臨床主任曾經看過這些資料；他過去都和機構裡位階更高的管理人員討論這些剛出來的資料。現在，這些資訊會直接讓所有的管理人員知道。一個界限危機出現了。直到遭遇此危機，每個人才瞭解到這個問題。

界限轉變——沒有人注意到——當他們的界限變得不明顯，臨床與行政團體都陷入這種原始的機制，訴諸於它。這機制就是投射，現在四處瀰漫。臨床工作者以歸咎於RS的方式，試圖去保護自己與自己的臨床空間，並且要辭退他。他們想把他從他們的團體中排除，如同他們害怕他想要把他們從他們的工作與臨床空間中排除一樣。RS與其他管理人員變得懷疑臨床工作者，並且必須控制臨床工作者以保有自己的工作，以及讓組織良好運作。這種內部爭鬥與個人的投射認同類似，每個人都在別人身上看到自己的焦慮，並且藉由別人來控制自己的感覺。當雙方面都介入投射認同，惡性循環就發生了。

　　解決之道是澄清界限。管理部門必須決定他們是否仍舊需要一位臨床主任，現在他們有一部機器可以蒐集生產力的資料。如果決定仍要保留臨床主任一職，管理人員與精神科主任就可以討論實際的工作負荷。RS與這位精神科醫師瞭解到生產力是在標準之上。管理人員發現一個促進原本良好紀錄的方法，就是提高工作量與帳單紀錄的正確性。電腦可以協助一些抄寫的工作，這原本是臨床工作者自己要做的，於是治療師就可以增加他們實際的生產力，而不用更辛苦工作。由於這個解決方案，走廊上的焦慮與閒話減少了。工作人員再次以他們慣有的態度專注在照顧患者上。這種在團體中澄清界限以降低投射認同的過程，和個別心理治療中看到的程序是類似的（見第十四章）。

基本假定團體

　　個人自體─他體的界限與團體的界限議題之對應關係，並不是客體關係理論對於團體動力學的唯一應用。對於依附、攻擊與　255
愛呢？這些重要的驅力或是需求可以應用到團體嗎？

　　孩童發展與個別治療已經顯示出人們需要其他人的親密感（見第五章）。當這種依賴的需求沒有被滿足，他們會感受到挫折與渴望，也就是對於失落的客體產生攻擊與愛的感覺。團體也會顯示出同樣的依賴、挫折與渴望。我們不應該讓自己受陷於只做理論的探討，因為它們都已被詳加說明。

　　在第二次世界大戰期間，一位英國的精神分析師與客體關係理論者畢昂，在北場軍醫院（Northfield Military Hospital）研究團體功能。他發展出一種方法，讓成員專注於一件共同的任務，

來重建團體士氣（Grotstein 1981b）。戰後，他在倫敦的塔維斯托克診所（Tavistock Clinic）繼續他的研究。他發現如果團體的任務並不清楚或是沒有意義，團體成員會自發地行動，如同他們有個假定的目標一樣。畢昂（1961）稱這種基本假定（basic assumption）為依賴（dependency）、爭鬥與逃逸（fight-flight）和配對（pairing, see Rioch 1970）。這些基本假定粗略地與依附、攻擊和愛一致。

在梅寧哲基金會，拉蒙・岡薩蘭醫師，一位南美精神分析師，組織並指導在塔維斯托克診所發展出來的團體。精神科、心理學、社工、護理與教牧諮商的受訓者聚集成八個團體，每個團體七人，各自有一位領導者。他們每週聚會兩次，一次九十分鐘。

> A團的七位男女向領導者問候，領導者一句話都沒說。團體成員問領導者他們要怎麼進行，當他沒有回應時，他們彼此交談討論該怎麼辦。或許他們之中有一個人要當領導者？有兩個星期的時間，他們討論著誰要領導，自己是否可能喜歡這個工作，以及自己是否不想承擔這個責任。還有，如果沒有領導者，他們可能從團體中獲得學習嗎？
>
> 這個團體的基本假定是成員會去依賴領導者，而這個人可以給予他們知識。這種團體稱為依賴的基本假定團體（dependency basic assumption group）。這和小孩渴望父母的關心是類似的；他們想要吸納或內射照顧者所給的需求。當這種基本假定受到挫敗，這個團體就可能有潛在

衝突。

「我打賭一旦我們選出了一個領導者，」一位團體成256
員梅爾說，「這傢伙會醒來然後插手，接著我們會有一場
鬥爭。這就像這些傢伙會做的事。」

「當我不給你們指導，」領導者終於開口，「你們想
要創造出一位新領導者來指導你們，不過團體卻擔心會有
衝突發生。」

在成員對這個謎樣的評論發出笑聲後——三週來唯一
的評論——團體成員對可能的衝突擴大討論。團體把話題
轉移到觀察其他七個團體。

梅爾說道：「我打賭他們和我們一樣挫折。」

「我很想知道他們正在學什麼。」瑪莉說。

「我們要自己組織起來，」蓋瑞建議說，「他們或許
已經有一個結構與領導者，並且定下一些團體規則。我們
還是一直在討論我們為什麼不能這麼做。」

「總而言之，我們到底怎麼辦？」瑪莉問：「我們要
建立結構嗎？」

「我們應該觀察自己團體的功能，然後從這裡學
習。」蓋瑞說：「不過我不認為我們有做好。其他團體或
許已經走在我們前面了。」

「我們的領導者不好，」麥克呼應著，「我們需要一
個新的領導者。」

「噢，算了吧，」梅爾說，「我們去喝杯啤酒！」

這時候，基本假定從依賴轉移到爭鬥與逃逸。對內，衝突

表現為對領導者這個問題的競爭，有時候甚至於有人要犧牲。
對外，這個團體想要以比較與對照其他團體的方式來界定自己。
它以競爭以及帶有攻擊性的方式來達成。這個過程類似於當小
孩的依賴受到挫敗，於是試圖將挫折投射到雙元界限（dyadic
boundaries）之外，以避免衝突。他們接著或許會藉由迴避壞的客
體，來試圖擺脫投射出去的攻擊性。

　　爭鬥與逃逸的組合也可以在許多團體裡常見的代罪羔羊現象
（scapegoating）中看到。依賴需求的挫敗會導致團體裡的攻擊與
衝突。團體中的「惡」（evil）會成為爭鬥與逃逸團體裡的代罪羔
羊而被排斥，這和投射的相似性是很明顯的。

　　　　在下一次會談時段中，梅爾與麥克再度提議離開團體
　　　然後開個派對。蓋瑞想要繼續形成組織的這個話題，學習
257　　人類行為，並趕上其他團體。璜、琳達與鮑伯不時發表評
　　　論，不過比較少參與。

　　　　「我們兩個走，」梅爾向麥克說，「然後我們帶瑪莉
　　　一起去。」

　　　　瑪莉笑著，而每個人都笑起來。之後瑪莉與梅爾之
　　　間彼此隱微地調情，蓋瑞也不時參與其中，現在這成為焦
　　　點。瑪莉與梅爾可能會去約會，讓所有團體成員都很興
　　　奮。

　　　　瑪莉解除了這個狀況，說道：「好吧，蓋瑞提醒我
　　　們，任務是要從這個團體中學習到人類的互動。」她靦腆
　　　地笑著，顯示出她樂於成為團體的注意焦點。每個人都鼓
　　　勵她。

　　基本假定從爭鬥與逃逸轉移到配對。這個團體現在的作為好像是它的任務是要助長愛情關係。以最原始的名詞來說，這種團體的希望是撮合一對配偶，然後他們可以生個小孩來成為新的拯救者。對於這個後代的期待給團體帶來興奮、希望與意義。這個創造性的努力通常是比喻性的，不過有時候會變成真實的。這個過程類似於小孩與個別患者的正向投射認同。這團體對依賴與關愛關係的渴望，使它把好的客體外化，創造出好的客體，然後重新內射。彌賽亞（救世主）從團體中誕生，並且提供團體養分與指導，這些又被團體吸納或內射。

　　這些人為的團體是在更大的社會秩序下形成。所有的參與者都是在學術與臨床專業裡的學生。這些團體小而且可以管理。當涉及到大團體，基本假定功能會變得更明顯。

　　　作為之前作業的一部分，小團體被打散成兩個大團隊，每個團隊有二十八個成員。他們的任務是在一整天的治療活動結束前聚會，討論他們所學到的。在這個會議的初期，依賴的基本假定再次佔據團體。

　　　A團隊討論領導者的需要與否，然後運用他們共通的政治素養來決定提名與選舉的過程。他們推出一位領導者與兩個特使，這兩個人在徵詢多數人對各項主張的意見後，被賦與代表團隊的權力。他們被要求要報告自己在B團隊所說的任何話。

　　　很快地，一位B團隊的特使來A團隊觀察這個過程。她說：「如果你們同意的話，我要到你們的團隊坐五分鐘；不過我被要求不能發言。」

258

　　A團隊的成員對這位「間諜」興奮地笑著，他們也表達出對偵查另外一個團體的許多幻想。在「間諜」離開之後，A團隊派出一位觀察者到另外那個團體。

　　B團隊則仰賴別的文化傳統，一種非正式的聚會或派對。團體成員自由地行為與說話，只要他們覺得符合一定而未言明的社會習慣。唯一的例外是特使，她愛怎麼說、怎麼做都可以，除了充當觀察者時例外，那時她什麼都不能說。他們只有最低程度的組織化。

　　兩個團隊的成員都開玩笑說會發生幫派的戰鬥。他們藐視另一個團隊，對他們如何被看待感到受到傷害。他們提醒自己這只是個作業，並且希望這個經驗不會對他們的同學關係造成持續的影響。任何一個團隊都覺得他們以更成熟的方式來處理這種團隊經驗。

　　在全體出席的時段裡，B團隊容許每一個成員各自發言，他們發展出沒有領導者的結構與溝通方式。但是，他們也發展出集體的意見，認為A團隊在一種扭曲、病態與危險的方式中成長。他們的組織化與高度結構化的溝通，讓A團隊獲得蓋世太保團體的稱號。

　　A團隊指定的發言人說，他們認為B團隊是懷有敵意而危險的，如同B團隊對他們的感受一樣。發言人又說B團隊似乎以一種挑釁的態度來攻擊他們。這個團體的外號是烏合之眾。

　　兩個團隊的成員都同意這些觀點。會議的主持者鼓勵成員探討高度結構化與非正式團體的優缺點。這幫助參與者完成他們學習團體運作的任務。在這過程中，他們回顧

259

基本假定，爭鬥與逃逸如何佔據這一整天的時段，團隊如何與對方比較以界定自己。這過程涉及對另一個團隊攻擊的外化，類似小孩的投射。

和個人一樣，所有團體的功能都不同。配對的基本假定在下一年的大團體作業中成為主要的現象。兩個團隊都同意放棄任務，然後再找個地方辦一個派對。下一週，會議的主持者指出團隊的成員如何依配對的基本假定而行動，將兩個團體結合在一起，然後以開派對與形成持久關係的形式作為生出的下一代。成員並沒有因為這種選擇被處罰，而且他們從回溯中得到學習。他們行為的另一個好處和這個作業無關：許多人認識新朋友，而在派對中玩得很愉快。

當任務不清楚或沒有意義時，團體更仰賴基本假定。當任務有意義時，基本假定的功能便會減少。這些觀察得自於精神科病房。在1960年代晚期與1970年代早期，許多精神醫院試驗性地讓工作人員觀察彼此在會議中的互動。工作人員常常忘了照護患者的工作，而專注在他們如何與另一個人互動；對治療原則的強調退居背後。這種專業人員的團體常常會變得依賴一個奇魅（charismatic）的領袖，分裂成不同派系，或是發展成一個「愛」的團體，而不利於生產性與臨床的討論。他們忘了自己的目標，並且依著依賴、爭鬥與逃逸和配對的基本假定來行動。當面對引起騷亂的患者而要下困難的臨床決定時，他們的病房變得功能失調。暴力行為與自殺率有時候會增加，卻沒有採取任何有效的行動。

在1970年代晚期，許多行政主管注意到過度著重工作人員的

問題，會干擾任務的執行，並且導致陷入基本假定中而犧牲掉工作。不同理論信念的行政人員被派遣出來處理這種狀況。他們把會議著重在患者的照護上，並澄清角色與界限。只有在對患者的照護造成直接影響時，他們才討論工作人員間的問題。這種清楚的任務導向協助工作人員的創造能量活躍起來，病房變得更有功能，大家工作得更愉快。

260

團體的分裂

畢昂對基本假定團體的研究並不是客體關係理論對團體運作的唯一貢獻。分裂的概念已經很具生產性地應用在病房工作人員身上，如同應用在個人一樣。具有分裂的客體關係之病患，已被發現會激起治療他們的工作人員也產生分裂（fragmentation）（Burnham 1966, Adler 1985）。

> WR是個二十五歲的研究生，無法自給自足，因為她自己引發的重複嘔吐與濫用瀉藥，影響到她的教師職務。她是個極為獨立、拒絕求助和指導的人；不過她必須暫住父母的家中，因為她沒辦法保有工作或是任何穩固的關係，而且她的健康狀況正在惡化。
>
> 她試圖用外在的方式控制自己的暴食與嘔吐，要求父母把廚房的櫥櫃鎖上。在爭辯過櫥櫃上鎖的問題後，她的父母同意了，結果只是讓她在街角的商店暴食，然後到隱密的地方嘔吐。這個鎖造成父母的不便，然而卻沒有幫到患者。

　　當WR住進波士頓一家私人醫院，工作人員想要幫助她。她成為一位特殊病患。有些工作人員信任她，並且認為讓她從家庭衝突中脫離開來就會醫好她。其他人覺得她需要接受嚴格的營養與運動處方治療。這些工作人員辯稱她必須接受二十四小時的密切觀察，而且如果有嘔吐就不能離開病房。如果她體重沒有增加，就必須用鼻胃管餵食。第一群工作人員認為如果允許她自己到餐廳去，容許她擁有未曾有的自主性，她會吃得好一些。

　　工作人員彼此指控對方過於溺愛或頑固。一位護士威脅說，如果患者不被允許去街頭商店的話，她會向上級報告虐待病患。另一位護士威脅說，如果容許患者壓迫並且操縱治療團隊的話，她會要求將患者轉院。精神科醫師被兩股不同力量拉扯，沒辦法決定一個兩全的方法。由於遭到阻礙，他詢求照會諮詢。

　　照會者仔細地聽這位醫師說明。他詮釋說患者有分裂的內在客體關係，她投射全好的、滋養者的內在表徵到一些工作人員身上。她視其他工作人員為全壞的、剝削的人。工作人員團體的分裂，反映了患者自己分裂的內在客體關係。工作人員們需要討論這位患者，直到他們處理好自己的分裂。或許那時候，他們可以幫助患者整合她對滋養與剝奪如此極端的感覺。

　　病房工作人員發現這個詮釋讓他們得到肯定，並且準備發展出一個整合的治療計畫。在這個任務上一起努力，他們心中強烈的感覺消除了，又重新建立起卓有成效的工作。

　　這位照會者解釋了患者運用投射認同，使得原本氣質就各不相同的工作人員產生滋養或剝奪的感覺。她在外在世界中重新創造她自己分裂的內在客體世界。這常常可以觀察到，有極端分裂內在客體關係的患者會引起周圍嚴重的不一致。阿德勒（Adler 1985）解釋患者的這種分裂與投射認同可能導致一種狀況：

> 　　成為患者殘酷、處罰部分接受者的工作人員，會傾向以殘酷、虐待與懲罰的方式回應病人。接受到患者關愛、理想化投射部分的工作人員，會以一種父母之愛的保護性方式來回應病人。顯然，這兩群工作人員之間會有衝撞發生（p. 204）。

　　除了一些患者的傾向會造成工作人員彼此對抗，臨床工作者也應該注意到工作人員隱藏的怨懟（Stanton and Schwartz 1954），會造成治療團隊的分裂，而與患者無關。患者可以成為表達團體問題的媒介。在WR的例子中，可以認為這個治療的僵局是一種爭鬥與逃逸的基本假定，是由於精神科醫師的猶豫不決以及沒有給予治療團隊明確的任務導向所造成的。在治療團隊中，必須隨時注意這種併發症，因為團體衝突可能在個別患者身上顯示出來，而個別衝突會在團體中顯示。

　　WR在住院前分裂了內在客體關係並造成周遭的人一團混亂。除此之外，這個治療團隊通常是以任務為導向的，而且運作相當良好。在這個例子中，我們可以假設患者造成的分裂，遠大於團隊成員中原本即存在的差異。

262

督導中的平行對應過程

我們已經可以在督導關係（supervision）中觀察到患者的內在動力與治療團隊的功能之間，也有類似的平行對應過程。督導者如果對他們的從屬者相當固執與尖銳，會發現從屬者也會以類似的行為方式對待患者（Doehrman 1976）。這種現象可能是安娜・佛洛伊德（Anna Freud 1936）描述所謂認同攻擊者的一種變形。相對地，從屬者會以患者對待他們的方式對待督導者（Searles 1955, Sachs and Shapiro 1976）。

> JN醫師是一位自信、機智的精神科住院醫師，他不斷地向他的督導者說：「我不知道怎麼一回事。她沒有任何早期的記憶，那兒空無一物。在治療兩年之後，她仍然記不起任何事情，我不知道我怎麼可能幫她化解衝突。一點都沒有，完全一點都沒有。」一次又一次的治療裡，他沒有辦法洞察到為什麼患者對童年經驗失憶。
>
> 他的督導者感受自己有一種奇怪的缺乏信心，並且猶豫不決。當他想要回想自己的督導者在這種情形之下會說什麼時，他的腦子也一片空白。他沉思一會兒，記起多年前他的督導者曾經向他解釋過平行對應關係，他決定效仿他的督導者也向患者這麼做。
>
> 「嗯，」他說，「我也是覺得腦子一片空白。這讓我瞭解到，與患者在黑暗中摸索對你有多困難。」
>
> 「所以你認為我對待你的方式，就像患者對待我一樣。」

「有別種方法更能讓我知道你正面臨什麼問題嗎——
或許她想讓你知道她對她母親的感覺是如何：她感覺一片
空白。」

263

這個評論幫助JN醫師與患者建立同理的接觸，治療
又開始前進。他現在可以對患者說：「妳有時候會表現出
來，並且說妳覺得自己在情緒上並不在場。這種表示也讓
我瞭解到，妳對生命中有些人也是一樣的感覺。這樣，我
立刻會瞭解到妳覺得被拋棄與失落的感覺。或是妳描述不
出任何事物，正是妳對母親的記憶；當妳需要她的時候，
她在情感上根本不存在。」

這種對平行關係的詮釋是認為幻者內化了母親的缺席，一種
空虛感受。經由投射認同，她激起治療師同樣的感覺，而治療師
也激起督導者類似的感覺。這種推論過程是複雜又有點隱微的，
所以治療師必須有些試驗性地做推論。如果他離題太遠，患者會
糾正他；如果他是正確的，患者會覺得被深深地瞭解。

雖然平行對應關係很容易觀察到，但在一個特定的個案中，
可能很難確定因果關係的機制與方向。治療師可以在治療中運用
這種局部瞭解的現象，並不一定要等到完整的理論澄清清楚。不
只是治療師可以運用這個概念——行政主管也可以。如果行政者
以滋養和提供結構性氛圍的態度對待治療師，便能鼓勵治療師去
瞭解、同理並且適當地與患者建立結構。

家庭與邊緣性人格疾患

　　臨床工作者曾描述，與邊緣性患者的內在一樣，家庭也會產生類似的分裂。夏佩羅與同僚（Shapiro et al. 1977）發現「家庭和他們的邊緣性青少年一樣，會有分裂的傾向。在家屬團體裡，將好的（供給的、滿足的、關愛的）與壞的（剝奪的、懲罰的、懷恨的）從個別成員中分開來，然後重新投注在不同的家庭成員之中，如此一來每個家庭成員看起來都相當堅決而且思想單純……」（p. 79）。他們更進一步認為家庭系統利用分裂與投射認同來「貢獻」（contribute）給孩子不良的自體整合。馬斯特森與林斯利 （1975）達成類似的結論，他們發現邊緣性孩子的母親通常自己都整合不良，並且以極端的方式對待孩子，與患者的感覺和行為模式平行對應。

264

　　岡德森等人（Gunderson et al. 1981）報告另一種案例，或許是在較大的家庭，父母緊密地依靠在一起，而把孩子排除在「注意、支持與保護」之外。在這種家庭中，邊緣性患者內在的空虛與寂寞的感覺（Adler 1985）反映出有意義的父母涉入並不存在。當然仍然有可能是孩子本身的問題，例如沒有能力依附父母或是接納養育關係，因而造成飽受困擾的家庭關係。儘管可以觀察到患者的外在關係與其內在客體世界的平行對應關聯，哪個是因哪個是果很難斷定。這種平行對應關係可以用投射認同來解釋。

家庭與精神分裂症

　　精神分裂症患者破碎與扭曲的思考與家庭的非組織化有著平

行對應關係。貝特森等人（Bateson et al. 1956）注意到家庭成員對患者表達互相矛盾的要求，這些「雙向約束」（double-bind）與患者本身產生的相互矛盾的行為與陳述相類似。鮑溫（Bowen 1960）談論到精神分裂症患者的父母關係在情緒與一般層面上的不連貫性。利茲（Lidz 1964）觀察到這種家庭裡「婚姻的扭曲」（marital skews）。許多專家都認為這種家庭系統造成精神分裂症。如韋恩與辛格（Wynne and Singer 1963）指出的情況：「經驗的破碎崩解，身分認同的消散，知覺與溝通的扭曲模式，以及急性反應性精神分裂症的其他人格特質，在某種程度上都來自於內化的過程，而所內化的就是家庭組織的特質……」（p. 192）。

雖然有這些患者與家庭的對應關係，目前愈來愈多的研究都相信多數精神分裂症是源自於生物性腦部疾病，如托瑞（Torrey 1983）在他為精神分裂症家屬所寫的書裡說的。他們認為家屬是被精神分裂症患者混亂的溝通與行為所困擾，因此做出怪異的評論，是為了要把無法理解的事加以合理化。

265　　我相當欣賞對於這種人際互動因果關係問題所做的研究。一系列非理論化的研究已經由英格蘭與美國的研究者（Brown et al. 1962, Vaughn et al. Leff 1976, Goldstein et al. 1978, Falloon et al. 1982）執行，顯示出不管精神分裂症來源為何，如果和具有高「情緒表露」（expressed emotion，簡稱E.E.）的家屬接觸過於密切的話，會比較需要多次住院，一般表現也比較差。這項發現並不表示高情緒表露的家屬導致疾病——許多正常家庭也有高情緒表露。然而這確實顯示此類患者無法忍受強烈的情緒。

這些研究者也展示出，協助家屬降低情緒表露的訓練，可以讓患者保持穩定。家庭中降低的情緒表露，可以作為一種涵容或

是整合性的自我功能，患者可以內射，藉以調節自己的情緒。或許也因為減輕了環境刺激，因此減少會讓患者沮喪的機會。不管機制是什麼，降低情緒表露的訓練是另一個建設性地運用系統與個人對應關係的例子：降低系統中的情緒表露，因此幫助個人調節自己的情緒生活。

從家庭外推到社區，研究者現在在檢視精神分裂症個人症狀與社會網絡特質間類似的平行對應關係（Cutler and Tatum 1983, Hamilton et al. 1987）。

本章，我們探討了一些客體關係理論如何應用於個別患者以外的系統。內在與外在界限、分裂與投射認同的想法對團體都有關聯。依附、攻擊與關愛的感覺，和團體中的依賴、爭鬥與逃逸以及配對的現象是一致的。

內在、個人精神動力學與患者周圍的團體如何運作，是有對應關係的。患者內在的分裂可以導致治療團隊的分化；團體中的衝突則可以激起個人的內在衝擊。這些平行對應關係可以被視作是透過投射認同來媒介的。

第五部
廣泛議題
BROADER CONTEXTS

我們從來不曾對自己知識及能力上的完整性和終極性感到自豪。
我們反而寧願早點承認自己的理解力不夠完善、同時去學習新的
事物，而後盡一切力量來改進我們的方法。

——西格蒙特‧佛洛伊德，〈精神分析治療的進步軌跡〉
（Sigmund Freud, "Lines of Advance in Psycho-Analytic Therapy"）

引言

269　　客體關係理論促成了近三十年來精神分析理論的許多重要進展。美國學派在這個主題的研究上仍然以自我心理學為基礎。精神分析對於影響一直持開放態度，有時必須經過爭鬥，有時則迅速而輕易。這些因素使得客體關係理論成了一門有影響力的心理學科。

　　這一部的前二章將描述一些客體關係概念中較為廣泛的議題。第十七章將以發展客體關係的角度來探討民俗學和神話學。第十八章談到關於現實感的幾個概念。

　　以精神分析探討相關領域，可以得到豐富的回報。文學、民俗學、神話學、宗教學和哲學的概念與形像，使得心理學的概念更為增進。客體關係理論在相關主題的研究中，收穫比給予的還要更多。

　　最後一章將討論客體關係理論在精神分析中建立的過程。

【第十七章】民俗、神話和自體的轉化

起初，神創造天地。地是空虛混沌。

《舊約聖經》〈創世紀〉
第一章1-2節

就這樣，聖經開始敘述一個未分化且不完整的團集——而人 271
類即由此鑄造而成。

根據布爾芬契（Bulfinch 1855）的紀錄，希臘人以及其後的
羅馬人用如下的方式描繪：

> 在地、海和天建造之前，所有的事物都是同一個樣
> 子，我們稱之為混沌——一個混亂沒有定形的團集，只有
> 死亡的重量，然而其中有萬物的種子蟄伏著。地、海和空
> 氣都混合在一起；所以地並非固態，海並非液體，而空氣
> 也並非透明。

古印度吠陀神話裡，在一切的存在與不存在之先，也有一個
黑暗而潮濕的混沌（Masson-Oursel and Morin 1959）。很久以
後，日本人在他們的複合神話中描述——在伊奘諾尊（Izanagi） 272
和他的妹妹伊奘冉尊（Izanami）將移動中的地鞏固並充實為原始
島（Onokora）之前，曾經有一個類似浮油或水母般的年輕世界存

在著（Bruhl 1959）。

這些關於世界誕生的故事，和我們的領域中，特別是馬勒對人類嬰孩心理誕生的描述，有著驚人的相似性。客體關係理論指出，我們全都來自一個未分化的狀態，沒有形體，空無虛妄。慢慢地，我們開始有了形狀、分離和個體化。分裂是這個過程裡最早的步伐之一，它將事物分成好與壞、光和暗。

是什麼造成這種相似性？神話描述是語言發展之前經驗中無意識記憶的痕跡？還是因為我們的心理學理論早期暴露於傳統故事中而遭到汙染？或者是神話學和科學理論都反應了思考的原型？還是現在看到的相似性純粹只是隱喻式語言的人為現象——一種錯誤的類推法？

雖然這不純粹只是一種解釋，但就我的理解，遠古時期的口傳文學家們在意的人生問題，和現代的科學家、醫師、藝術家所關心的是同一件事。他們發現所有的生命都從一個未分化的精子胞質、種子或卵子開始，後來才變得更複雜，並組織成一個有功能的生物體。他們據此建造起自己的宇宙起源。

薛佛（Schafer 1978）指出，精神分析的意義與因果關係之間，存在著一個差異。猜測是什麼樣的意識或無意識因素促使當初作者述說而一群人傳述故事，和這個故事對聽者或作者本人的意義之間，有著一點不同。功能則是另外一個議題。

本章中，我簡短地回顧神話學和民俗學中有關精神分析的歷史，並探討其中的一些主題，看看以發展客體關係的角度來看它們會有什麼意義。我猜想這些故事的功能，在於他們藉著說出對社會裡的每一個成員都有意義的共通問題以及可能的解決方法，而把社會結合在一起，並幫助個體去面對他們的孤單。這些碰觸

到了我們存在的核心課題。我得強調，這裡所要討論的只有意義本身，而不涉及該意義的功能或是成因。

歷史

　　精神分析師一直都對民俗學和神話學有著長久以來的興趣。佛洛伊德（Freud 1913b）以及更早的佛洛伊德和奧本海姆（Freud and Oppenheim 1911）、榮格（Jung 1912, 1945）以及蘭克（Rank 1914）這些早期的分析師，對個人幻想和神話及民俗主題做比較，想要找出它們的涵義。佛洛伊德便從比較希臘神話和夢的主題中導出伊底帕斯情結。

　　最近，在《魔法的用途》（*The Uses of Enchantment*）中，貝托海姆（Bettelheim 1977）提到讀童話給孩子聽是相當重要且意義深遠的。這位深受存在主義思維影響的兒童分析師，認為所有的童話故事都開始於發展的問題，並且對該問題提出解決方案。故事裡的英雄和女主角都向著得到更為整合的自體此一方向前進，而且通常必須歷經生與死左右為難的窘境。童話提供了一個了解、溝通以及適應發展任務的大道。

　　除了貝托海姆的想法之外，直接將神話和民間故事運用在治療上也有一段頗受爭議的漫長歷史。普若慈與路克（Pruyser and Luke 1982）引用斯洛喬沃（Slochower 1970）神話創作的概念，將鳩格米西（Gilgamesh）的史詩視為「禮拜式的戲劇」，幫助人們去處理逐漸體認自己終究難免一死時，自戀所受到的創傷。西蒙（Simon 1978）在他的研究《古希臘的理性與瘋癲》（*Mind and Madness in Ancient Greece*）中指出，詩曾經一度作為療傷的主要

273

媒介。李維史陀（Levi-Strauss 1963）證明薩滿巫術（shamanistic practice）的治療過程和精神分析頗為類似。榮格（Jung 1945）也說民俗、神話以及宗教裡幾個普遍主題的知識，對治療師的工作很有幫助。霍伊瑟（Heuscher 1974, 1980），一個存在主義—榮格學派的精神科醫師，也曾經描述過在心理治療中直接運用民俗。艾克斯坦（Ekstein 1983）則循著更傳統的路線，描述以詮釋隱喻（這常有一種神話的特質）治療嚴重混亂的兒童時可以有所幫助。我也曾經發表過一個案例，運用從經驗得來的民俗技巧，去了解並治療殘存著實踐階段之兩難處境的青少年（Hamilton 1980）。

　　精神分析的思想家們已經同時注意到傳統故事的意義和功能，而且創造出一些新的功能。或許更好的說法是，他們在治療的場域裡喚醒了這些故事的古老應用。它們的因果關係，在過去比較沒有被徹底而足夠地探討。讓我們注視某些故事主題，來看它們在發展客體關係（developing object relation）中的意義。

分化

　　回到〈創世紀〉，一切從「空虛混沌」的地開始。繼續說下去：「淵面黑暗；神的靈運行在水面上。」顯然，神不滿足於混沌、黑暗、潮濕的團集。所以在造物的計畫裡，祂開始將物與物區分，並使其各有其所。

　　　　神說，「要有光」，就有了光。
　　　　神看光是好的；

就把光暗分開了。

〈創世紀〉第一章3-4節

神也分開了蒼穹之上與之下的水，分開土地和海洋，分開白天和黑夜——各有其偉大的光源；祂創造了生物，各以其種生育繁殖。

猶太教與基督教對創世紀的描述都指陳出一個無定形基質的分化。首先從光和黑暗、乾和潮濕的區分開始。另一方面，水的聚集和物種繁殖則象徵了整合。

希臘羅馬的紀錄裡有一個幾乎相同的發展。布爾芬契的發展模式，來自於奧維德（Ovid）在一世紀流放於黑海上的托米（Tomi）時，所寫下的紀錄。奧維德在作品裡，提到羅馬對早年希臘神話的大規模吸納，不厭其煩地詳述蛻變與轉化是生命的本質。奧維德的故事如是開始：

> 永遠在戰爭之中：個體的範圍之內
> 熱與冷作戰，濕和乾作戰，而剛硬
> 與溫柔作戰，重物對抗著
> 無重物。
> 直到神，或仁慈的自然界，
> 止息一切紛爭，並分開
> 天與地，水和土壤，我們的空氣
> 以及同溫層的氣體，釋放
> 所以萬物進化，自盲目的紛亂之中

找到各自的位置……

《變形記》（*Metamorphoses*）
〔英譯本由R. Humphries譯，1955年〕

275

這段有關分化的陳述，包含著一種動機，這動機超越了創世紀裡神的創造衝動。無定形的團集本質上含有破壞的種子──交戰中的對手。這個有關起源的神話故事與克萊恩（Segal 1964）有關死亡本能的概念相符。在她看來，嬰孩一如所有的生物，天生就有自我消滅的傾向。這個先天的自我破壞必須被分裂開並投射出來，以保住孩子的生命。根據這個概念，最早的生理分化起於必須處理內在的攻擊，正如同希臘羅馬神話所說的，地必須割裂成分離且內在交戰敵對的派系。

如同其他大部分的美國客體關係學者，克恩伯格（Kernberg 1969）表示早年的分裂是因為共生的孩子仍然無法整合愉快和不愉快的情緒。稍後，當從母親分化出來時，孩子確實主動而防衛地分裂好和壞的自體以及客體形像來保護所要的，以免其被不要的擊敗。在分化之前，分裂只是對於整合經驗的一種被動的無能。

猶太基督教與希臘羅馬的宇宙起源論，為客體關係理論提供了饒富興味的對應關係，它們都開始於一個最終將分裂成對立事物的未分化團集。猶太基督教的記述指出，創造的衝動導致了分化，而希臘羅馬的記述則說是約束攻擊的需要導致這樣的區分。主要的理論爭辯是，究竟是成長的衝動還是對互相衝突的本能衝動的處置是分化的決定因素，這爭辯持續至今。這些不同反

映在克恩伯格和寇哈特的論辯中（見第十九章），以及其他許多關於驅力理論在客體關係理論裡之地位的爭議（Greenberg and Mitchell 1983）。

其他無數的類似情況存在於西方以及其他地方的傳統中。亞當和夏娃的故事裡對性的指涉受到了充分的討論，而這也可以從更多嬰孩議題的方向來討論。貪心地吃了分別善惡樹上的果子，導致了被驅逐的結果。亞當和夏娃企圖想要得到比天堂提供的以及神想要給的還多，他們得到了某種智識，知道了他們彼此的區分，他們在解剖構造上的不同，而失去了他們在天國裡至為幸福的共生存在。以客體關係理論的術語來說，孩子想得到母親所擁有之物的渴望心願，吞食母親的良好養育特質以據為己有，可能導致客體失落和脆弱的感覺。如果孩子貪心地想要吞入乳房的本體，而不只是想喝她給的奶，他會突然發現自己是孤單的。如果他偷涵容者的東西，而失去了它的友好，那有誰還會照顧他？同樣地，亞當和夏娃希望能擁有神內心深處的祕密，祂對於良善與罪惡的智識，祂施予和限制的能力。他們過分的行為使得他們發現自己的孤單。 276

有關伊甸園的故事，我有另一種推想。起始時，孩子是在一個共生的連結中。如同他正處在神的顯現之中一般，所有他的需要都會得到滿足；他甚至沒有體認到自己的孤獨。當自我功能建立之後，孩子馬上可以區分出挫折和快樂、好和壞、自體和他體。這個智識導致共生連結失落。為了想要重新得回全能感，孩子會感覺自己從供給所有物品的父母那裡偷了什麼，而事實上這是他自己的發展所賦予他的。或許這個有關最早創始的聖經故事仍然意義深遠，因為它象徵著善惡智識的獲得伴隨著共生的失落

——我們所有人都遭遇到的失落。

實踐

　　孩子學會從母親那裡將自己分化出來之後，同時他的運動能力也在發展，在實踐階段中，他會將此變成他的力量與獨立。這時他會用自大得意來補償在面對自己的渺小和孤獨時所感受到的不安。他逃離母親的擁抱，只為了再找到她並且再一次逃離。他會打開碗櫥翻找碗盤。要是還在吃母奶的話，他會拉扯乳房。他笑著一邊喃喃而語，一邊弄翻一盤紅蘿蔔。這個惡作劇的小鬼住在一個不可思議的世界裡，這世界充滿了他自己自戀的火花和全能的感受。而至今他仍是脆弱的，找尋並需要注意、讚美和肯定。

　　這些實踐階段小孩的心理課題，或許可以和民間傳說裡惡作劇精靈的主題有所聯結（Hamilton 1980）。其中最精巧的連環騙局是波里尼西亞的版本（Luomala 1949）。

　　毛伊（Maui-tikitiki-a-Taranga）是一個「無憂無慮的小民族英雄，也是個促成變化的人，同時也是個惡作劇的精靈」（p. 28）。他被說成是一個「早熟而惹人厭的人」（p. 3）、「一個演出奇蹟的人、一個魔法師，改變了世界原始的面貌並且擊敗了神」（p. 12）。但他的出身卻是很卑微的。

　　毛伊（Maui）是他媽媽陶朗加（Taranga）的一個流產兒。她用從自己頂髻（玻里尼西亞語叫做tikitiki）割下的頭髮包裹住277　他，然後把他放在海浪的臂彎裡。他被海藻包裹，從拍岸之浪的泡沫裡得到滋養，直到他在沙上被洗淨，被水母包圍和保護。昆

蟲停在他身上下蛋，所以蛆會來吃他。海鳥群集著要將他喙成碎片。就在這樣的情勢之下，一個先祖的神朗吉（Tama-nui-ki-te-Rangi）發現了這個男孩。毛伊就這樣被接到神的家中。

通常，血塊或流產兒的精靈是被玻里尼西亞人規避的。據說要憂心於其缺乏情感並耽溺於惡作劇、騷擾村人以及他們的神。因為父母的禱告以及上帝的幫助，毛伊從一個「被遺棄的扭曲獨立」（warped independence of a castaway）（p. 32）狀態當中部分地得救。依然，他不屬於任何地方，他作為神的養父母教他輕視人類。然而，他背叛神並且「無可避免也不可抗地被吸回人類親人的家庭生活裡」（p. 32）。當他見到母親並被帶到母親的床邊，得到母親的溺愛，他仍然無法滿足。這個浪子再一次地離開了，總是不安，總是追尋。

當他的兄弟不想帶他去釣魚時，他就變成一隻鳥，飛到海上他們的船邊。或者，為了跟隨他們，他會把自己變成昆蟲躲在舷外厚木架的下面。這些欺騙，如同他其他的戲謔行為一般，都是為了找尋客體，找尋和家人的和解。當這個退化的傾向變得有建設性時，使他提供火、新發明、新的島嶼甚至是社會規則給人類。

客體找尋本身對年輕的毛伊來說是有危險的。他受到他公然所殺以及因他而死的食人怪獸威脅。他一再潛入巨大的食人蚌裡，只為了殺掉牠們，把珍珠拿回來給媽媽。另一段故事裡，他去找一個大家都用食物獻禮以取悅的女祖先會納（Muri-ranga-whenua）。他也給了一些奉獻，然後把她引誘出她的黑暗洞穴。她的胃膨脹起來，準備隨時吞下他。偶然間，西風將他的氣味傳向她。於是她發現他是她的子孫，所以不但沒吃掉他，反而送給

他有魔力的顎骨。再一次，毛伊又走了，這次拿著新的魔法寶貝，變得比以前更強了。

另一段故事裡，他就沒有那麼幸運了。他計畫暗殺食人的先祖海因努伊蒂珀（Hine-nui-te-po）。這個黑暗之母有一雙墨綠色的眼睛。毛伊不知是經過什麼通道，在她睡著時進入她的身體。如果他可以成功地在她醒來之前離開她的身體，她就會死亡。但她很早就醒了過來，把毛伊壓死。

278

這些找尋及逃避失落的母親的故事，使我們想起馬勒（Mahler et al. 1975）有關實踐期學步兒的描述。他來來去去，拒絕承認他無助的依賴、他的渺小以及他的孤單。帶著願望裡的全能和魔力，他永遠都在追尋。他退化地尋求能回去與母親合併融合，一如毛伊進到她床上、她體內、食人蚌或先祖的洞穴裡，只為了再一次志得意滿地逃離。

這些故事告訴我們，自大和全能的幻想暴露了並存的無能和孤單，一如馬勒對發展的描述。毛伊是個被拋棄的孩子，極度脆弱；但神給了他保護。正因如此，剛察覺自己的孤單與無助的學步兒，顯得既脆弱又興奮。全能的幻想就是保護他的神。有時候，他會投射這些形像到他如神一般給予拖捨與恩典的父母身上。相反地，父母有時又像是巨人或怪獸，充滿了可能極為劇烈的憤怒。

成人個案的各種困難問題與各種不同發展階段的小孩相似。有這類發展問題的個案和相應的民俗主題會有相似的地方。沒有得到父母足夠支持的孩子，常耽溺於神祇、邪惡以及詐術的自大幻想裡。他們之中很多人仍然留有實踐階段精神狀態的基本要素。和毛伊相似的地方顯然是被遺棄的感覺。為了試圖克服自己

的脆弱，他們不停地找尋肯定他們的客體。自大和鹵莽的行為稀疏地遮蔽著他們虛假的自主性。

所幸他們之中有一部分人，幻想中創造和積極的一面可以保護和滋養他們。如同神對毛伊所做的，所以他們可以不必屈服於壓倒性的憂鬱之下且存活下來。而他們所付出的代價是必須與人群疏離，即使投入也無法獲得真正的歸屬感。他們相信也同時不相信任何人。如同惡作劇的精靈一般，他們是追尋者、流浪人，也是探險家。

只有在特定的情況下，他們才能建立起覺得自己可以被了解的關係，然後可以了解其他人，深入而長久。直到後來，他們才能放棄實踐階段中的自大，過去這個自大補償了他們對擁有者的嫉妒。

279

和解

實踐階段不穩定的興奮只持續幾個月。很快地，更多了解自己與更大世界之關係的認知能力遏制了孩子虛假的自主性。他回到母親身邊，準備好要用一種新的方式與母親的各個面向妥協。他必然也要屈服於自己的許多感覺和奮鬥。

「小紅帽」指出了許多和解主題。格林（Grimm 1812）的版本叫「小紅帽」，一開頭就描述一個人見人愛的小女孩。最愛她的祖母會給這個小寶貝任何她想要的東西。於是，故事從一個全好的自體——人見人愛的小紅帽，以及一個全好的客體——慷慨且完全滿足她的祖母開始。從她總是堅持帶祖母送她的紅帽，我們看到自體—客體上的認同。

　　小紅帽必須了解她的好客體的短處，如同和解期的孩子一般。所有包括媽媽和祖母在內的母親形像，都有她們較不令人滿意的面向。她祖母後來生病而虛弱；而媽媽希望孩子送一籃食物和一瓶酒給這個老人。媽媽指示她說：「在天氣變熱之前趕快出發。妳在路上要規矩安靜地走，不要離開道路，不然妳可能會跌倒打破瓶子，那妳祖母就什麼也拿不到了。」在這裡在意的重點是祖母的營養，而不是小女孩的利益。故事並沒有提到小紅帽是否會跌倒而弄傷自己，被關心的是瓶子。顯然，這是一段長途旅程，否則不必一大早出發。甚且，媽媽只考慮到自己的問題，要求女兒做些她自己也沒有能力做的事。兩個母親的形象都是剝奪者。在和解階段，孩子必須學會，小紅帽也正要學會媽媽並不總是令人滿足的角色，而同時也是需要被滿足的，她們也會下達一些必須自我約束的禁令。

　　好女孩帶著自己的好意、媽媽的好建議，以及一籃子的好食物上路了。遠離母親後，她遇到了貪心的野狼，這野狼最後吃下了她。一開始，牠顯得和藹可親。牠指出可愛的花朵，而小紅帽忘了媽媽要她不要離開道路。她不斷地採花，愈來愈深入森林。表面上她是要送花給她親愛的祖母，但她忽略了自己的任務。她無法為了母親而放棄立即的快樂，再加上她自我欺騙說這是為了祖母好，給了野狼足夠的時間趕到不知情的老人家裡去。在小紅帽的牽連下，壞心的野狼迅速地吃掉了好心的祖母。

　　這個好心的小女孩是怎麼誤入歧途而造成心愛的母親形象毀滅的？事實上，她對她們的忽略是受到她們對她的忽略所引發出來的。她祖母生病而需要照顧和營養，但是小紅帽還沒有大到可以提供這些。媽媽只給了一些建議就要小紅帽出發，而這時的她

其實還需要有大人陪著。被遺棄後，她會轉向任何可以滿足她的客體。野狼一開始表現得令人愉快，但牠其實不是要照顧她，而是為了自己的需要想把她吃掉。所以，野狼表現得其實是放大了的媽媽和祖母的特點，一開始像是全然的給予，但之後自己的需要就變得高於一切了。野狼和祖母是同一個客體的兩個面向這個事實，在後來小紅帽在祖母的家裡，看到野狼穿著祖母的衣服、躺在祖母床上的時候，得到了證實。用客體關係理論的術語來說，被母親和祖母遺棄之後，小紅帽並沒有足夠的能力在客體消失之後，仍在心裡記得那個原本存在的好客體。遺棄造成的渴望和憤怒，導致內在好的客體形像被壞的客體形像吞沒了。

費爾貝恩（Fairbairn 1940）認為野狼不只是代表壞的客體，也代表小紅帽攻擊和貪心的自體。小紅帽清楚地告訴野狼祖母家的方位，使得野狼能夠吃掉祖母。小紅帽也接受牠採花的建議。一開始她對祖母充滿了好意，但她的自私很快就顯現了，完全忘了那個她要送花的人。野狼吞噬著她的母親形像的同時，她正跑去摘花，給祖母帶來不幸（Bettelheim 1977）。在格林的童話（1812）中，只有「直到她再也不能裝得下更多花的時候，她才想起了祖母」（p. 141-142）。故事直接提到小女孩和野狼形象之間的象徵。當祖母問誰在敲門的時候，野狼把自己當成「小紅帽」。如此，野狼可以被看成是壞的自體與客體的總合，充滿了攻擊的飢渴。

281

當小紅帽進到祖母的房子裡時，她察覺到不尋常，有些東西不對勁。她渴望好的母親形象，但她的每個部分都太超過了——聽著她說話的耳朵太大；看著她的眼睛太大；吻她並和她說話的嘴巴有太大的牙。所有殷勤和舒適的來源——祖母認出她來、把

她放在自己的注意之內並與她溝通的器官——都為了吞噬和貪婪的需要而變大。最後，「可怕的大嘴巴」一口把她吞了下去。

現在，小女孩和母親形象之間的認同完成了。祖母和小紅帽本性相同，都被他們原始和侵略性的口欲願望所吞噬。她們象徵壞的客體關係單元。

所幸，一個外人經過，把她們從糾結之中解救出來。獵人，一個美好的父親形象，原本打算射殺這隻壞狼。幸運地，他發現有些東西在狼體內而放下槍，如同剖腹生產一樣小心地剪開野狼的胃（Bellelheim 1977），他從危險中救出了小紅帽和她又變好了的祖母。如同第五章提到的，父親或父親的角色在和解階段，常常扮演促使母親和孩子之間退化的共生連結解開的角色。

小紅帽學到，雖然好的自體和客體會暫時消失，但他們仍會再度出現。獵人的到來所象徵的不只是外在的父親形象，同時也代表小女孩自己的整合性自我功能的出現或恢復。現在她在壞暫時出現時，還是可以認出好仍然存在。雖然她自己和母親都有貪心和自私的一面，但好意、愛和養育的能力仍然存在。在導致如此強烈的貪婪渴望如野狼吞噬的挫折經驗發生之前，她們仍然像從前一樣。早期和解階段的分裂讓位給客體恆久性。從這個暫時失去好客體與好自體的經驗裡，小紅帽學會將母親的忠告更加牢記在心，永不忘記。

最後的結局，「小紅帽暗自想著：『只要我還活著，我再也不離開道路，跑到森林裡去了，媽媽不准我如此做的。』」所以小紅帽學會即使是媽媽令人挫折的禁令，它們本身都還是保護且照顧她的，而她現在可以帶著它們如同是自己的一部分。她已經被自己的渴望吞沒，並且再度重生而有更高的自體與他體整合。

282

這便是和解階段的發展課題。

伊底帕斯發展

豐富而複雜的故事可以有很多不同意義的理解。如同覆蓋原文後重寫的羊皮紙那樣，下層的原文透露出伊底帕斯詮釋，強調一個發展中的女孩與自己萌芽中的性妥協之努力。雖然貝托海姆（1977）也提到其他的議題，但他主要注意的是故事中有關性的主題。以下我努力地摘出他相關的討論。

貝托海姆和他之前的其他精神分析學者，提到野狼引誘小紅帽離開到祖母家的路，而去摘花──愛和繁殖的象徵，不論是從傳統的角度，或從花是植物繁殖的器官來看，皆是如此。和伊底帕斯主題裡殺死母親角色以及與父親有一個小孩的願望相符，小紅帽清楚地告訴野狼祖母的住處，而使得她可能因此死亡。祖母只是一個假裝的母親形象。這種轉移和置換在故事中很常見。狼代表小紅帽破壞、敵對的伊底帕斯渴望以及她性的欲望，同時也代表了男性的性特徵。這類的濃縮出現在故事中，如同出現在夢中（Freud 1900）。她還沒有成熟到能夠處理這麼強大的內在感受和外在真實存在的男人，所以她被淹沒而被野狼吞噬。所幸，一個善良節制的父親角色，獵人，解救了她和她的（祖）母親。他重新帶來秩序與和諧。小紅帽學會了，在她準備好並得到父母的同意和引導之前，應遵守母親的指示，避免過早投入成熟關係的森林裡。

這些伊底帕斯期性和攻擊的主題，在孩子三到四歲、和解期危機逐漸落幕時首度現身。古典的精神分析一度幾乎全然聚焦

於此。小女孩將原始情感從母親轉移到父親身上，她想要得到父親全然不能分割的關懷與愛。像母親一樣，她要父親讓她懷孕，好為他生個孩子；但母親擋住了路，所以她幻想能消滅她。害怕母親會對這樣的祕密願望報復，小女孩克制自己做個好女孩，認同母親以得到滿足。有一天，她告訴自己，長大後，她要有自己的丈夫和自己的小孩，就像媽媽那樣。伊底帕斯衝突就這樣暫時消融，直到青春期和青少年晚期離家時才又再度出現。貝托海姆說得沒錯：小紅帽的故事和孩子逐漸顯露的伊底帕斯衝突相當類似。

顯然這個複雜的故事蘊涵了伊底帕斯期與和解階段的主題。一旦成熟的性出現，更根本的分離和拋棄的議題必須被重新處理。最明顯的問題是，如果女孩要擁有性關係，亂倫的禁忌使她必須離家去找對象。被拋棄的古老感覺又出現了。她真的可以離開她親愛的母親嗎？沒有了好的外在客體，她還能活下去嗎？她帶在內心良善的感覺已經足夠安全了嗎？她可以接受媽媽對父親的依戀比對她強──女兒離去而母親仍會留下──的事實嗎？她能接受為了真的能在最有創造性的面向上像母親，她不得不離開她嗎？母親會准許她離開嗎？母親會不會因為女兒拋棄她去找尋屬於自己的生活而對女兒報復？她在踏入大世界的時候，能否帶著母親的祝福？如果有需要，她還可以隨時回來嗎？這些都是伊底帕斯衝突情節裡的分離主題。除非女孩在和解階段結束時曾經建立起充分的客體恆久性，否則這些問題都不會有好的答案。所以，我們可以說，小紅帽的故事裡同時存在著伊底帕斯與和解的主題，彼此重疊。正如個體幻想和發展的主題，這個童話有著一層比一層豐富的意義，每個都和一些自體與客體關係有關。

　　在本章裡，我已經檢視了幾個和發展的客體關係有關的故事。傳統故事的功能和它們的意義有關。因為它們有意義，所以這些故事人們一講再講，一看再看，換句話說，因為它們外顯了有力的內在自體和客體群組。這樣的故事提醒我們，這些內在深層的感受是人類所共有的，於是故事把社會群體連結在一起，並幫助個體克服隔離的感覺。然而，功能一如意義，可能是多方面 284 的。在一定的限度之內，它們會隨著我們的看法而改變。

　　雖然民俗學和神話學曾經被佛洛伊德以心性發展以及榮格有關原型的觀點廣泛地檢視過，它們在客體關係理論方面的研究才正要開始。

【第十八章】現實就是關係

285 　　我將在本章中探討客體關係術語中有關現實（reality）的一些概念。這個理論並不能解答關於什麼是真實（true）或什麼是現實（real）的古老問題。然而，它確實牽涉到人們如何以及何時建立起什麼是現實的感覺，以及他們如何失去及重新得到這個感覺。

　　客體關係理論指出，我們對日常事件的習慣感受首先必須依賴一種二元的關係（dyadic relationship），即自體和客體。為了對照與確認，第三個元素被加了進來——一些二元體之外的東西。

精神病與非現實

　　當心理健康的專家們用「脫離現實」來給精神病下定義時，總顯得相當冒昧，好像精神科醫師、心理師或任何其他的人對存在的本質有一種內在的認知似的。哲學家、藝術家、詩人、神祕主義者、神學家、物理學家、化學家以及無數的學者，緊緊地抓
286 住這個何者為是、何者為非的問題。光是回顧「現實」（reality）這個字在精神分析中的各種不同用法，對這項工作而言都可能過多。[1]目前，我們都太習於對個案的信念下定論，直到他們之中的一個挫了我們的銳氣，宣稱說：「你不過是一個幻覺罷了，另外那個聲音才是真的。」

1　針對現實概念的精神分析討論，最有名也最有用的其中一個人是佛洛許（Frosch 1970）。

關於現實感，兒童、原始人、詩人和神祕學家也教導了我們一些，但精神病的個案可能比任何其他人教導了我們更多。

FY，一個三十四歲的女人，把皮包當成自己，但她的現實感很快就恢復了過來。如果我們更仔細地看這段在第四章曾提過治療中的人際面向，將可以發現存在於她的外在關係與現實感之間的連結。

FY來找治療師，需要立即的協助。她感到絕望。她的母親最近剛過世，她很害怕自己就要失去婚姻和工作。她曾經在十年前有過一次精神病發作，所以她擔心自己又要「瘋」了。

她的精神科醫師正面臨其他的問題。他的個案已經排得太滿，而且他正準備要去渡兩個禮拜的假，出發之前還得給學生上一堂精神科診斷學的課。他接下這個轉介是為了幫朋友一個忙，此外也為了在渡假回來以後有會談室可以給另一個個案。

FY開始向他說她有多麼絕望。醫師聽著，但沒有明顯地表現出他的興趣。受備課一事影響，他讓這次會談無結構的時間拉得比他習慣的長。他想知道她會做些什麼。

個案愈說愈快，她好像想抓住什麼似的。醫師並沒有對她的需要做反應。「皮包是女人的一部分，」她邊說邊抓緊她的手提袋，「我的意思是女人真正的一部分。我不知道你是不是了解。這和男人的皮夾不一樣。男人都有皮夾，也說不定會在意自己的皮夾，但女人的皮包就代表她。我的皮包把我搞亂了，我試著要把它弄清楚。我花

> 了一整天把所有的東西倒出來；但我做得愈多，事情就愈
> 亂。」

這個個案在此時失去了她的現實感。她的自體─他體界限模糊了。她的內在自體形像和她對外在客體（皮包）的思考混在一起了。當失去現實感的時候，自體─他體的界限總是在變動之中。

> 醫師在此時介入。他提醒她皮包是她自體的一個象
> 徵，而並非真的是她的一部分。他同時也對她最近的失落
> 做了評論。他說：「聽起來妳需要和人談一談，然後把事
> 情整理出頭緒。」個案覺得比較不那麼孤單，平靜了下
> 來。

醫師說的話幫了FY的忙，但他和她溝通時了解的態度也同等重要。她絕望地找尋著某個人或某件東西。她的母親、先生以及工作都已經不在了，連醫師原本也是如此。「我不知你是否了解。」她說了這樣的話。她集中注意力在她最親近的東西──皮包上，而且開始與它融合。她不再孤單，她和皮包合而為一；但當她沉入這個共生的連結裡，她便失去了她作為獨特本體的自體感而驚惶了起來。她失去了她的現實感。

醫師介入時，她重新拾回日常的現實感。現在是FY和醫師，從相關但不同的角度在討論著，而第三件東西──皮包，只是一個象徵。他們開始討論其他對她而言重要的客體，她的母親、先生和老闆。

治療師說：「聽起來，妳需要有人可以談談，然後把事情整理出頭緒。」這段敘述反應了治療師的直覺，認為她需要有某個人與她互動，這個人不能太近，以致她想回到共生的連結裡，因而失去現實感；也不能遠到讓她需要絕望地找尋其他客體去融合。總共有三個獨立的主體——個案的自體（「你」）、治療師（「可以談談的某人」），以及第三個元素（可以整理出頭緒的「東西」）。個案們一律都會描述，重新接受日常的現實，伴隨著他們經驗自己為獨特且仍與他人相關的心理能力。「你和我以及非你、非我的其他東西。」

下一次會談時個案說：「上次見面時，我把事情弄混了。所有的東西看起來都不真實且混亂了好幾分鐘。這真令人難為情，但我現在都好了」。

288

「從上次妳在這裡以來，妳都怎麼了？」

「還好。就在我入睡時，我感到有點奇怪，但我想：『我們可以在下次會談時把事情理出頭緒。』那個想法有用。晚間當我先生和我處得不錯的時候，我把手放在他肩上，就覺得好過些。」

個案確定了她的現實感是視她與其他人的關係而定。

希爾斯（Searles 1967b）這樣描述另一個個案：

未分化……出現在一個男人對他的治療師的抱怨中，「我對你說話的時候，我不知道我是否正在一個幻覺裡，或是一種有關回憶的幻想，或是有關一個幻想的回憶。」

他完全無法清楚而可靠地分辨內在和外在的世界。一種共生型的關係控制著這個個案，使得他無法讓自己與身邊的其他人或其他東西之間維持一個足夠的距離，以便客觀地感受他們；一個人不可能真正去感受他所陷入的東西（p. 123）。

希爾斯在這裡注意到自體—客體融合造成現實感的失落。正如FY這個個案，問題出在與其他人和物的關係中，自體是否被經驗為獨立的。

另外一個男人也有類似的經驗，他到了梅寧哲醫院的急診室。

LT是一個二十七歲的男人，金褐色的頭髮與鬍鬚在亂蓬蓬的辮子中交錯著。他抱怨著：「我生活在一個夢裡面。」

「這樣子有多久了？」精神科的住院醫師邊解開蘇格蘭粗呢夾克的扣子邊問。

「四年了。有一天我的夢突然開始控制我；然後我的思考變得全和其他人的混在一起。我被附身了。」

這個人變得無法將自己當成有獨特界限的人；他日常的現實感消失了。

一個人的現實感依賴於關係，但並不表示精神病純粹是一個社會現象，也並不表示我們可以透過治療一個發狂的社會來治療精神分裂症。許多各種精神病的個體有著腦部的問題，影響他

289

們和其他人的關係。他們的知覺——運動和認知程序（Hartocollis 1968, Holzman and Levy 1977, Johnstone et al. 1976, 1978, Bellak 1979, Hamilton and Allsbrook 1986）常常因為結構性的腦部異常（Johnstone et al. 1976, Weinberger et al. 1979）而顯得不正常。正如同費奇曼（Fischman 1983）回顧的，我們可以在實驗中透過投予各種藥物來干涉日常的現實感。精神病也可以經由極端的環境改變而引發，例如本書第33頁中所提到的感覺刺激剝奪實驗。安全的現實感所需要的關聯，可以從個體或環境的任一邊被破壞。

精神病與信念

非現實的感覺——有時可以分成疏離（estrangement）和失個體感（depersonalization），並非現實感唯一的障礙。[2]精神病性的信念也一樣地功能失常。

以下是一個對私人現實過度堅信的個案。

> PC告訴他的個案負責人，在他兩年前第一次入院之前在波特蘭（Portland）所發生的事。他那時正在辦公室工作，「努力要當個好的僕人。」但那好像瑣碎徒勞，然後他絕望了。他「順服」於神並告訴祂，他是多麼地絕望和失落。「親愛的神」，他說，「我要成為你的僕人。」突然間一團光圍繞住他，他感覺必定是神聽到了他的禱

2　所謂疏離是指世界不真實的感覺。失個體感則是感到自己的自體不是真實的。通常（但不總是）有其中一個問題的人，大多也會有另一個問題。或許在疏離和失個體感之間有某種關聯，因為有其中一個問題而沒有另一個問題的狀況，需要比兩者都有問題的這些個案有更好的自體—客體分化。

告。他離開辦公室，衝到街上宣布這個好消息，但他卻不知該說什麼。他覺得聖靈藉著他的口說話。他大喊說神看見並認得萬物，並知道萬民及萬物所找尋的是什麼。那個晚上，當他聽到神叫他的名字時，他更堅信這個經驗是真的了。他做出結論認為自己得到了一個神喻，他被神揀選作為神聖力量（Holy Force）的指揮官，將會有一場大規模的流血事件。所有的人都會臣服於他。

290

PC一開始感到驚恐且孤獨。突然間，他不只是認為自己與神親近——他感到一團光圍繞著自己。他的描述看來與基督教信仰有些關聯，但後來他感到一種神託付的個人任務，要經由聖戰征服所有的人。他的宗教經驗過於特異。

我們要如何從客體關係的角度來了解這個精神病性的信念？個案經驗到好的自體表徵（self-representation）和好的客體表徵之失落。他說，他努力要做一個好僕人，但他覺得那瑣碎徒勞，而自己是全然地孤單。他無法承受這樣的孤單。在他的幻想中，他試圖要變成全能的神的全好僕人。他突然間感到被神包圍，而他與祂有著特殊的關係。

我們可以這樣假設，他將自己全好、內在的神的形像投射出來。然後他和自己的內在客體表徵建立起一種特殊的關係。他全神貫注排除所有其他的關係，所以他沒有第三個參考點可用來判斷與自己有關聯的是內在或外在的客體。

他仍然隔離在他破爛的城內旅館房內，寫著一系列的宗教思想，而他從未散發這些東西。他只有吃東西、去繁忙的街角傳教，或是零星地去社區心理健康中心時才會出去。只要有人給他

不同的意見，他即刻生氣地回絕人家。他不再從外界吸收資訊。

　　和先前失去現實感的例子不同，這個個案仍然維持了自己內在世界裡自體—客體的獨特性，但他卻無法分辨內在客體與外在客體。費登（1952）和林斯利（1982）稱此為自我界限的退縮，[3]所以內在形像跑到自體的界限之外。PC緊緊地抓牢他全能的內在客體，以致使得自己失去與外在客體在情緒上的重要關係。他沒有去注意第三個元素，這個第三元素既非自體也非原始客體（primary object）。只有PC和神，其他就什麼都沒有了；所以他一直被鎖在他的精神病信念裡。

291

　　人並不是生下來就可以顧及他人意見的，但卻可以學得到。為了做到這件事，必須先有足夠安全的原始自體與客體關聯，才有可能暫時放開它，並確信他們可以在需要時隨時將它喚回。他們必須有足夠安全感才能懷疑。受困於精神病性信念的人，在依附感和想法上都沒有穩固到足以跳脫自身囿限並提出質疑。再者，過度的堅信以及失去現實感，可被視為有一個潛藏的需要，想和全能的內在客體融合或附著。

靈魂出竅經驗

　　如同我在這本書裡一直強調的，並不止是精神病個案會有不尋常的現實經驗。嘉寶和湯羅（Gabbard and Twemlow 1984）描述了三百三十九個靈魂出竅的案例，他們之中大多數是心理健康的個體，也沒有喝酒或使用藥物；這些人當中只有10%有瀕死經驗。其中許多人有靈魂出竅的感覺時正在冥想。

3　　如第三章和第四章所提到的，費登用自我這個字來同時指涉自體和整合性自我功能。

在現實世界的清晰與逼真逐漸加深之下，這些個案感到自己的自體與身體分開。有時他們會真的從遠處看到自己的身體。一個靈魂出竅的例子（和嘉寶與湯羅所說的那些個案類似）提到，一個男人在冥想的時候，感覺到自己飄浮起來並且在自己身上盤旋。房內的所有物品和先前一模一樣。一股和平而澄靜的感覺襲來。他感到自己完整無損並且與周遭的世界相調和。一會兒之後，焦慮的苦痛以及想回到自己身體裡面的渴望在他心底升起。說時遲那時快——他回到了他自體—身體的和諧中。

根據謝爾德（Schilder 1935）有關身體形像（body image）與身體圖示（body scheme）的文章，以及費登（1952）如林斯利（1962）所闡述的身體自我（body ego）概念，嘉寶和湯羅說明了靈魂出竅的經驗。他們認為這些案例在他們的身體形像裡放開了自我的投注（灌注），所以會覺得在自體之外，而仍保有自體—客體界限和現實感。這些學者將自我這個詞，用在許多精神分析師會用自體這個詞的地方。如果我們把他們的發現轉譯成本書所用的術語，那我們可以這麼說：當心靈處在一種放鬆的狀態，作為觀察者的自我將主要的自體表徵，從目前的身體知覺和感覺中解離開來。有形且有獨立界限的自體形像仍然保存著；然而這個形像從自己那個外面看起來一體的形像裡，被釋放出來。換句話說，知覺的身體自體從自體—客體界限之外被經驗到，也被經驗為一個外在客體。當這個觀察著的自我（observing ego）理解到這個東西，這個在外面的那邊的身體，附屬於自體，當這兩者都在自體—客體的界限之內時，它可以重新整合這兩個自體形像。

有靈魂出竅經驗的人仍有現實感，這是因為他們的自體—客

體界限並未受損。然而，這些界限是不符常規的，它不包含被覺知到的身體自體，此身體—自體一般被體驗為位在自體—客體界限之內的。這些個案都不是精神病，但他們有一種與局外觀察者完全相反的信念，因為他們將自體形像——他們所覺知到的身體形像——歸因於外在的客體世界

　　有靈魂出竅經驗的人，通常會有牢固的自體—客體界限，並且夠有安全感，可以暫時更動界限而不會失去它們。這種經由各條路線對自體進行分化與再整合，是一個健康、而非生病的徵兆。嘉寶和湯羅發現他們的個案，平均來說，比起那些隨機取樣的人要來得健康些。

文化中的現實

　　莫德爾（Modell 1968）在他的書《客體的愛與現實》（*Object Love and Reality*）裡，描述社會如何順著和兒童發展平行的次序，一步步建立起現實的概念。他一開始觀察到「『現實』的概念以及『環境』的概念並非『生而得之』，反而它們本身就是可觀的文化成就之結果。」（p. 10）

　　在精靈崇拜的文化裡，生活的品質被誘於無生命的客體。瀑布、樹木和石頭都有精靈。它們有主觀的情緒與願望，它們可以引發行動。由客體關係觀點看來，這種想法源自於信仰者自體—他體的界限模糊，從而在無生命的客體裡感受到自己的情緒。

　　在精靈崇拜的社會裡，客體間的界限是模糊的。在這些文化的魔法實際操作裡，所操縱的符號並不代表客體；相反地，它們就是該客體。祈雨之舞時，沙散落在地，並非象徵著降雨。它會 293

造成傾盆大雨，因為一件事的行動，被視為就如同另一件事情的行動一樣。它們被認為宛如同一回事。

這種奇幻而精靈崇拜的想法和兒童很像。莫德爾（Modell 1968）引述皮亞傑的研究，詳細描述為什麼兒童「區分自體和客體、區分內在和外在，以及覺知空間中不同客體的能力，是透過一種嚴格規定的先天預定表往前推進的」（p. 9）。就是這個發展使得奇幻的世界可以變回日常生活的現實裡。

過渡性客體關係（Winnicott 1953）是這個發展過程的一部分。莫德爾說過渡性客體，像是一條毛毯或一隻泰迪熊，「並不是自體的一部分——而是環境裡的『某種東西』。然而它卻被賦予主體在內射和投射的擺盪之間所創造出來的某些特質。」（p. 37）兒童會投射他滿足需求的客體之內在形像到他的毛毯上，然後用它把自己包起來，再將它內射。過渡性客體既不是自體也不是客體，但也兩者都是。

莫德爾發現兒童對過渡性客體的運用，與舊石器時代的人運用藝術相類似。在洞穴繪畫中，這些原始人類像是要創造一個滿足需求的客體——他們打獵所渴望的獵物。經由繪畫的過程，他們將自己的內在形像投射到牆上，而後與這些繪畫互動，有時甚至對著它們丟矛，彷彿圖畫就是客體本身。再者，這個過渡性的關聯掩蓋了逐漸增強的分離感。這光是思考或幻覺是辦不到的，必須要操弄一些東西才行。在分離感增強的過程中，全能感逐漸減弱。如果我們不是客體，我們便不能自如地控制它。於是現實感上場了。

莫德爾和其他人都指出，現實感是區分內在世界與外在環境的能力。在西方文化裡，希臘首先接受主體和客體的區分。莫德

爾指出這個區別是所有科學思想的基礎。西蒙（Simon 1978）在他的研究《古希臘的理性與瘋癲》（*Mind and Madness in Ancient Greece*）裡，也有類似的觀察。「科學的客觀性」（scientific objectivity）這個詞不只是一種巧合的說法。它意味著人們能夠充分地認清自己，因而能夠將自己與客體或事件分開，藉以使自己能夠在情緒和驅力之外看事物。當我們客觀的時候，我們把東西看成外在客體，而非自體。

294

　　莫德爾還說明了，自從自體和客體之間得到區分之後，西方世界就面臨了區分想像與知覺的課題。這和兒童思考發展的過程是一樣的。過去，有無數的哲學家在思索，我們要如何在桌子這種可覺知到的客體之間，將獨角獸之類的想像客體做分類。從客體關係理論的角度來看，這就是內在和外在客體的區分。我們要如何區分各種不同的有形客體，像是所有人類，以及抽象客體，像是溫度，或一些更抽象的客體，像是美麗或純粹？這些都是在主體─客體區分的概念被接受之後，在古典哲學裡浮現出來的疑問。

相對論與現實

　　我們從莫德爾的觀點可以揣測個人以及文化的現實感發展。青少年階段的相對概念需要抽象思考的能力，在這個能力建立之前，兒童必須要得到一種相當固定的具體現實感（Piaget 1969）。文化上，將質量和動能分為兩個不同主體的牛頓學說，必須要先建立起來，愛因斯坦才能在他的學說中闡明質量和能量是可以根據某些特定的原則而互換的。

　　不是所有的人都能欣賞相對論，不論是從物理學或心理學的觀點來說都一樣。擁抱新的相對論使得我們的文化被丟入一種窘態之中。許多人屈服於忽視所有知識和價值的誘惑，用一種反智且善惡不分的態度說：「無論如何，什麼都不重要，反正一切都是相對的。」表面上是擁護相對論極端而雜亂無章的概念，但骨子裡緊抓著確定性不放，好像唯一確定的是一切都是不確定似的。即使是有心要接受知識的不完整，同時也不會全然忽視它的成熟科學家，仍無法放棄追求確定。克拉克（Clark 1971）在他評論愛因斯坦的書上這麼說：「我們將知道得比現在更多一些，但事物真正的本質，本我將永遠無法知曉，永遠無法。」（p. 504）這個說法雖然對我們的限制表現出一種成熟且充分整合的接受態度，但仍然假設我們不可能得到確定的答案。這個措辭呈現出一種具體的「事物的本質」，雖然它宣稱我們不可能了解那本質。

295

　　或許是我們尋求客體的本質使然，以至於我們不可能想像一個沒有具體外在客體的世界，即使我們不可能真正理解它們。我們可以從各種不同的角度來考慮各種現象，並且告訴自己世界在變遷當中，所以我們「永遠無法踏進同一條河中兩次」。但如果沒有某些外在的東西，我們仍然無法維持一個穩定的世界觀。我們需要一些和我們有關的事物來定義我們自己，就好像我們心理成長的過程，不能沒有與之相關且由之分化的母親或母親角色存在。即使是最抽象的哲學，都假設在我們自己之外存在著某些東西。主張個體性是一種幻覺，而人類的目標是回歸整體的信念系統，為了討論這些議題，不得不形成一個和客體相關的自體概念，然後藉著稱之為幻覺或如唯我論般對自體做愈來愈廣的定義，而試圖將這個區分「排除」。為了呈現他們的主張，這些哲

學體系必須訴諸它們認為並不存在的內在—外在區分。

　　延緩分化的感受以及從變動的觀點考慮自己，這種能力是有用且具有啟發性的。然而，我們在心理上和生物上的本質，如嬰孩發展自父母，限制了我們的概念。心理學上的相對論，如同物理學上的相對論一樣，受限於某些原則。我們必須不時從自體、客體，以及既非自體也非客體的第三元素的角度來想事情。

回歸具體

　　不論我們如何詭辯，仰賴傳統現實感的能力仍是日常生活中所不可或缺的。曾有一位先前處在精神病狀態的個案以自體、客體以及物理世界的角度做了以下的說明。

　　　　TH相信自己已經住在外太空好幾年了。他說，他待在「第四度空間」裡，因為他小時候被嚴重虐待和忽略的經驗，使得他沒有其他選擇。他現在正在康復中。

　　　　喝著咖啡，他的大學同學向他提出自我中心主義的質疑：「是因為你如此想，事情才會像這樣。那是幻覺。」然後，他把這個唯我論和基督教信仰結合在一起，說：「所以如果你有足夠的信仰，你可以做任何事。」

　　　　隔天，TH把這段對話告訴他的治療師。「你知道我怎麼告訴他嗎？我無法證明我們不是幻覺，但想我們是什麼並不實用。如果我們站在離彼此一百五十公分遠的地方，閉上眼睛盡可能地想像：『你是一個幻覺，你是一個幻覺』；然後，如果我們跑向對方，會發生什麼事情？」

296

　　他輕輕地笑著，對自己相當滿意地說：「我們會撞到對方
　　的鼻子，不是嗎？」

　　正如這個個案生動地指出的，不論想像力具有多麼強大的力
量，為了要在最基本的程度上產生功能，我們必須保持這樣的能
力，將自己看成和客體不同，且擁有自體和客體都無法控制的具
體生理功能。

　　本章中，我從客體關係理論的角度討論了現實感的幾個問
題。日常生活事件的經驗，需要一種能將自體與客體做區分，同
時維持與客體的關係的能力。再者，要維持一個穩定的經驗世
界，必須要有一個第三元素，既不受自體控制，也不受客體控
制。我們的客體關聯本質決定並限制了我們經驗的變異性。因為
我們在心理上從一個融合共生的整體中分化出來，發展出和客體
相對的自體，而這兩者都和某種既非自體、也非原始愛的客體的
東西做對照，我們必須繼續思考這樣的對照。要不然就是回到精
神病在心理上融合而自體─他體界限不清的狀態。

【第十九章】客體關係理論的發展

　　和其他的人一樣，精神分析師們也會發展出忠誠，同時也會　297
受到團體動力之變化莫測的影響。客體關係的研究顯示成年人仍
會繼續對生命中重要的人進行內化、認同和爭鬥。這些私人關係
會影響科學的觀點，一如它們會影響其他的人類交際領域。

　　本章由一些客體關係理論發展過程的半歷史性知識所組成。
這些概念來自於學術上關於精神分析發展的討論、廣為人知的幾
個思想家之生平描述，以及精神病學上幾個運動的歷史──但主
要來自於與學者的非正式討論，這之中除少數例外，大部分是無
法檢證的。

西格蒙特・佛洛伊德

　　佛洛伊德（Freud 1905a）把驅力、目標、客體這些概念帶進
精神分析。他早期作品的魅力，主要來自於他對無意識中新發現
的性和攻擊驅力的探索。最後，他的興趣超越了愛與恨的力量，　298
而轉移到人類心靈系統化的過程。後來他的注意力集中在原我、
自我和超我的理論上（Freud 1923）。許多他的追隨者，我們一
般稱他們為正統或古典的分析師，以及後來的自我心理學者，也
把重點從驅力（愛與恨）移到結構理論（原我、自我、超我）
上。他們不強調佛洛伊德的客體關係理論，以及他在〈圖騰與禁
忌〉（Freud 1913a）和〈文明及其不滿〉（Civilization and Its

Discontent, Freud 1930）中關於複雜的人類關係之思辨。

佛洛伊德在他的三篇論文〈哀悼與憂鬱〉（Mourning and Melancholia 1917）、〈群體心理學與自我的分析〉（Group Psychology and the Analysis of the Ego 1921）、〈壓抑、症狀與焦慮〉（Inhibition, Symptoms, and Anxiety 1926）裡，埋下了客體關係理論的基礎。在這些文章中，佛洛伊德探討人如何內化和認同周遭的人。〈哀悼與憂鬱〉描述人如何納入並認同他們所愛的人，特別是那些已經失去或即將失去的人。〈群體心理學與自我的分析〉描述人們如何把他們自體的某些面向投射到領導者身上，然後再對這個領導者的這些面向進行認同。這個對團體功能的分析影響了克萊恩（Klein 1946）最終對投射認同的描述。在〈壓抑、症狀與焦慮〉裡，佛洛伊德幾乎就要發現到，對母親的依附以及對失去她的害怕，對人類行為的重要性超過了性和攻擊的驅力。

梅蘭妮‧克萊恩和安娜‧佛洛伊德的爭辯

在佛洛伊德一生中，重要的精神分析師如榮格和阿德勒都和他有歧見。他死後，精神分析領域最劇烈的爭論，集中在兩個女人——安娜‧佛洛伊德和梅蘭妮‧克萊恩之間的競爭。這兩個女人分別代表自我心理學和客體關係理論。競爭相當激烈。

梅蘭妮‧克萊恩生於維也納。在她不愉快的婚姻中，接受桑多‧費倫齊（Sandor Ferenzi）的分析（Grosskurth 1986）。他鼓勵克萊恩研究精神分析，尤其是應用精神分析技術來治療小孩。之後，她遷居柏林，卡爾‧亞伯拉罕（Karl Abraham）成了她的

指導老師、她的保護者以及分析師（King 1983）。1926年，她定
居倫敦，很快就成為英國精神分析學會（British Psycho-Analytical　299
Society）裡的重要成員。

　　早在1920年代末期，在理解和治療兒童的概念上，克萊恩和
安娜‧佛洛伊德的競爭就已經開始了。論戰遠距離地開打，各種
批評的論文在國際研討會上發表。這時佛洛伊德還在維也納，而
克萊恩在倫敦。

　　在英國精神分析學會裡，事情也不是那麼順利。在1930年
代，克萊恩的女兒，梅莉塔‧施密特伯格（Mellita Schmideberg）
加入針對她媽媽的批評者行列，並且「她逐漸變成她媽媽的主要
敵手，挑戰她的觀念，並且在學術研討會上攻擊她」（King 1983,
p. 253）。1939年希特勒入侵奧地利的時候，瑪麗‧波拿巴特
（Marie Bonaparte）公主協助安娜‧佛洛伊德、她爸爸以及其他
三十六個分析師到倫敦去避難。如此一來，更大的社會力量將這
兩個死對頭湊在同一個學會裡。

　　安娜‧佛洛伊德是她知名父親的么女，她從未結婚。她父親
曾經分析過她；她靠著自己成為精神分析師，拓展了她父親的工
作，並將他的技術應用在兒童的分析上。移居倫敦之後，她逐漸
在英國精神分析學會裡取得重要地位，與梅蘭妮‧克萊恩並立。

　　在戰爭的年月裡，這兩個女人的夥伴之間的討論變得「惡
毒」，且「……學術會議的氣氛變得愈來愈不愉快……」（King
1983, p. 254）。表面上爭論的焦點是恨和攻擊在早年發展中的角
色、先天的因素對心靈生活的影響、嬰兒性衝突的時序以及詮釋
兒童移情的技術。蘇珊‧艾薩克斯（Susan Isaacs）、瓊安‧黎偉
業（Joan Riviere）和約翰‧李克曼（John Rickman）比較喜歡克

萊恩的想法。愛德華·葛羅夫（Edward Glover）、瑪喬麗·布雷利（Marjorie Brierley）、芭芭拉·羅（Barbara Low）以及其他人傾向支持安娜·佛洛伊德。艾拉·夏普（Ella Sharpe）和溫尼考特（D. W. Winnicott）也因為受到克萊恩的影響而被批評，但不能說他們是克萊恩派的。

一個在英國受訓的美國精神分析師最近提到這場爭論。「這兩個女人無法待在同一間屋子裡。如果安娜·佛洛伊德走進會場而梅蘭妮·克萊恩正在說話，她會轉頭走開。她們彼此憎恨著對方。」

許多會員都對這樣的爭論備感壓力。著名的會員愛德華·葛羅夫因為這些以及其他的問題，辭去了學會的席位。

300　　1945年，在史崔齊（James Strachey）的領導下，學會的會員們開始將精神分析看待成是一門臨床的學科，提供爭論和成長的機會。歧異實在已經極化到需要一個嚴格的結構來抑制這樣的紛爭。新的理事長希薇亞·佩恩（Sylvia Payne）成功地促使學會建立了兩個平行的訓練模式。模式A有來自於所有單位的老師，梅蘭妮·克萊恩的想法在此得到充分的表述。模式B則教導安娜·佛洛伊德風格的技術。學生們可以在自己的單位裡有自己的第一個督導，但必須在一個中立的單位裡選第二個督導。而這兩個單位都還是在同一個訓練委員會的支援之下，這個委員會在「女士的協議之下」，包含了來自兩個陣營的成員（King 1983, p. 256）。

安娜·佛洛伊德和梅蘭妮·克萊恩想成為兒童分析之母的個人願望，在這場爭論裡有著多少份量？而實質的科學問題又有多少份量？倫敦每天不停的轟炸是否也加重了這個博學的學會裡的不安？西格蒙特·佛洛伊德的生病與死亡在這場鬥爭中扮演什麼

角色？其他的爭論議題諸如對瓊斯（Ernst Jones）和葛羅夫領導的批評，有多少被轉移到安娜‧佛洛伊德和梅蘭妮‧克萊恩之間的競爭上？這場爭論是否是精神分析不確定的年代裡一個爭鬥與逃逸的基本假設？以上以及其他的因素都可能影響這場爭論。

梅蘭妮‧克萊恩和安娜‧佛洛伊德的爭論並沒有因為英國精神分析學會裡的休戰而停止。自我心理學和客體關係理論並沒有達成一個新的、或至少部分的再整合，直到南美客體關係理論學者在1960年代湧入美國。這場遷移部分肇因於南美洲法西斯主義的軍事統治者對言論的壓制。

費爾貝恩、畢昂和溫尼考特

在蘇格蘭，費爾貝恩（Fairbairn 1954）建立了一套客體關係理論，補充了梅蘭妮‧克萊恩的概念。他在相對來說較為隔離的愛丁堡工作。他的概念因為接受他分析的學生哈利‧岡崔普（Harry Guntrip 1969）的著作而被廣為流傳，岡崔普後來也接受溫尼考特的分析。他後來就這兩段分析出版了一本紀錄。

費爾貝恩從佛洛伊德早年所強調的驅力，轉而逐漸去注意客體找尋與對他人有意義的依戀的重要性。他建立了一個新的概念：分割自我（divided ego），包括原欲自我（libidinal ego）、反原欲自我（antilibidinal ego），和中心自我（central ego）。對他而言，自我這個字包含了許多學者現在稱之為自體的元素。從分割自我的想法，導出了好與壞的客體關係單元的概念（Rinsley 1982）。 301

同一個時期，威爾佛雷德‧畢昂（Wilfred Bion）也建立了

他自己的一套客體關係理論。他在二次大戰期間，用自己的精神分析基礎建立了一套藉以重新找回士氣的團體功能（Grotstein 1981a）。戰後，他繼續他的精神分析訓練，這時梅蘭妮‧克萊恩是他的分析師。他從強調團體轉移到個人，運用投射認同的概念來闡明涵容者及被涵容者的隱喻（Bion 1963）。他最有創造力的那些年待在塔維斯托克診所和倫敦的精神分析學會裡，然後遷居洛杉磯。一些分析師提到，幾年後，這個精神分析機構走過了一段類似於英國學會裡爭論的路。這時，畢昂的概念在爭論中或許佔有某種地位。

溫尼考特不像費爾貝恩或畢昂那樣，他不熱衷於理論的修訂。這個精神分析師兼小兒科醫師以他對母子關係的敏銳調和能力，建立了幾個概念：夠好的母親（good enough mothering）、抱持性環境以及過渡性客體。這些概念和克萊恩以及安娜‧佛洛伊德的想法都吻合，也同時獲得美國自體心理學者和英國的客體關係理論學者的接受。

溫尼考特混合了神祕主義和小兒科臨床的一般知識的風格，抓住了無數讀者的想像力。他的作品最後成為自我心理學和客體關係理論之間的一道橋樑，並大大地幫助了托品（Tolpin 1971）在說明統合的自體如何形成時，將自我心理學、客體關係理論以及自體心理學的概念整合起來。

北美的自我心理學

這些理論在英國發展的同時，美國的精神分析也在蓬勃發展。安娜‧佛洛伊德的著作被廣為接受。如同她在《自我及其防

衛機制》（*The Ego and Its Mechanisms of Defense*, A. Freud 1936）中
提到的，海因茲・哈特曼（Heinz Hartmann）、恩斯特・克里斯
（Ernst Kris）、魯道夫・羅溫斯坦（Rudolf Loewenstein）和大
衛・拉帕波（David Rapaport）合力創造了一個複雜的自我心理
學，拓展了安娜・佛洛伊德的研究。較為嚴厲的自我心理學者現
在是美國的固有護衛者。在1950年代，他們曾經是開啟新局的革 302
命分子，從詮釋無意識的亂倫衝動，轉移到去探索自我如何形成
——這裡的自我同時指自體和整合者。他們設計了一些技術來促
進自我發展，並提倡將精神分析運用在兒童、青少年以及某種程
度的精神病患上。他們的重點從之前強調中立的嚴格觀察技術，
轉而愈來愈留心治療師和個案之間的關係。

　　哈特曼（1950）讓這個領域更進一步，他把自我區分成作為
自體的自我，以及作為組織者和組織的自我。哈特曼（1939）和
拉帕波（1967）建構了一個內在世界的藍圖。伊迪斯・雅可布森
（1964）勾劃出內射及認同所愛客體的過程。艾瑞克・艾瑞克森
（Eric Erikson 1950）則將注意力集中在孩提以至整個人生中，認
同感或人格的發展。

　　馬勒和她的同僚（Mahler et al. 1975）在紐約進行了一個有關
發展過程的劃時代研究，使得哈特曼、雅可布森以及其他的學者
們紛紛試圖了解她的這個直接觀察。此外，她相當倚重溫尼考特
的作品。做為一個忠誠的自我心理學者，她沒有強調自己的結論
和克萊恩有關兒童發展的想法有多麼接近。但除了克萊恩的發展
階段濃縮在生命早期的幾個月內，以及克萊恩沒有發現自閉階段
之外，她們之間的相似度實在相當驚人。馬勒輕忽了她的觀察和
克萊恩的相似性，反而強調自己和皮亞傑（Piaget 1937）與史畢茲

（Spitz 1965）的類同。

精神醫學裡的人際學派

自我心理學在美國發展起來的同時，哈利‧史塔克‧蘇利文（Harry Stack Sullivan）和弗莉達‧佛洛姆—萊希曼（Frieda Fromm-Reichmann）也愈來愈有影響力。蘇利文（Sullivan 1953）創造了人際領域（interpersonal field）的概念，這個詞來自物理學。他了解到除非介入主體的人際領域，否則沒有人可以觀察或改變人類的行為。這個概念把許多心理治療師從嚴格的治療中立裡解救出來，中立只是一個假設性的結構，而實際上並不可行。尤其是治療精神病的個案，所有對中立的錯覺期待都逐漸消散。個案和治療師都是人際領域裡移動的主體。

佛洛姆—萊希曼受到蘇利文對精神分裂症個案治療深遠的影響。她搬入馬里蘭州（Maryland）栗樹園醫院（Chestnut Lodge Hospital）為她建造的一間雙臥白色小屋裡。從醫院走到她家中辦公室的個案，都體驗到她的溫暖、活力和關心。她在私人以及工作上對嚴重病患的了解，影響了無數認識她以及更多她最重要作品《密集心理治療的原則》（*Principles of Intensive Psychotherapy*, 1950）的讀者。此外，一名個案描寫了她在佛洛姆—萊希曼的協助之下戰勝了精神病，《未曾許諾的玫瑰園》（*I Never Promised You a Rose Garden*），也具有同等的影響力（Green 1964）。

自我心理學和精神病學的人際學派在美國同時並存。這兩個具有影響力的學派為最後客體關係理論的引進，提供了一片成熟的土壤。

303

南美的客體關係理論

1950和1960年代，南美洲開始一場文化復興，直到1960年代末期、1970年代早期才為北美所注意。在這段時期，豪爾赫・路易斯・波赫士（Jorge Luis Borges）、保羅・聶魯達（Pablo Neruda）和加布列・賈西亞・馬奎斯（Gabriel García Marquez），與一大群傑出的作家、藝術家和作曲家受到全球的注目。此外，一個有建設性的新精神分析學派也蓬勃發展了起來。

阿根廷的安琪拉・嘉瑪（Angel Garma）過去曾經被克萊恩分析，並將她的概念帶入拉丁美洲（Morales 1985）。研究反移情的拉克（Racker 1957），對投射認同的了解有重要貢獻的葛林伯格（Grinberg 1965），最後變成美國著名家族治療師的薩爾瓦多・米紐慶（Salvador Minuchin 1974），全都出身於阿根廷分析學會。在智利，馬蒂—布朗柯（Matte-Blanco 1981）將畢昂的概念以及數學邏輯的原則結合起來。智利也是奧圖・克恩伯格（Otto Kernberg）以及他的第二個分析師拉蒙・岡薩蘭的根基之處。在中南美的各個國家裡，還有許多較不為人知但具有相當影響力的精神分析師，對客體關係有興趣。

不像北美的對手那樣，南美的許多分析師公開地將他們的學說和自由主義政治思想結合在一起。思想和言論自由是精神分析技術與發現的基石，而其所受到的壓抑造成了許多精神分析師移民到美國去。有些分析師發現自己有生命危險，而從未再回到故鄉。

304

克恩伯格

奧圖・克恩伯格從智利搬到堪薩斯州的托沛卡（Topeka），
他在那兒加入了梅寧哲基金會的陣容。他開始將美國的自我心理
學和英國學派的客體關係理論結合。他信任雅可布森對兒童如何
將經驗內化、分化與整合的理解（Jacobson 1964）。他將這些
洞見和克萊恩分裂與投射認同的概念結合成一種對邊緣性人格的
嶄新理解方式（Kernberg 1975）。後來，他對發展的各個階段
的預測，與另一位自我心理學者馬勒的看法完全一致。只是克恩
伯格和克萊恩一樣，都把發展的階段濃縮到生命的頭一年裡去。
當馬勒的資料完全建立起來之後，克恩伯格尊重事實證據的資
料甚於自己的理論，而將他的時間表更動，以符合馬勒的發現
（Kernberg 1980）。

克恩伯格非常小心地回顧每個階段的自我心理學者對他工作
的影響，特別是哈特曼和雅可布森。他也寫了一篇文章表明自己
和克萊恩理念上的許多不同處（Kernberg 1969）。如同其他的自
我心理學者，他排斥幾個克萊恩的概念：（1）先天死亡本能的概
念；（2）天生的性交觀念；（3）過度強調天賦而忽略環境對發
展的影響；（4）將心理發展濃縮至最早的幾個月（5）沒有去區
分正常以及病態的發展；（6）不精確且奇怪的用語。

克恩伯格承認他大致上同意克萊恩的幾個觀點：（1）強調早
年的客體關係在正常及不正常發展中的地位；（2）分裂及投射認
同的概念；（3）強調攻擊在早期發展中的重要性；（4）發現認
同及價值的早期前兆；（5）發現前生殖期（pregenital）及早期生
殖期衝突間的連續性。

在技術方面，他加入了一些克萊恩很好的貢獻，比如，將分析應用在兒童身上、分裂及投射認同的詮釋、理解嫉羨（envy）所導致的負向治療反應。

克恩伯格把一篇論文的題目訂為〈論自我心理學對於克萊恩學派的批評之貢獻〉（A Contribution to the Ego-Psychological Critique of the Kleinian School, 1969）而與自我心理學者聯盟。這篇評論使得他得以重新介紹許多克萊恩有用的概念，而又不會因此而和其他同僚疏遠。克恩伯格（Kernberg 1980）也引用畢昂的意見及一般的系統理論，而發展出一個關於精神科行政的理論。這篇文章指出，領導者的人格影響組織的行事風格，以及組織中的退化壓力如何影響了領導者，將客體關係理論帶入與更大、更現代的科學思想並行的位置。

顯然克恩伯格的目的，在於繼續努力讓純粹觀察精神分析情境下內心現象的精神分析，轉而包含人際的研究。他融合顯著不同觀點的能力是他最特殊的貢獻。這至少促成了英國—拉丁美洲學派的客體關係理論與英國—北美學派的自我心理學部分的復合。[1]

其他的整合

克恩伯格不是近年來唯一致力於整合工作的精神分析師。哈羅德·希爾斯（Harold Searles）因為坦率直言自己在治療栗樹園

---

[1] 米爾頓·克萊恩和崔畢屈（Milton Klein and Tribich 1981）清楚地宣稱克恩伯格統合的努力歸於失敗。他們堅稱：「克恩伯格認為自己的重新表述，與客體關係理論及佛洛伊德理論都互相吻合，這樣的論點是錯誤的。」（p. 27）但我不像克萊恩和崔畢屈，我相信克恩伯格整合佛洛伊德的想法、自我心理學以及客體關係理論的努力大體上是成功的。

醫院精神分裂症患者的工作中出現的反移情而頗有聲名。做為一個多方位的思想家及以臨床醫師，他從自我心理學者及客體關係學派（Searles 1961）、特別是從畢昂和羅森菲爾德的觀點汲取其所需（Searles 1963, Kernberg 1969）。

　　在其他的整合努力中，林斯利（1982）討論了費登和費爾貝恩的貢獻。阿德勒（Adler 1985）結合自我心理學和寇哈特的自體心理學。葛洛斯坦（Grotstein 1987）將自我心理學、畢昂的客體關係理論、寇哈特的自戀研究，和大腦功能結合在一起。在栗樹園的麥格拉聖（McGlashan 1982）用神經生理學、精神病學的人際學派和客體關係理論的發現來研究精神分裂症的假性憂鬱。岡德森（1982）應用實驗型的研究來定義邊緣性疾患的精神分析式診斷準則。

　　在好鬥的論述和沒有建設性、沒有理論依據的折衷主義之間，包括以上這些的許多整合努力，形成了部分建設性的力量。一個綜合心理學和精神科學的學派在逐漸擴張。

克恩伯格與寇哈特的論辯

　　這些新的綜合並沒有辦法阻止概念上的辨證。分化和整合心理學理論的努力仍然持續著。

　　克恩伯格的理念一經發表，就和寇哈特出現衝突。精神科從業人員將這些理念拿來比較和對照。克恩伯格和寇哈特都積極地批評對方的作品。

　　寇哈特在芝加哥研究自戀性人格疾患的同時，克恩伯格先在托沛卡、後在紐約研究邊緣性人格疾患。寇哈特發現沉浸在自我

擴張想法中的個案，其實受苦於自我耗竭的感覺中。他們不斷誇張地宣稱自己的重要性，試圖以此修正這些感覺。在分析中，他們通常需要把分析者看成光芒萬丈的人物。他把這樣的傾向稱為理想化移情（idealizing transference, Kohut 1971）。他同時發現這樣的個案需要長時期地維持這樣的理想化移情。在他的眼中，分析師不可以用面質敵意來干涉個案對分析者的欽佩，而應該同理個案對特殊關係的需要。

不像寇哈特，克恩伯格（Kernberg 1975）認為對分析師的理想化是深層嫉羨和貶抑的一種薄弱偽裝。他強調要系統性地面質負向移情。如果治療師接受這種理想化，只會堅定個案認為治療師敗壞不可靠的信念。

在治療師非正式的討論中，同理與面質的爭議愈來愈極化。例如，一小群來自托沛卡的精神科醫師參加了在芝加哥舉辦的研討會。會後，他們與芝加哥的兩個精神科醫師和一個臨床心理師一起吃晚餐。交談在一個大圓桌上熱絡了起來。治療師們互相談論花幾個月對自戀性個案同理，而後病情好轉或惡化的例子。他們也談到成功與不成功的面質。那些喜歡面質的人，易於被認為他們感受到的個案憤怒是他們自己製造的，只因為他們自己對立的人格特質。而那些喜歡長期同理的人，則被懷疑是拙於處理自己的攻擊性，所以才要否認個案的攻擊性。[2]這些爭論與在紐約華爾道夫飯店（Waldorf-Astoria Hotel）所舉行的美國精神分析學會（American Psychoanalytic Association）冬季會議裡的其他對話極為相似。現在以及不遠的將來，這樣的情形看來很難有機會解

307

2　阿德勒（Adler 1986）曾討論過在克恩伯格和寇哈特的爭辯中，理論、技術以及治療師的個性之間的互動。

決。這場爭辯顯然需要有更多的臨床觀察以及兒童發展的研究，才能有所突破。

這場辯論不只包括人格、地域和忠誠的問題。在技術的爭論下蘊含著重大的理論差異。寇哈特（Kohut 1971）否認攻擊在早年發展中扮演重要角色。他認為兒童需要的主要是同理的雙親回應。經過轉變內化[3]（transmuting internalization）的過程，他們以健康自尊及自我安慰能力的形式，將這種同理當成是自己的一部分，而這兩者皆使得自體的凝聚感得以建立。他宣稱各種自戀障礙來自雙親同理的失敗；它們組成一種情緒缺乏的疾患。根據這樣的陳述，時常出現在自戀個體身上的貶抑和憤怒，根源於雙親以及之後治療師的同理失敗。

克恩伯格（Kernberg 1975）強調兒童本身未經修飾的攻擊在自戀障礙的發展中佔有重要的地位。先天或環境所帶來的攻擊過剩，會導致其無法內化和整合良性的客體關係。敵意被投射到雙親身上，所以他們被經驗為比實際上更不關心、不給予。因為這樣的投射，兒童無法將任何好的客體內化。感到內在缺乏好的客體，於是自戀個體嫉妒那些他們認為比他們更有資源的人，並且貶抑他們。他們的理想化是一種防衛，試圖隱藏或緩和這種破壞性的貶抑。在理想化破裂時，他們潛藏的憤怒和嫉妒就會暴露出來。自大則是對抗自體損耗感的一種類似防衛。

這場針對自戀性疾患的可能病因的爭論，和幾世紀來關於攻擊本質的爭論有關。人類生而有愛？敵意是否純粹只是想要滿足合法需求時，一種不斷增加的強力企圖？惡行是為了盡力保護所

3　寇哈特的思想屬於客體關係理論，因為他強調，關係的某些面向在自體建立的過程中被內化。

愛？人類以戰爭或核子毀滅威脅所展現的破壞力，是否是攻擊驅力的證據？或者甚至是一種自發的死亡本能？或許人類的不完美本性、原罪、工業化的社會或經濟失調所導致的恨與戰爭，來自於資本主義的社會結構或極權政治的壓抑。無疑地，這些關於人類動機的根本疑問，使得人類發展過程中攻擊所扮演的角色受到如此的爭論。這個領域如果要有所進步，還需要更進一步的整合努力。

家族治療與客體關係理論

　　另一部分的爭論以及初期的整合，在於家族治療和客體關係理論的復合（Slipp 1984）。這兩個領域的研究都鬆散地與一般系統理論（Minuchin 1974, Kernberg 1980, Minuchin and Fishman 1981）結盟。他們涉及內在—外在的各種界限，以及穿越這些界限間供給的傳輸。如同第333頁所述，分裂與界限模糊的現象也可能出現在家庭中，一如其出現在個人身上。

　　有關家族理論和精神分析式客體關係在人類問題的探討方面，到目前為止，幾乎還沒有人想要系統性地去討論它們之間的相互關係。但我們仍然可以有幾種預測。從客體關係的角度來說，家族治療試圖透過外在客體世界界限的改變而減緩個案的症狀。家庭裡負責提供功能的人被釐清並調換。誰從誰那兒得到什麼資訊被探究和澄清。資訊的交換，也就是溝通，是一種界限現象，在其中，想法、幻想以及情緒從一個人傳向另一人。探索並改變界限所造成家族系統的外在改變，或許透過投射和內射的過程，衝擊每個家庭成員的內在客體關係。而個別治療透過討論及

改變移情以及與治療師間的私人關係，改變了內在的客體關係。
309 家族治療藉著討論及改變家庭結構，改變內在的關係。

這兩個領域的研究都重視一般系統理論，而且在技術和理論上有重疊之處。目前客體關係理論和家族治療間只有初步的整合。這是未來的任務。

幾個因素加上一些重要的科學議題阻撓了這個部分的進步。如同所有的團體，專業組織必須使自己和其他團體有所區別。經濟上對於個案的競爭，以及努力要在社會上求得名聲，都使得爭論源源不絕，難於應付。這些因素加上科學上和臨床上的議題，似乎仍會繼續干擾，使得從人際與內心去了解人類的這兩條路線，難以建立友好。

催眠和客體關係理論

催眠和客體關係理論是另一個整合時機成熟的領域。

精神分析最早是從催眠技術中發展出來的。夏考（Charcot）和惹內（Janet）有關催眠和暗示的概念影響著佛洛伊德的早期研究（Jones 1953, Ellenberger 1970）。佛洛伊德從催眠轉而發現自由聯想的方法（Breuer and Freud 1985）。他和其他的精神分析師避免使用催眠，因為他們認為這個技術雖然可以越過阻抗，但卻無法改變它們。

催眠仍未能提出關於內在動力世界具有說服力的論證，而它目前仍在精神分析組織之外被研究著。艾瑞克森（Erickson 1935）展現他如何藉著治療次級隱喻疾患，而治療精神官能症。他催眠一個有官能性衝突的個案，發現一種第二衝突，象徵著第

一個衝突。只要新的疾患出現，就被治療。治療進行中，隱喻和原始疾患的症狀都會消失。或許這些象徵的展現和隱喻式的溝通，可以用內在自體和客體展現以及透過平行對應過程影響它們來理解。

　　目前使用催眠來探討多重人格的興趣，和客體關係理論有著明顯的相似，但仍然沒有被充分探討。這些特殊的個案表現出個別不同、部分整合的數種人格，在意識上彼此並不知道對方的存在。這些稍微獨特的人格或許代表整個人的各種功能。某種人格可能是「行政部門」，類似觀察者自我；另一個可能是「幼稚自體」；另一個是「嚴格執行紀律的人」。每個人格都有對好與壞自體的部分整合以及一些與客體的分化。這個疾患能不能被看成是自體與自體的過度分化，而不是自體與客體的過度分化？是否正如希爾加德（Hilgard 1977）和畢爾斯（Beahrs 1982）所說的，每個人都有幾個部分自體，正在各別擁有不同且分離的經驗？在更複雜的多重人格中，是什麼造成無法整合這個有趣的現象？又是什麼造成相對於邊緣性人格的多重人格？這些以及其他有關催眠治療與客體關係理論的共通問題，到目前為止並沒有受到強烈的注意。

　　貝克（Baker 1981）在催眠界裡公開地使用客體關係理論。他認為了解這個理論，可以幫助催眠治療師使用暗示去引導精神病個案在內在和外在的世界，或是更進一步，在自體覺察和客體覺察之間來去轉換。他說，作為過程的一部分，個案和他建立一個好的共生關係，然後逐漸以分化為目標，一步步地給予暗示。這樣的作法可以協助個案克服自體和客體的崩解或融合，得致一個更為統整的經驗。貝克的研究暗示，可以將催眠治療應用在那些

310

過去認為催眠治療對其無效、或甚至那些會因催眠而惡化的疾患上。他已經開始著手整合催眠理論和客體關係理論的臨床工作。

本章描述了從佛洛伊德至當代思想家和臨床工作者以來，客體關係理論的發展過程。自我心理學和客體關係理論學者間的爭論起於英國，而後延燒至美國。之後南美分析師湧入北美，為客體關係理論和自我心理學帶來了一個新的整合機會。

在這個轉捩點上，新的研究領域與客體關係理論之間比較和整合的時機已經成熟了。未來仍需要用語上的澄清和統一。加入以及復習客體關係理論，將可以強化治療師們的能力，以在自體與他體的主題裡，了解並幫助他們的個案。

直至今日，精神分析仍如1919年佛洛伊德所說：「我們從來不曾對自己知識及能力上的完整性和終極性感到自豪。我們反而311 寧願早點承認自己的理解力不夠完善，同時去學習新的事物，而後盡一切力量來改進我們的方法。」（p. 159）

【附錄一】參考書目

Adams, F. (1929). *Genuine Works of Hippocrates,* vols. 1 and 2. New York: William Wood.

Adler, G. (1977). Hospital management of borderline patients and its relation to psychotherapy. In *Borderline Personality Disorders: The Concept, the Syndrome, the Patient,* ed. P. Hartocollis, pp. 307-323. New York: International Universities Press.

_____ (1984). The treatment of narcissistic and borderline personality disorder. Paper presented at the Oregon Psychiatric Association Meeting, Kah-Nee-Ta, April 1984.

_____ (1985). *Borderline Psychopathology and Its Treatment.* New York: Jason Aronson.

_____ (1986). Psychotherapy of the narcissistic personality disorder patient: two contrasting approaches. *American Journal of Psychiatry* 143:430-436.

American Psychiatric Association (1980). *Diagnostic and Statistical Manual of Mental Disorders,* Third Edition. Washington, D.C.: American Psychiatric Press.

Appelbaum, A. H. (1979). Personal communication.

Baker, E. L. (1981). An hypnotherapeutic approach to enhance object relatedness in psychotic patients. *International Journal of Clinical and Experimental Hypnosis* 29:136-147.

Bateson, G., Jackson, D. D., Haley, J., and Weakland, J. (1956). Toward a theory of schizophrenia. *Behavioral Science* 1:251-264.

Beahrs, J. O. (1982). *Unity and Multiplicity: Multilevel Consciousness of Self in Hypnosis, Psychiatric Disorder, and Mental Health.* New York: Brunner/Mazel.

Bell, S. J. (1970). The development of the concept of object as related to mother-infant attachment. *Child Development* 41:291-311.

Bellak, L. (1979). Schizophrenic syndrome related to minimal brain dysfunction: a possible neurologic subgroup. *Schizophrenia Bulletin* 5:480-489.

Bertalanffy, L. von (1950). An outline of general systems theory. *British Journal for the Philosophy of Science* 1:134-163.

Bettelheim, B. (1977). *The Uses of Enchantment: The Meaning and Importance of Fairy Tales.* New York: Knopf.

Bion, W. R. (1956). Development of schizophrenic thought. In *Second Thoughts: Selected Papers on Psychoanalysis.* New York: Jason Aronson, 1967.

_____ (1957). Differentiation of the psychotic from the non-psychotic personalities. *International Journal of Psycho-Analysis* 38:266-275.

_____ (1959). Attacks on linking. *International Journal of Psycho-Analysis* 40:308-315.

_____ (1961). *Experiences in Groups.* London: Tavistock.

_____ (1962). *Learning from Experience.* London: Heinemann.

Blanck, G., and Blanck, R. (1974). *Ego Psychology: Theory and Practice.* New York: Columbia University Press.

_____ (1979). *Ego Psychology II: Psychoanalytic Developmental Psychology.* New York: Columbia University Press.

Boesky, D. (1983). The problem of mental representation in self and object theory. *Psychoanalytic Quarterly* 52:564-583.

Boverman, H. (1983). Personal communication.

Bowen, M. (1960). A family concept of schizophrenia. In *The Etiology of Schizophrenia,* ed. D. D. Jackson, pp. 346-372. New York: Basic Books.

Bower, T. G. R. (1965). The determinants of perceptual unity in infancy. *Psychonomic Science* 3:323-324.

Bowlby, J. (1969). *Attachment and Loss,* vol. 1: *Attachment.* New York: Basic Books.

_____ (1973). *Attachment and Loss,* vol. 2: *Separation: Anxiety and Anger.* New York: Basic Books.

Brazelton, T. B. (1969). *Infants and Mothers: Differences in Development.* New York: Delacorte.

_____ (1975). Early infant-mother reciprocity. *Ciba Symposium.*

Brende, J. O. (1983). A psychodynamic view of character pathology in Vietnam combat veterans. *Bulletin of the Menninger Clinic* 47:193-216.

Brenner, C. (1973). *An Elementary Textbook of Psychoanalysis,* Revised Edition. New York: International Universities Press.

Breuer, J., and Freud, S. (1895). Studies on hysteria. *Standard Edition* 2:1-335.

Brody, S., and Axelrad, S. (1970). *Anxiety and Ego Formation in Infancy.* New York: International Universities Press.

Brown, G. W., Monck, E. M., Carstairs, G. M., and Wing, J. K. (1962). Influence of family life on the course of schizophrenic illness. *British Journal of Preventive and Social Medicine* 16:55-68.

Bruhl, O. (1959). Japanese mythology. In *New Larousse Encyclopedia of Mythology*, trans. R. Aldington and D. Ames, pp. 403–422. New York: Hamlyn.

Bulfinch, T. (1855). *Bulfinch's Mythology*. New York: Avenel Books, 1978.

Burnham, D. L. (1966). The special-problem patient: victim or agent of splitting? *Psychiatry* 29:105–122.

Burnham, D., Gladstone, A., and Gibson, R. (1969). *Schizophrenia and the Need-Fear Dilemma*. New York: International Universities Press.

Cameron, N. (1961). Introjection, reprojection, and hallucination in the interaction between schizophrenic patient and therapist. *International Journal of Psycho-Analysis* 42:86–96.

Cantwell, D. (1986). Panel discussion. Oregon Psychiatric Association, Portland, January 1986.

Carnegie, D. (1926). *How to Develop Self-Confidence and Influence People by Public Speaking*. New York: Simon & Schuster, 1956.

Carnegie, D. (1936). *How to Win Friends and Influence People*. New York: Simon & Schuster, 1981.

Chodorow, N. (1974). Family structure and feminine personality. In *Woman, Culture, and Society*, ed. M. Z. Rosaldo and L. Lamphere, pp. 43–66. Palo Alto, CA: Stanford University Press.

Chopra, H. D., and Beatson, J. A. (1986). Psychotic symptoms in borderline personality disorder. *American Journal of Psychiatry*, 143:1605–1607.

Clark, R. W. (1971). *Einstein: The Life and Times*. New York: Avon Books.

Cobliner, W. G. (1965). The Geneva school of genetic psychology: parallels and counterparts. Appendix. In *The First Year of Life*, ed.

Colson, D. B., Allen, J. G., Coyne, L., Deering, D., Jehl, N., Kearns, W., and Spohn, H. (1985). Patterns of staff perception of difficult patients in a long-term psychiatric hospital. *Hospital and Community Psychiatry* 36:168–172.

Cutler, D. L., and Tatum, E. (1983). Networks and the chronic patient. In *Effective Aftercare for the 1980's*. New Directions for Mental Health Services, No. 19. San Francisco: Jossey-Bass.

Deutsch, H. (1934). Some forms of emotional disturbance and their relationship to schizophrenia. *Psychoanalytic Quarterly* 11:301–321, 1942.

Doctorow, E. L. (1984). Willi. In *Lives of the Poets*, pp. 25-35. New York: Random House.

Doehrman, M. J. G. (1976). Parallel processes in supervision and psychotherapy. *Bulletin of the Menninger Clinic* 40:9-104.

Drinka, G. F. (1984). *The Birth of Neurosis: Myth, Malady and the Victorians.* New York: Simon & Schuster.

Eisenberg, L., and Kanner, L. (1956). Early infantile autism, 1943-1955. *American Journal of Orthopsychiatry* 26:256-266.

Eissler, K. R. (1953). The effect of the structure of the ego on psychoanalytic technique. *Journal of the American Psychoanalytic Association* 1:104-143.

Ekstein, R. (1983). *Children of Time and Space, of Action and Impulse.* New York: Jason Aronson.

Ellenberger, H. F. (1970). *The Discovery of the Unconscious: The History and Evolution of Dynamic Psychiatry.* New York: Basic Books.

Engen, T., and Lipsitt, L. P. (1965). Decrement and recovery of responses to olfactory stimuli in the human neonate. *Journal of Comparative and Physiological Psychology* 59:312-316.

Erickson, M. H. (1935). A study of experimental neurosis hypnotically induced in a case of ejaculatio praecox. *British Journal of Medical Psychology* 15:34-50.

Erikson, E. H. (1950). *Childhood and Society.* New York: W. W. Norton.

Fairbairn, W. R. D. (1940). Schizoid factors in the personality. In *Psychoanalytic Studies of the Personality*, pp. 3-27. London: Routledge & Kegan Paul.

_____ (1941). A revised psychopathology of the psychoses and the psychoneuroses. In *An Object Relations Theory of Personality*, pp. 28-58. New York: Basic Books.

_____ (1943). The war neuroses—their nature and significance. In *An Object Relations Theory of Personality*, pp. 256-288. New York:

_____ (1954). *An Object Relations Theory of the Personality.* New York: Basic Books.

Falloon, I. R. H., Boyd, J. L., McGill, C. W., Razani, J., Moss, H. B., and Gilderman, A. M. (1982). Family management in the prevention of exacerbations of schizophrenia: a controlled study. *New England Journal of Medicine* 306:1437-1440.

Federn, P. (1952). *Ego Psychology and the Psychoses.* New York: Basic Books.

Fenichel, O. (1945). *The Psychoanalytic Theory of Neurosis.* New York: W. W. Norton.

Fischman, L. G. (1983). Dreams, hallucinogenic drug states, and schizophrenia: a psychological and biological comparison. *Schizophrenia Bulletin* 9:73–94.

Fisher, H. F., Tennen, H., Tasman, A., Borton, M., Kubeck, M., and Stone, M. (1985). Comparison of three systems for diagnosing borderline personality disorder. *American Journal of Psychiatry* 142:855–858.

Fraiberg, S. R. (1969). Libidinal object constancy and mental representation. *Psychoanalytic Study of the Child* 24:9–47.

Frank, J. (1974). The restoration of morale. *American Journal of Psychiatry* 131:271–274.

Frazer, J. G. (1890). *The Golden Bough*. New York: Macmillan, 1922.

Freud, A. (1936). *The Ego and Its Mechanisms of Defense*. New York: International Universities Press, 1946.

_____ (1965). *Normality and Pathology in Childhood*. New York: International Universities Press.

Freud, S. (1900). The interpretation of dreams. *Standard Edition* 4, 5:1–626.

_____ (1905a). Three essays on the theory of sexuality. *Standard Edition* 7:121–245.

_____ (1905b). Fragment of an analysis of a case of hysteria. *Standard Edition* 7:3–122.

_____ (1909). Notes upon a case of obsessional neurosis. *Standard Edition* 10:153–318.

_____ (1910). The future prospects of psycho-analytic therapy. *Standard Edition* 1:139–151.

_____ (1911). Formulations on the two principles of mental functioning. *Standard Edition* 12:213–266.

_____ (1912a). Recommendations to physicians practicing psychoanalysis. *Standard Edition* 12:109–120.

_____ (1912b). The dynamics of transference. *Standard Edition* 12:97–108.

_____ (1913b). The occurrence in dreams of material from fairy tales. *Standard Edition* 12:281–287.

_____ (1914a). On narcissism: an introduction. *Standard Edition* 14:69–102.

_____ (1914b). Remembering, repeating and working through: further recommendations on the technique of psycho-analysis. *Standard Edition* 12:145–156.

_____ (1915). Observations on transference-love: further recommendations on the technique of psycho-analysis. *Standard Edition* 12:157-171.

_____ (1917). Mourning and melancholia. *Standard Edition* 14:243-258.

_____ (1919). Lines of advance in psycho-analytic therapy. *Standard Edition* 17:157-168.

_____ (1921). Group psychology and the analysis of the ego. *Standard Edition* 18:69-143.

_____ (1923). The ego and the id. *Standard Edition* 19:3-66.

_____ (1926). Inhibitions, symptoms, and anxiety. *Standard Edition* 20:87-172.

_____ (1930). Civilization and its discontents. *Standard Edition* 21:57-145.

_____ (1940). An outline of psycho-analysis. *Standard Edition* 23:141-207.

Freud, S., and Oppenheim, D. E. (1911). Dreams in folklore. *Standard Edition* 12:180-203.

Frick, R. B. (1982). The ego and the vestibulocerebellar system: some theoretical perspectives. *Psychoanalytic Quarterly* 51:93-122.

Frick, R., and Bogart, L. (1982). Transference and countertransference in group therapy with Vietnam veterans. *Bulletin of the Menninger Clinic* 49:151-160.

Friedman, L. (1978). Trends in the psychoanalytic theory of treatment. *Psychoanalytic Quarterly* 47:524-567.

Fromm-Reichmann, F. (1950). *Principles of Intensive Psychotherapy.* Chicago: University of Chicago Press.

Frosch, J. (1964). The psychotic character: clinical psychiatric considerations. *Psychiatric Quarterly* 38:81-96.

_____ (1970). Psychoanalytic considerations of the psychotic character. *Journal of the American Psychoanalytic Association* 18:24-50.

Gabbard, G. O. (1979). Stage fright. *International Journal of Psycho-Analysis* 60:383-392.

_____ (1986). The treatment of the "special" patient in a psychoanalytic hospital. *International Review of Psycho-Analysis* 13:333-347.

Gabbard, G. O., and Twemlow, S. W. (1984). *With the Eyes of the Mind: An Empirical Analysis of Out-of-Body States.* New York: Praeger.

Giovacchini, P. L. (1975). Various aspects of the analytic process. In *Tactics and Techniques in Psychoanalytic Therapy*, vol. 2, ed. P. L. Giovacchini, pp. 5-94. New York: Jason Aronson.

_____ (1979). *Treatment of Primitive Mental States*. New York: Jason Aronson.

Gitelson, M. (1962). The curative factors with psycho-analysis. *International Journal of Psycho-Analysis* 43:194-205.

Goldstein, K. (1954). The concept of transference in treatment of organic and functional nervous disease. *Acta Psychotherapeutica* 2:334-353.

Goldstein, M. J., Rodnick, E. H., Evans, J. P., May, P. R. A., and Steinberg, M. R. (1978). Drug and family therapy in the aftercare of acute schizophrenics. *Archives of General Psychiatry* 35:1169-1177.

Green, H. (1964). *I Never Promised You a Rose Garden*. New York: Holt, Rinehart & Winston.

Greenacre, P. (1957). The childhood of the artist: libidinal phase development and giftedness. *Psychoanalytic Study of the Child* 12:27-72.

Greenberg, J. R., and Mitchell, S. A. (1983). *Object Relations in Psychoanalytic Theory*. Cambridge, MA: Harvard University Press.

Greene, M. A. (1984). The self psychology of Heinz Kohut: a synopsis and critique. *Bulletin of the Menninger Clinic* 48:37-53.

Greenson, R. R. (1965). The working alliance and the transference neurosis. *Psychoanalytic Quarterly* 34:155-181.

_____ (1971). The "real" relationship between the patient and the psychoanalyst. In *The Unconscious Today: Essays in Honor of Max Schur*, ed. M. Kanzer, pp. 213-232. New York: International Universities Press.

Grimm, J. K. L., and Grimm, W. K. (1812). Little Red-Cap. In *The Complete Grimms' Fairy Tales*, pp. 139-143. New York: Pantheon, 1972.

Grinberg, L. (1965). Contribución al estudio de las modalidades de la identificación proyectiva. *Revista de Psicoanalisis* 22:263-278.

_____ (1979). Countertransference and projective counteridentification. *Contemporary Psychoanalysis* 15:226-247.

Grinker, R. R., Werble, B., and Drye, R. C. (1968). *The Borderline Syndrome: A Behavioral Study of Ego-Functions*. New York: Jason Aronson.

Grolnick, S. A., Barkin, L., Muensterberger, W., eds. (1978). *Between Reality and Fantasy: Transitional Objects and Phenomena.* New York: Jason Aronson.

Grosskurth, P. (1986). *Melanie Klein: Her World and Her Work.* New York: Knopf.

Grotstein, J. S. (1981a). *Splitting and Projective Identification.* New York: Jason Aronson.

_____ (1981b). Wilfred R. Bion: the man, the psychoanalyst, the mystic. In *Do I Dare Disturb the Universe? A Memorial to Wilfred R. Bion,* ed. J. S. Grotstein, pp. 1–35. Beverly Hills, CA: Caesura.

_____ (1987). The borderline as a disorder of self-regulation. In *The Borderline Patient: Emerging Concepts in Diagnosis, Etiology, Psychodynamics, and Treatment,* ed. J. S. Grotstein, J. Lang, and M. Solomon. Hillsdale, NJ: Analytic Press.

Gunderson, J. G. (1982). Empirical studies of the borderline diagnosis. In *Psychiatry, 1982: Annual Review,* ed. L. Grinspoon, pp. 425–437. Washington, DC: American Psychiatric Press.

Gunderson, J. G., Kerr, J., and Englund, D. W. (1980). The families of borderlines. *Archives of General Psychiatry* 37:27–33.

Guntrip, H. J. S. (1962). The clinical-diagnostic framework: the manic-depressive problem in light of the schizoid process. In *Schizoid Phenomena, Object-Relations and the Self,* ed. H. J. S. Guntrip, pp. 130–164. New York: International Universities Press, 1969.

_____ (1969). *Schizoid Phenomena, Object-Relations and the Self.* New York: International Universities Press.

_____ (1975). My experiences of analysis with Fairbairn and Winnicott. *International Review of Psycho-Analysis* 2:145–156.

Hamilton, N. G. (1980). The trickster: the use of folklore in psychoanalytic psychotherapy. *Bulletin of the Menninger Clinic* 44:364–380.

_____ (1981). Empathic understanding. *Psychoanalytic Inquiry* 1:417–422.

_____ (1986). Positive projective identification. *International Journal of Psycho-Analysis* 67:489–496.

Hamilton, N. G., and Allsbrook, L. (1986). Thirty cases of "schizophrenia" reexamined. *Bulletin of the Menninger Clinic* 50:323–340.

Hamilton, N. G., Green, H. J., Mech, A. W., Brand, A. A., Wong, N., and Coyne, L. (1984). Borderline personality: DSM–III versus a previous usage. *Bulletin of the Menninger Clinic* 48:540–543.

Hamilton, N. G., Ponzoha, C. A., Cutler, D. L., and Wiegel, R. M. (1987). Negative symptoms of schizophrenia and social networks. Paper presented at American Psychiatric Association Annual Meeting, Chicago, May 12, 1987.

Hamilton, N. G., Rogers, B. J., Morgan, F. D., Ponzoha, C. A., and Schwartz, L. D. (1986). Countertransference in a psychiatric outpatient clinic. Paper presented at Grand Rounds, Oregon Health Sciences University, Portland, April 1986.

Hartmann, H. (1939). *Ego Psychology and the Problem of Adaptation.* New York: International Universities Press, 1958.

_____ (1950). Comments on the psychoanalytic theory of the ego. In *Essays on Ego Psychology,* pp. 113–141. New York: International Universities Press.

_____ (1952). The mutual influences of the ego and the id. *Psychoanalytic Study of the Child* 7:9–30.

_____ (1959). Psychoanalysis as a scientific theory. In *Essays on Ego Psychology,* pp. 318–350. New York: International Universities Press, 1964.

_____ (1964). *Ego Psychology and the Problem of Adaptation.* New York: International Universities Press.

Hartocollis, P. (1968). The syndrome of minimal brain dysfunction in young adult patients. *Bulletin of the Menninger Clinic* 32:102–114.

Heuscher, J. E. (1974). *A Psychiatric Study of Myths and Fairytales,* Second Edition. Springfield, IL: Charles C Thomas.

_____ (1980). The role of humor and folklore themes in psychotherapy. *American Journal of Psychiatry* 137:1546–1549.

Hilgard, E. R. (1977). *Divided Consciousness.* New York: Wiley.

Hoch, P. H., and Polatin, P. (1949). Pseudoneurotic forms of schizophrenia. *Psychiatric Quarterly* 23:248–274.

Holzman, P. S., and Levy, D. L. (1977). Smooth pursuit eye movements and functional psychoses: a review. *Schizophrenia Bulletin* 3:15–27.

Horner, A. J. (1984). *Object Relations and the Developing Ego in Therapy.* New York: Jason Aronson.

Horowitz, L. (1985). Divergent views on the treatment of borderline patients. *Bulletin of the Menninger Clinic* 49:525–545.

Isaacs, S. (1943). The nature and function of phantasy. In *Developments in Psychoanalysis,* ed. M. Klein, P. Heimann, S. Isaacs, and J. Riviere, pp. 67–121. London: Hogarth, 1952.

Jackson, J. H. (1884). Evolution and dissolution of the nervous system: lecture 1. *British Medical Journal* 1:591–593.

Jacobson, E. (1964). *The Self and the Object World.* New York: International Universities Press.

Jensen, K. (1932). Differential reaction to taste and temperature stimuli in newborn infants. *Genetic Psychology Monograph* 12: 361-479.

Johnstone, E. C., Crow, T. J., Frith, C. D., Husband, J., and Kreel, L. (1976). Cerebral ventricular size and cognitive impairment in chronic schizophrenia. *Lancet* 2:924-926.

Johnstone, E. C., Crow, T. J., Frith, C. D., Stevens, M., Kreel, L., and Husband, J. (1978). The dementia of dementia praecox. *Acta Psychiatrica Scandinavica* 57:305-324.

Jones, E. (1953). *The Life and Work of Sigmund Freud.* New York: Basic Books.

Jung, C. G. (1912). *Symbols of Transformation: An Analysis of the Prelude to a Case of Schizophrenia.* In *The Collected Works of C. G. Jung,* vol. 5, trans. R. F. C. Hull, pp. 255-272. New York: Pantheon, 1954.

_____ (1945). Medicine and psychotherapy. In *The Collected Works of C. G. Jung,* vol. 16, trans. R. F. C. Hull, pp. 84-93. New York: Pantheon, 1954.

Kaplan, L. S. (1978). *Oneness and Separateness: From Infancy to Individual.* New York: Simon & Schuster.

Katz, H., Frank, A., Hamm, D., and Gunderson, J. G. (1983). Psychotherapy of schizophrenia: what happens to treatment dropouts. Paper presented at the American Psychiatric Association Meeting, New York, April 1983.

Kernberg, O. F. (1965). Notes on countertransference. *Journal of the American Psychoanalytic Association* 13:38-56.

_____ (1967). Borderline personality organization. *Journal of the American Psychoanalytic Association* 15:641-685.

_____ (1969). A contribution to the ego-psychological critique of the Kleinian school. *International Journal of Psycho-Analysis.* 50:317-333.

_____ (1970). A psychoanalytic classification of character pathology. *Journal of the American Psychoanalytic Association* 18:800-820.

_____ (1974a). Further contributions to the treatment of narcissistic personalities. *International Journal of Psycho-Analysis* 55:215-240.

_____ (1974b). Contrasting viewpoints regarding the nature and psychoanalytic treatment of narcissistic personalities: a preliminary communication. *Journal of the American Psychoanalytic Association* 22:255-267.

_____ (1975). *Borderline Conditions and Pathological Narcissism.* New York: Jason Aronson.

_____ (1976). *Object Relations Theory and Clinical Psycho-Analysis.* New York: Jason Aronson.

_____ (1977). Structural change and its impediments. In *Borderline Personality Disorders: The Concept, the Syndrome, the Patient*, ed. P. Hartocollis, pp. 275–306. New York: International Universities Press.

_____ (1980). *Internal World and External Reality*. New York: Basic Books.

_____ (1981). The therapeutic community: a reevaluation. *National Organization of Private Psychiatric Hospitals Journal* 12:46–55.

_____ (1982). Self, ego, affects, and drives. *Journal of the American Psychoanalytic Association* 30:893–917.

_____ (1984). *Severe Personality Disorders: Psychotherapeutic Strategies*. New Haven: Yale University Press.

_____ (1986). Identification and its vicissitudes as observed in psychosis. *International Journal of Psycho-Analysis* 64:147–159.

Kernberg, O. F., Goldstein, E. G., Carr, A. C., Hunt, H. F., Bauer, S. F., and Blumenthal, R. (1981). Diagnosing borderline personality: a pilot study using multiple diagnostic methods. *Journal of Nervous and Mental Disease* 169:225–234.

King, P. H. M. (1983). The life and work of Melanie Klein in the British Psycho-Analytical Society. *International Journal of Psycho-Analysis* 64:251–260.

Klaus, M. H., Jerauld, R., Kreger, N., McAlpine, W., Steffa, M., and Kennell, J. H. (1972). Maternal attachment: the importance of the first postpartum days. *New England Journal of Medicine* 286:460–463.

Klein, M. (1932). *The Psycho-Analysis of Children*. London: Hogarth.

_____ (1940). Mourning and its relation to manic-depressive states. In *Contributions to Psycho-Analysis, 1921–1945*, pp. 311–338. London: Hogarth.

_____ (1946). Notes on some schizoid mechanisms. *International Journal of Psycho-Analysis* 27:99–110.

_____ (1957a). *Envy and Gratitude*. London: Tavistock.

_____ (1957b). On identification. In *New Directions in Psycho-Analysis*, ed. M. Klein, pp. 309–345. New York: Basic Books.

_____ (1959). Our adult world and its roots in infancy. In *Envy and Gratitude and Other Works, 1946–1963*. New York: The Free Press, 1975.

Klein, M., and Riviere, J. (1964). *Love, Hate, and Reparation*. New York: W. W. Norton.

Klein, M., and Tribich, D. (1981). Kernberg's object relations theory: a critical evaluation. *International Journal of Psycho-Analysis* 62:27–43.

Knight, R. P. (1953). Borderline states. *Bulletin of the Menninger Clinic* 17:1–12.

Kohut, H. (1971). *The Analysis of the Self.* New York: International Universities Press.

_____ (1977). *The Restoration of the Self.* New York: International Universities Press.

Kohut, H., and Wolf, E. S. (1978). The disorders of the self and their treatment: an outline. *International Journal of Psycho-Analysis* 59:413–425.

Kolb, J. E., and Gunderson, J. G. (1980). Diagnosing borderline patients with a semistructured interview. *Archives of General Psychiatry* 37:37–41.

Kraepelin, E. (1919). *Dementia Praecox and Paraphrenia*, trans. R. M. Barclay. Edinburgh: E. and S. Livingstone.

Kroll, J., Pyle, R., Zander, J., Martin, K., Lari, S., and Sines, L. (1981). Borderline personality disorder: Construct validity of the concept. *Archives of General Psychiatry* 38:1021–1026.

Kulick, E. (1985). On countertransference boredom. *Bulletin of the Menninger Clinic* 49:95–112.

Lao Tzu (1955). *The Way of Life*, trans. R. B. Blakney. New York: New American Library.

Lasch, C. (1978). *The Culture of Narcissism: American Life in an Age of Diminishing Expectation.* New York: W. W. Norton.

Lester, E. P. (1983). Separation-individuation and cognition. *Journal of the American Psychoanalytic Association* 31:127–156.

Levi-Strauss, C. (1963). The sorcerer and his magic. In *Structural Anthropology*, vol. 1, trans. C. Jacobson and B. G. Schoepf, pp. 167–205. New York: Basic Books.

Lidz, T. (1964). *The Family and Human Adaptation.* London: Hogarth.

Lipsitt, L. P., and Levy, N. (1959). Electrotactual threshold in the neonate. *Child Development* 30:547–554.

Lipton, S. D. (1977). The advantages of Freud's technique as shown in his analysis of the Rat Man. *International Journal of Psycho-Analysis* 58:255–273.

Luomala, K. (1949). Maui-of-a-Thousand-Tricks: his oceanic and European biographers. *Bernice P. Bishop Museum Bulletin*, No. 198.

Mahler, M. S. (1952). On child psychosis and schizophrenia: autistic and symbiotic infantile psychoses. *Psychoanalytic Study of the Child* 7:286–305.

_____ (1965). On the significance of the normal separation-individuation phase. In *Drives, Affects and Behavior*, vol. 2, ed. M.

Schur, pp. 161-169. New York: International Universities Press.

_____ (1971). A study of the separation-individuation process and its possible application to borderline phenomena in the psychoanalytic situation. *Psychoanalytic Study of the Child* 26:403-424.

Mahler, M. S., and Gosliner, B. J. (1955). On symbiotic child psychosis: genetic, dynamic and restitutive aspects. *Psychoanalytic Study of the Child* 10:195-212.

Mahler, M. S., Pine, F., and Bergman, A. (1975). *The Psychological Birth of the Human Infant*. New York: Basic Books.

Masson-Oursel, P., and Morin, L. (1959). Indian mythology. In *New Larousse Encyclopedia of Mythology*, trans. R. Aldington and D. Ames, pp. 325-378. New York: Hamlyn.

Masterson, J. F. (1976). *Psychotherapy of the Borderline Adult: A Developmental Approach*. New York: Brunner/Mazel.

Masterson, J. F., and Rinsley, D. B. (1975). The borderline syndrome: the role of the mother in the genesis and psychic structure of the borderline personality. *International Journal of Psycho-Analysis* 56:163-177.

Matte-Blanco, I. (1981). Reflecting with Bion. In *Do I Dare Disturb the Universe? A Memorial to Wilfred R. Bion*, ed. J. S. Grotstein, pp. 491-535. Beverly Hills, CA: Caesura.

Maugham, W. S. (1944). *The Razor's Edge*. New York: Doubleday.

Mayer, W. (1950). Remarks on abortive cases of schizophrenia. *Journal of Nervous and Mental Disease* 112:539-542.

McGlashan, T. H. (1982). Aphanasis: the syndrome of pseudodepression in schizophrenia. *Schizophrenia Bulletin* 8:118-134.

_____ (1983). The borderline syndrome: testing three diagnostic systems. *Archives of General Psychiatry* 40:1311-1318.

McIntosh, D. (1986). The ego and self in the thought of Sigmund Freud. *International Journal of Psycho-Analysis* 67:429-448.

Menninger, K. A. (1942). *Love against Hate*. New York: Harcourt, Brace.

Menninger, K. A., Mayman, M., and Pruyser, P. (1963). *The Vital Balance*. New York: Viking.

Meissner, W. W. (1980). A note on projective identification. *Journal of the American Psychoanalytic Association* 28:43-67.

_____ (1981). *Internalization in Psychoanalysis*. New York: International Universities Press.

Minuchin, S. (1974). *Families and Family Therapy*. Cambridge, MA: Harvard University Press.

Minuchin, S., and Fishman, H. C. (1981). *Family Therapy Techniques*. Cambridge, MA: Harvard University Press.

Mirsky, A. F., Silberman, E. K., Latz, A., and Nagler, S. (1985). Adult outcomes of high-risk children. *Schizophrenia Bulletin* 11:150–154.

Modell, A. H. (1968). *Object Love and Reality: An Introduction to a Psychoanalytic Theory of Object Relations.* New York: International Universities Press.

Morales, M. (1985). Personal communication.

Newberry, T. B. (1985). Levels of countertransference toward Vietnam veterans with posttraumatic stress disorder. *Bulletin of the Menninger Clinic* 49:151–160.

Novotny, P. C. (1980). Personal communication.

Ogden, T. H. (1979). On projective identification. *International Journal of Psycho-Analysis* 60:357–373.

_____ (1982). *Projective Identification and Psychotherapeutic Technique.* New York: Jason Aronson.

Ornstein, P. H. (1974). On narcissism: beyond the introduction: highlights of Heinz Kohut's contributions to the psychoanalytic treatment of narcissistic personality disorders. *Annual of Psychoanalysis* 2:127–149.

Oster, H. S. (1975). The perception of color in ten-week-old infants. Paper presented at the Society for Research in Child Development, Denver, 1975.

Ovid. In *Metamorphoses*, trans. R. Humphries. Bloomington: Indiana University Press, 1955.

Peale, N. V. (1952). *The Power of Positive Thinking.* New York: Prentice-Hall.

Peterson, D. R. (1954). The diagnosis of subclinical schizophrenia. *Journal of Consultation Psychology* 18:198–200.

Piaget, J. (1936). *The Origins of Intelligence in Children.* New York: International Universities Press, 1954.

_____ (1937). *The Construction of Reality in the Child.* New York: Basic Books, 1954.

_____ (1969). The intellectual development of the adolescent. In *Adolescence: Psychosocial Perspectives,* ed. G. Caplan and S. Lebovici, pp. 22–26. New York: Basic Books.

Pine, F. (1984). The interpretive moment: Variations on classical themes. *Bulletin of the Menninger Clinic* 48:54–71.

Poggi, R. G., and Ganzarain, R. (1983). Countertransference hate. *Bulletin of the Menninger Clinic* 47:15–35.

Pollock, G. H. (1985). Abandoning and abusing caretakers. In *Parental Influence in Health and Disease,* ed. J. E. Anthony and G. H. Pollock, pp. 349–400. Boston: Little, Brown.

Pruyser, P. W. (1975). What splits in "splitting?" *Bulletin of the*

Menninger Clinic 39:1-46.

Pruyser, P. W., and Luke, J. T. (1982). The epic of Gilgamesh. *American Imago* 39:73-93.

Racker, H. (1957). The meanings and uses of countertransference. *Psychoanalytic Quarterly* 26:303-357.

Rank, O. (1914). The myth of the birth of the hero: a psychological interpretation of mythology. Nervous and Mental Disease Monograph Series, no. 18, trans. F. Robbins and S. E. Jelliffe. New York: Journal of Nervous and Mental Disease Publishing Company.

Rapaport, D. (1967). A theoretical analysis of the superego concept. In *Collected Papers*, ed. M. M. Gill, pp. 685-709. New York: Basic Books.

Rinsley, D. B. (1962). A contribution to the theory of ego and self. *Psychiatric Quarterly* 36:96-120.

_____ (1968). Economic aspects of object relations. *International Journal of Psycho-Analysis* 49:38-48.

_____ (1972). A contribution to the nosology and dynamics of adolescent schizophrenia. *Psychiatric Quarterly* 46:159-186.

_____ (1977). Personal communication.

_____ (1978). Borderline psychopathology: a review of aetiology, dynamics and treatment. *International Review of Psycho-Analysis* 5:45-54.

_____ (1982). *Borderline and Other Self Disorders*. New York: Jason Aronson.

_____ (1987). Personal communication.

Rioch, M. J. (1970). The work of Wilfred Bion on groups. *Psychiatry* 33:56-66.

Ritvo, S., and Solnit, A. J. (1958). Influences of early mother-child interaction on identification processes. *Psychoanalytic Study of the Child* 13:64-86.

Rodman, R. F. (1967). Interrupting psychotherapy with patients who exceed the limits. *British Journal of Medical Psychology* 40:359-370.

Rose, D. S. (1986). "Worse than death": psychodynamics of rape victims and the need for psychotherapy. *American Journal of Psychiatry* 143:817-824.

Rosenfeld, H. (1983). Primitive object relations and mechanisms. *International Journal of Psycho-Analysis* 64:261-267.

Rutter, M. (1971). Pathogenesis of infantile autism. In *Abstracts: Fifth World Congress of Psychiatry, Mexico*. Mexico: Prensa Médica Mexicana.

Sachs, D. M., and Shapiro, S. H. (1976). On parallel processes in therapy and teaching. *Psychoanalytic Quarterly* 45:394–415.

Sandler, J., and Rosenblatt, B. (1962). The concept of the representational world. *Psychoanalytic Study of the Child* 17:128–145.

Schafer, R. (1948). *The Clinical Application of Psychological Tests.* New York: International Universities Press.

———— (1968). *Aspects of Internalization.* New York: International Universities Press.

———— (1978). *Language and Insight.* New Haven: Yale University Press.

Schilder, P. (1935). *The Image and Appearance of the Human Body.* London: Routledge & Kegan Paul.

Scott, E. M. (1984). Some suggestions based on the association of personality disorders and alcoholism. Paper presented at the Oregon Psychiatric Association, Kah-Nee-Ta, April 1984.

Searles, H. (1955). The informational value of the supervisor's emotional experiences. *Psychiatry* 18:135–146.

———— (1959). Integration and differentiation in schizophrenia: an over-all view. *British Journal of Medical Psychology* 32:261–281.

———— (1961). Phases of patient–therapist interaction in the psychotherapy of schizophrenia. In *Collected Papers on Schizophrenia and Related Subjects,* pp. 521–559. New York: International Universities Press, 1965.

———— (1963). Transference psychosis in the psychotherapy of chronic schizophrenia. In *Collected Papers on Schizophrenia and Related Subjects,* pp. 654–716. New York: International Universities Press, 1965.

———— (1967a). The "dedicated physician" in psychotherapy and psychoanalysis. In *Cross Currents in Psychiatry and Psychoanalysis,* ed. R. W. Gibson, pp. 128–143. Philadelphia: JB Lippincott.

———— (1967b). The schizophrenic individual's experience of his world. *Psychiatry* 30:119–131.

Segal, H. (1964). *Introduction to the Work of Melanie Klein.* New York: Basic Books.

Shapiro, E. R., Shapiro, R. L., Zinner, J., and Berkowitz, D. A. (1977). The borderline ego and the working alliance: indications for family and individual treatment in adolescence. *International Journal of Psycho-Analysis* 58:77–87.

Sheehy, M., Goldsmith, L., and Charles, E. (1980). A comparative study of borderline patients in a psychiatric outpatient clinic. *American Journal of Psychiatry* 137:1374–1379.

Simon, B. (1978). *Mind and Madness in Ancient Greece.* Ithaca, NY: Cornell University Press.

Slipp, S. (1984). *Object Relations: A Dynamic Bridge between Individual and Family Treatment.* New York: Jason Aronson.

Slochower, H. (1970). *Mythopoesis: Mythic Patterns in the Literary Classics.* Detroit: Wayne State University Press.

Soloff, P. H., and Ulrich, R. R. (1981). Diagnostic interview for borderline patients: a replication study. *Archives of General Psychiatry* 38:686-692.

Solomon, P., and Kleeman, S. T. (1975). Sensory deprivation. In *Comprehensive Textbook of Psychiatry/II,* vol. 1, ed. A. M. Freedman, H. I. Kaplan, and B. J. Sadock, pp. 455-459. Baltimore, MD: Williams & Wilkins.

Spillius, E. B. (1983). Some developments from the work of Melanie Klein. *International Journal of Psycho-Analysis* 64:321-332.

Spitz, R. A. (1946). The smiling response: a contribution to the ontogenesis of social relations. *Genetic Psychology Monographs* 34:57-125.

_____ (1965). *The First Year of Life: A Psychoanalytic Study of Normal and Deviant Development of Object Relations.* New York: International Universities Press.

Spitzer, R. L., Endicott, J., and Gibbon, M. (1979). Crossing the border into borderline personality and borderline schizophrenia. *Archives of General Psychiatry* 36:17-24.

Stanton, A., and Schwartz, M. (1954). *The Mental Hospital: A Study of Institutional Participation in Psychiatric Illness and Treatment.* New York: Basic Books.

Stern, A. (1938). Psychoanalytic investigation of and therapy in the borderline group of neuroses. *Psychoanalytic Quarterly* 7:457-489.

_____ (1945). Psychoanalytic therapy in the borderline neuroses. *Psychoanalytic Quarterly* 14:190-198.

Sullivan, H. S. (1953). *The Interpersonal Theory of Psychiatry.* New York: W. W. Norton.

Tolpin, M. (1971). On the beginnings of a cohesive self: an application of the concept of transmuting internalization to the study of the transitional object and signal anxiety. *Psychoanalytic Study of the Child* 26:316-352.

Torrey, E. F. (1983). *Surviving Schizophrenia: A Family Manual.* New York: Harper and Row.

Tuchman, B. W. (1978). *A Distant Mirror: The Calamitous Fourteenth Century.* New York: Alfred A. Knopf.

Tyson, P. (1982). A developmental line of gender identity, gender role, and choice of love object. *Journal of the American Psychoanalytic Association* 30:61-86.

Vaughn, C. E., and Leff, J. (1976). The measurement of expressed emotion in the families of psychiatric patients. *British Journal of Social and Clinical Psychiatry* 15:157-165.

Weinberger, D. R., Torrey, E. F., Neophytides, A. N., and Wyatt, R. J. (1979). Structural abnormalities in the cerebral cortex of chronic schizophrenic patients. *Archives of General Psychiatry* 36:935-939.

Wertheheimer, M. (1961). Psychomotor coordination of auditory and visual space at birth. *Science* 134:19-62.

Will, O. A., Jr. (1975). Schizophrenia: psychological treatment. In *Comprehensive Textbook of Psychiatry/II*, vol. 2, ed. A. M. Freedman, H. I. Kaplan, and B. J. Sadock, pp. 939-954. Baltimore: Williams & Wilkins.

Winnicott, D. W. (1935). The manic defense. In *Collected Papers*, pp. 129-144. London: Tavistock, 1958.

_____ (1949). Hate in the countertransference. *International Journal of Psycho-Analysis* 30:69-74.

_____ (1953). Transitional objects and transitional phenomena: a study of the first not-me possession. *International Journal of Psycho-Analysis* 34:89-97.

_____ (1960). The theory of the parent-infant relationship. In *The Maturational Process and the Facilitating Environment*, pp. 37-55. New York: International Universities Press.

Wong, N. (1980). Borderline and narcissistic disorders: a selective overview. *Bulletin of the Menninger Clinic* 44:101-126.

Wynne, L. C., and Singer, M. T. (1963). Thought disorder and family relations of schizophrenics: a research strategy. *Archives of General Psychiatry* 9:191-198.

Zetzel, E. R. (1965). The theory of therapy in relation to a developmental model of the psychic apparatus. *International Journal of Psycho-Analysis* 46:39-52.

_____ (1966). 1965: Additional notes upon a case of obsessional neurosis: Freud 1909. *International Journal of Psycho-Analysis* 47:123-129.

Zilboorg, G. (1941). Ambulatory schizophrenia. *Psychiatry* 4:149-155.

【附錄二】英文索引

編註：附錄所標示之數字為原文書頁碼，查閱時請對照貼近內文左右側之原文頁碼。

C

D

F

Fads, In diagnosis 風潮，在診斷中 167

Fairbairn, W. R. D. 費爾貝恩 23, 35, 37, 69, 280, 301, 305

Falloon, I. R. H. 法隆 62, 265

Family 家庭；家族
splits －分裂 363-364
therapy －治療 308-309

Fantasies 幻想 6, 13, 18, 73, 105, 278

Father, role of 父親的角色 40, 42-43, 53, 56, 281-282

Faulkner, W. 福克納 112, 112n

Federn, P. 費登 16, 23, 156, 289, 290, 291, 305

Fenichel, O. 費尼切爾 124

Ferenzi, S. 費倫齊 298

Fight-flight, in groups 爭鬥與逃逸，於群體中 256

First Year of Life, The (Spitz) 《生命的第一年》（史畢茲） 36

Fischman, L. G. 費奇曼 289

Fisher, H. F. 費雪 151

Fishman, H. C. 費許曼 308

Fixation theory 固著理論 124

Folklore and mythology 民俗與神話 271-284

Fraiberg, S. R. 弗萊柏格 33, 54, 110

Frank, J. 法蘭克 216

Frazer, J. G. 弗雷澤 87

Free association 自由聯想 309

Freud, A. 安娜‧佛洛伊德 105-106, 117, 165, 262, 298-301

Freud, S. 西格蒙特‧佛洛伊德 5, 36-37, 68, 87, 206, 282, 297-298, 298-301

on acting out －論行動化 219

classification principles of －的分類原則 124

and countertransference －與反移情 235, 247

on drives －論驅力 60, 298

early work of －的早期著作 309-310

on folklore and mythology －論民俗與神話 272-273

on mature sexual relationships －論成熟的性關係 113

on oceanic feeling －論海洋般的感覺 17, 38

on oedipal conflicts －論伊底帕斯衝突 116, 163

on oral gratification －論口慾滿足 193

on primary process thinking －論原發思考流程 135

on self and ego －論自體和自我 10, 10n, 22, 23

on structures －論結構 150n

on therapy －論治療 202

on transference －論移情 188, 216, 223

and work on hysteria －與對歇斯底里的研究 167, 184-185

Frick, R. 弗利克 22n, 244

Friedman, L. 弗利德曼 185

Fromm-Reichmann, F. 佛洛姆－萊希曼 302-303, 305

Frosch, J. 佛洛許 149, 286n

Fusion. *See* Symbiosis 結合。參見共生

Ritvo, S. 里佛 38

Riviere, J. 黎偉業 66, 299

Rodman, R. F. 洛德曼 214

Roosevelt, T. 老羅斯福總統 104n

Rose, D. S. 羅斯 245

Rosenblatt, B. 羅森布拉特 68, 69, 113, 125

Rosenfeld, H. 羅森菲爾德 89, 305

Rooting reflex 根反射 36

Rutter, M. 洛特 128

S

Sachs, D. M. 薩克斯 262

Sandler, R. 山德勒 68, 69, 113, 125

Saperstein, S. 莎波絲坦 111n

Scapegoating 代罪羔羊現象 256

Schafer, R. 薛佛 68, 149, 272

Schilder, P. 謝爾德 291

Schizophrenic personality disorder 精神分裂性人格疾患 65, 101, 133-140, 149, 218-219, 243, 264-265

Schmideberg, M. 施密特伯格 299

Schwartz, M. 史瓦茲 261

"Scientific Meetings" (Schmideberg) 「學術研討會」（施密特伯格） 299

Scientific objectivity 科學的客觀性 293

Scott, E. M. 史考特 104

Searles, H. 席爾斯 62, 140, 219, 243, 262, 288, 305

Segal, H. 西格爾 6, 23, 33, 110-111, 274-275

Self 自體 6, 9-12, 18-19, 23, 28, 33, 67, 111, 203, 307

The Self and the Object World (Jacobson) 《自體和客體的世界》（雅可布森） 23

Self-awareness 自體覺察 23

Self-constancy 自體恆久性 55

Self-destructiveness 自我毀滅 154-155, 275

Self-esteem 自我評價 167, 230-233, 307

Self-fragmentation 自體崩解 24

Self-image 自體形像 10-12, 13-15, 21, 113, 116, 291-292

Self-improvement books 自我增進書籍 96

Self-mother distinction 自體－母親的區分 9

Selfobject 自體客體 96-97, 161

Self-object 自體－客體 6-7, 18, 19, 49, 67, 91-92, 96n, 97n, 135-137, 139-140

Self-other boundaries, blurring of 自體－他體界線的模糊 16-20, 24-26, 90, 141, 167, 197, 244, 286-288, 291-293

Self-parent relationship 自體－父母關係 3

Self-psychology 自體心理學 9

Self-representation. *See* Self-image 自體表徵。參見自體形像

Self-soothing 自我安撫 307

Sensory deprivation chambers 感覺剝奪隔離室 18

Separation-individuation 分離－個體化 41-43, 56, 124-125, 283

Sexuality, maturing 性能力，成熟

Psychotherapy 35

人我之間：客體關係理論與實務
Self and Others: Object Relations Theory in Practice

作者―格雷戈里・漢默頓（N. Gregory Hamilton, M.D.） 譯者―楊添圍、周仁宇

出版者―心靈工坊文化事業股份有限公司
發行人―王浩威　總編輯―徐嘉俊
執行編輯―裘佳慧　特約編輯―黃素霞
內文排版―辰皓國際出版製作有限公司
通訊地址―106台北市信義路四段53巷8號2樓
郵政劃撥―19546215　戶名―心靈工坊文化事業股份有限公司
電話―02）2702-9186　傳真―02）2702-9286
Email―service@psygarden.com.tw　網址―www.psygarden.com.tw

製版・印刷―彩峰造藝印像股份有限公司
總經銷―大和書報圖書股份有限公司
電話―02）8990-2588　傳真―02）2290-1658
通訊地址―248新北市新莊區五工五路2號（五股工業區）
初版一刷―2013年4月　初版十四刷―2023年10月
ISBN―978-986-6112-70-6　定價―520元

國家圖書館出版品預行編目資料

人我之間：客體關係理論與實務 / 格雷戈里・漢默頓（N. Gregory Hamilton）著；
楊添圍、周仁宇 合譯. -- 初版. -- 臺北市：心靈工坊文化, 2013.04.
　面；公分. -- (Psychotherapy；35)
譯自：Self and Others: Object Relations Theory in Practice
ISBN 978-986-6112-70-6（平裝）
1.心理治療　2.自我

178.8　　　　　　　　　　　　　　　　　　　　　　　　102005388

心靈工坊 PsyGarden 書香家族 讀友卡

感謝您購買心靈工坊的叢書，為了加強對您的服務，請您詳填本卡，
直接投入郵筒（免貼郵票）或傳真，我們會珍視您的意見，
並提供您最新的活動訊息，共同以書會友，追求身心靈的創意與成長。

書系編號—PT 035　　　書名—人我之間：客體關係理論與實務

姓名　　　　　　　　　　　　　是否已加入書香家族？ □是 □現在加入

電話 (O)　　　　　　(H)　　　　　　手機

E-mail　　　　　　　　　生日　年　　月　　日

地址 □□□

服務機構（就讀學校）　　　　職稱（系所）

您的性別—□1.女 □2.男 □3.其他

婚姻狀況—□1.未婚 □2.已婚 □3.離婚 □4.不婚 □5.同志 □6.喪偶 □7.分居

請問您如何得知這本書？
□1.書店 □2.報章雜誌 □3.廣播電視 □4.親友推介 □5.心靈工坊書訊
□6.廣告DM □7.心靈工坊網站 □8.其他網路媒體 □9.其他 _____

您購買本書的方式？
□1.書店 □2.劃撥郵購 □3.團體訂購 □4.網路訂購 □5.其他 _____

您對本書的意見？
・封面設計　□1.須再改進 □2.尚可 □3.滿意 □4.非常滿意
・版面編排　□1.須再改進 □2.尚可 □3.滿意 □4.非常滿意
・內容　　　□1.須再改進 □2.尚可 □3.滿意 □4.非常滿意
・文筆／翻譯　□1.須再改進 □2.尚可 □3.滿意 □4.非常滿意
・價格　　　□1.須再改進 □2.尚可 □3.滿意 □4.非常滿意
您對我們有何建議？
_____

_____

_____

▲您的意見，我們將轉貼在心靈工坊網站上，www.psygarden.com.tw

廣 告 回 信
台 北 郵 局 登 記 證
台北廣字第1143號
免 貼 郵 票

台北市106 信義路四段53巷8號2樓
讀者服務組　收

（對折線）

加入心靈工坊書香家族會員
共享知識的盛宴，成長的喜悅

請寄回這張回函卡（免貼郵票），
您就成為心靈工坊的書香家族會員，您將可以——

⊙隨時收到新書出版和活動訊息
....

⊙獲得各項回饋和優惠方案
....